桥梁施工监测与控制

黄志刚 徐志华 彭德清
[江西省交通工程集团有限公司] 编著
胡钊芳 主审

人民交通出版社股份有限公司
北京

内 容 提 要

本书较系统地介绍了桥梁施工监测与控制的主要内容，包括：桥梁施工监控的内容和方法，桥梁施工控制系统，桥梁施工控制结构分析方法，桥梁施工误差调整理论和方法，桥梁施工监测系统、方法与仪器设备，各种类型桥梁施工控制。书中附有各种类型桥梁施工控制的实例，具有较强的实用性。

本书可供桥梁工程设计、施工以及相关工程技术人员参考，亦可供桥梁工程专业高等院校师生学习使用。

图书在版编目(CIP)数据

桥梁施工监测与控制 / 黄志刚等编著. — 北京：人民交通出版社股份有限公司，2020.9（2024.12重印）
ISBN 978-7-114-16582-5

Ⅰ.①桥… Ⅱ.①黄… Ⅲ.①桥梁施工—施工监测 ②桥梁施工—工程质量—质量控制 Ⅳ.①U445

中国版本图书馆 CIP 数据核字(2020)第 089356 号

Qiaoliang Shigong Jiance yu Kongzhi

书　　名：	**桥梁施工监测与控制**
著 作 者：	黄志刚　徐志华　彭德清
责任编辑：	李　喆　卢俊丽
责任校对：	孙国靖　魏佳宁
责任印制：	刘高彤
出版发行：	人民交通出版社股份有限公司
地　　址：	(100011)北京市朝阳区安定门外外馆斜街3号
网　　址：	http://www.ccpcl.com.cn
销售电话：	(010)85285911
总 经 销：	人民交通出版社股份有限公司发行部
经　　销：	各地新华书店
印　　刷：	北京虎彩文化传播有限公司
开　　本：	787×1092　1/16
印　　张：	17.25
字　　数：	419 千
版　　次：	2020年9月　第1版
印　　次：	2024年12月　第2次印刷
书　　号：	ISBN 978-7-114-16582-5
定　　价：	90.00元

(有印刷、装订质量问题的图书由本公司负责调换)

《桥梁施工监测与控制》编审委员会

编　　著：黄志刚　徐志华　彭德清

主　　审：胡钊芳

编写人员：邹玉春　彭爱红　汪晓红　喻宝金　罗　文
　　　　　李艳红　喻以钒　熊　涛　熊文勇　习明星
　　　　　邓俊双　谢海斌　叶鹏飞　杨　明　何凌坚
　　　　　廖　原　胡玉婷　谢鑫华　陈　伟　杨星星
　　　　　王　令　张　璇　蔡文捷　钟　山　江　豪

序

　　交通基础设施建设是国民经济发展的基础，同时经济快速发展又反过来推动交通基础设施建设技术的不断进步。人民日益增长的美好生活需要和发展不平衡不充分之间的矛盾已经转化为我国社会的主要矛盾。随着经济社会的转型升级，基础设施建设正面临规模和质量全面提档升级的迫切要求，我国基础设施建设正从过去的规模扩张向提高质量为主的阶段转变。

　　桥梁工程建设是交通基础设施建设核心控制工程之一。桥梁建设施工全过程监测控制理论与技术研究应用，是桥梁工程尤其是特殊、大型桥梁建设工程质量保证的关键因素，工程监测控制理论技术已经成为桥梁工程领域研究的重要内容。随着桥梁结构理论的不断发展完善、新型高强材料广泛应用，新技术不断融合，以智能桥梁技术为支撑、以智慧交通为目标的先进桥梁建造理论和工艺技术方法得到了快速发展；桥梁工程面临结构体系更加大型复杂化、功能指标时空系统化趋势，桥梁结构向复合体系结构和更大跨度发展，对桥梁建设提出了日益复杂、快速的工艺技术要求。这些都对桥梁工程监测控制理论技术的应用提出了超越传统施工过程的更高要求。桥梁施工监测与控制技术正在朝着以特殊、大跨径桥梁为核心，面向设计建造施工和长期运营维护全过程，以精准化、多维化和智能化等为标志的方向发展。

　　随着新材料技术、智能感知技术、计算机技术及大数据应用技术等技术的发展，传统的工程控制理论和以模糊数学、灰色理论等预测理论为代表的技术方法应用不断遇到新的挑战，在未来桥梁结构工程控制理论研究与工程应用中，基于工程环境、材料、作用和结构效应等多因素、全时空、多维智能监测和结构全寿命状态参数空间控制的监控理念正在兴起。桥梁结构监控理念和技术方法正在从只注重施工过程的阶段向更关注结构的全寿命周期过程转变；从只关注主要受力构件（如梁体）的控制到多元化复杂构件（如异形桥塔结构、大型基础结构等）的全方位控制；从只注重桥梁整体结构的受力安全性控制到更注重各个施工细节的方案优化控制；从传统的以现场人工测量测试为主的技术方法到自动化、智能化的数据管理理念转变，对于保证大跨桥梁的结构安全、实现桥梁的全寿命周期具有重要意义和实用价值。

中国公路学会专家委员会副主任委员：

2020 年 1 月

前言

随着交通事业的发展和桥梁建造技术的进步,在大江大河上修建桥梁已十分普遍,桥梁建设规模越来越大,桥梁结构也越来越复杂。为了保证桥梁结构安全、提高施工质量,必须在整个施工过程和运营过程中采用各种手段对桥梁结构进行监测与控制,这种观点已经被人们广泛接受。

桥梁施工控制作为桥梁施工技术的重要组成部分,它以设计成桥状态为实现目标,在整个施工过程中,通过实时监测桥梁结构的实际状态和环境状况,获得桥梁结构实际状态与理想状态之间的差异(误差),运用现代控制理论,对误差进行识别、调整、预测,使桥梁施工状态最大限度地接近理想状态,保证桥梁结构在施工过程中的安全,最终达到桥梁结构成桥状态满足设计和施工规范要求。虽然许多大型桥梁在建设过程中都进行了施工过程中的控制工作和运营期的桥梁安全监测,但是,目前专门论述桥梁施工控制和健康监测的书籍还比较少。本书是在对国内众多桥梁施工控制研究、实践以及多年来的施工监控和健康监测工作基础上完成的,期望读者从中获取一点有关这方面的知识和帮助。

全书共分十章,系统介绍了桥梁施工过程控制和运营期桥梁结构健康监测。第一章主要介绍了桥梁施工监控的重要性和桥梁施工监控的现状和发展简介;第二章主要介绍桥梁施工监控的内容、方法以及各种体系桥梁施工监控的特点;第三章重点介绍了现代控制论的基础,分析桥梁控制的影响因素和桥梁施工控制系统的组成;第四章重点介绍桥梁施工过程模拟分析方法以及施工控制结构分析中应考虑的有关问题;第五章主要介绍桥梁施工误差分析、参数识别以及状态预测的方法,着重介绍了卡尔曼(Kalman)滤波法、灰色理论法、最小二乘法以及人工神经网络;第六章主要介绍了桥梁施工监测系统与监测方法;第七~第十章分别介绍了梁式桥、拱式桥、斜拉桥以及悬索桥施工控制以及桥梁工程实例施工控制。

本书由黄志刚、徐志华、彭德清编著,参加本书编写工作的有江西省交通工程集团有限公司等单位多位从事桥梁工程科研、设计、施工的一线技术人员。本书由江西省交通运输厅总工程师(中国公路学会专家委员会副主任)胡钊芳研究员主审。本书编写过程中得到了重庆交通大学张永水教授的支持和帮助,在此表示感谢。

由于作者水平所限,书中难免存在不足之处,我们真诚地希望广大读者和有关专家给予指正。

作 者

2020 年 1 月

目 录

第一章　绪论 ·· 1
　第一节　桥梁施工监控的重要性 ··· 1
　第二节　桥梁施工监控的现状和发展 ··· 3
第二章　桥梁施工监控的内容和方法 ·· 6
　第一节　桥梁施工监控的内容 ·· 6
　第二节　桥梁施工控制方法 ··· 8
　第三节　各种桥梁施工监控特点 ·· 13
第三章　桥梁施工控制系统 ··· 18
　第一节　影响桥梁施工控制的因素 ··· 18
　第二节　桥梁施工控制系统的建立及组成 ·· 20
　第三节　桥梁施工控制方案编制 ·· 24
第四章　桥梁施工控制结构分析方法 ·· 26
　第一节　概述 ·· 26
　第二节　桥梁施工过程模拟分析方法 ·· 27
　第三节　桥梁施工控制结构分析方法 ·· 31
　第四节　桥梁施工控制结构分析需考虑的有关问题 ······························ 44
第五章　桥梁施工误差调整理论和方法 ·· 65
　第一节　施工控制误差分析 ·· 65
　第二节　参数识别的内容与方法 ·· 66
　第三节　状态预测的卡尔曼(Kalman)滤波法 ······································ 68
　第四节　状态预测的灰色系统理论法 ·· 71
　第五节　最小二乘法 ·· 77
　第六节　人工神经网络法 ··· 79

第六章 桥梁施工监测系统、方法与仪器 … 88
第一节 施工监测系统的建立 … 88
第二节 施工监测方法 … 89
第三节 施工监测的主要仪器 … 97

第七章 梁式桥施工控制 … 109
第一节 概述 … 109
第二节 梁式桥施工控制的目的、内容及方法 … 113
第三节 梁桥施工控制实例 … 121

第八章 拱式桥施工控制 … 139
第一节 概述 … 139
第二节 拱式桥梁的施工控制内容与方法 … 140
第三节 拱桥施工控制实例 … 148

第九章 斜拉桥施工控制 … 177
第一节 概述 … 177
第二节 斜拉桥施工控制内容与方法 … 184
第三节 斜拉桥施工控制实例 … 197

第十章 悬索桥施工控制 … 227
第一节 概述 … 227
第二节 悬索桥施工控制内容与方法 … 228
第三节 悬索桥施工控制实例 … 241

参考文献 … 263

第一章 绪 论

第一节 桥梁施工监控的重要性

　　桥梁施工监测与控制是桥梁施工技术的重要组成部分,它以设计成桥状态为实现目标,在整个施工过程中,通过实时监测桥梁结构的实际状态和环境状况,获得桥梁结构实际状态与理想状态之间的差异(误差),运用现代控制理论,对误差进行识别、调整、预测,使桥梁施工状态最大限度地接近理想状态,保证桥梁结构在施工过程中的安全,最终达到桥梁结构成桥状态满足设计和施工规范要求。

　　随着桥梁施工技术的发展,桥梁施工监控的重要性逐渐被人们所认识。以往,在桥梁施工技术中并未突出施工监控的内容,甚至没有提到"施工监控"。而事实上,施工监控是施工技术的重要组成部分,并始终贯穿于桥梁施工全过程。施工监控在施工技术中未被重视的原因是过去所建桥梁一般跨径不大,规模较小,影响因素少,施工监控不力而产生的不良后果不明显,因而使人们忽视了它的重要性。

　　随着交通事业的发展,大量的公路需要建设,桥梁作为公路的"咽喉"工程,其建设任务更加艰巨。事实上,任何桥梁的施工,特别是大跨径桥梁的施工,都是一个系统工程。在该系统中,设计图只是目标,而自开工到竣工整个过程,受到许许多多确定和不确定因素的影响,包括设计计算、桥用材料性能、施工精度、荷载、大气温度等诸多方面以及它们在理想状态与实际状态之间存在的差异,施工中如何从各种受误差影响而失真的参数中找出相对真实的值,对施工状态进行实时识别(监测)、调整(纠偏)、预测,对设计目标的实现至关重要。在近年来的桥梁建设中,人们已普遍认识到施工监控在施工技术中的重要地位与作用。实际上,桥梁施工监控在以前的施工过程中就已被人们采用,如在施工中为了保证桥梁建成时的线形符合设计要求,在有支架施工时在支架上设置预拱度;在悬臂施工中使施工节段的立模(或安装)高程高于设计高程一定数值,这些实质上就是在对桥梁施工实施监控,这些处理的好坏常常被看作施工技术水平高低的体现。

　　桥梁施工监控的重要性主要体现在以下几个方面:

　　第一,桥梁施工监控不仅是桥梁施工技术的重要组成部分,而且也是实施难度相对较大的部分。对不同体系、不同施工方法、不同材料的桥梁,其施工监控技术要求也不一样。以钢桁梁的悬臂架设为例,为使其最终满足设计高程,通常采用预设拱度的方法,即将先架设的节点抬高以考虑后架设节段的影响。由于钢材的匀质性和制作尺寸的准确性,预设拱度的方法在钢桁梁悬臂拼装过程中运用得较为成功。但是,对于同样采用悬臂法施工的混凝土桥梁就不那么简单了。因为混凝土桥梁除了本身材料的非匀质和材料特性的不稳定外,它还受温度、湿度、时间等因素的影响,加上采用悬臂施工这种自架设体系施工方法,各节段或各层混凝土相互影响,且这种相互影响又有差异,这必然造成各节段或各层的内力和位移随着混凝土浇筑或块件拼装过程变化而偏离设计值的现象,甚至出现超过设计允许的内力和位移。对于这种情况,若不通过有效的施工监控及时发现、调整,势必造成成桥状态的线形与内力不符合设计要求或在施工过程中结构出现破坏。

第二,桥梁施工监控是确保桥梁施工宏观质量的关键。衡量一座桥梁的施工宏观质量标准就是其成桥状态的线形以及受力情况是否符合设计要求。对于桥梁的下部结构,只要基础埋置深度和尺寸以及墩台尺寸准确就能达到标准要求,且容易检查和控制,而对采用多工序、多阶段施工的桥梁上部结构,要使结构内力和高程的最终状态符合设计要求,就不那么容易了。比如,预应力混凝土刚构桥和斜拉桥在悬臂安装1号块件时,如预抛高设置不准,可能影响以后各节段和合龙段高程以及全桥的线形。斜拉桥除了在主梁的混凝土浇筑或预制块件悬臂拼装中要考虑预抛高而使主梁高程符合设计要求外,还要求在斜拉桥建成时斜拉索的内力也达到设计要求,否则,斜拉索受力不均将影响斜拉桥的使用寿命。因为,斜拉桥是多次超静定结构,在施工过程中主梁高程的调整将影响斜拉索的内力,某根斜拉索内力的调整又影响主梁高程和邻近斜拉索的内力,这说明斜拉桥的施工比混凝土刚构桥更加复杂。因此,为确保桥梁施工质量,对施工过程进行监控是必不可少的。目前我国计算机的应用已非常普遍,技术人员完全可以对多阶段、多程序的自架设体系施工方法进行模拟,预先计算出各阶段内力和位移的预计值,并将施工中的实测值与预计值进行比较,若有误差及时进行调整,直至达到最满意的设计状态。也就是通过施工监控,使各阶段内力和变形达到预计值,最终达到设计要求,确保桥梁的施工质量。我国借鉴国外的经验,从建设第一座斜拉桥起,就注重施工过程监控,只是在监控效果上还存在差异,有个别斜拉桥施工完成后线形不够理想。比如,有座跨径组合为210m+200m的单塔单索面混凝土斜拉桥,主梁采用劲性骨架悬臂浇筑的施工方法,施工中通过水箱放水减载与浇筑的混凝土重量相平衡,以此保持设计线形(设计高程)。此方法理论上是完善的,但由于主梁分边箱和中箱两次浇筑,施工工序除纵向分节段外,横向又分两次浇筑完成,工序太多,不容易监控,所以造成该桥完工后,主梁外观呈波浪形,不但影响驾驶舒适性,也留下了外观缺憾,而各斜拉索受力是否符合设计要求,也难以确定。这就再次说明,为了建成质量高、外形美的桥梁,施工监控是绝不可少的。

第三,桥梁施工监控是桥梁建设的安全保证。为了安全可靠地建好每座桥梁,施工监控变得非常重要。因为每种体系的桥梁所采用的施工方法均是按预定的程序进行的,施工中的每一阶段,结构的内力和变形是可以预计的,同时可通过监测得到各施工阶段结构的实际内力和变形,从而完全可以跟踪掌握施工进程和桥梁受力发展情况。当发现施工过程中监测的实际值与计算的预计值相差过大时,应该进行检查和原因分析,而不能再继续进行施工,否则,将可能发生事故。这方面实例太多,例如,跨径548.64m的加拿大魁北克桥就是因为在施工中两次发生事故而闻名于世的。该桥采用悬臂拼装法施工,当南侧锚碇桁架快架完时,突然崩塌坠落。原因是悬出的桁架太长(悬臂长176.8m),靠近中间墩处的下弦杆受力过大,致使下弦杆腹板失去稳定而引起全桁架严重破坏。尽管造成事故的原因是设计问题,但如果当时采用施工监控手段,在内力较大的杆件中布置监控测点,当发现异常现象时,及时停工检查,就不会发生突然崩塌坠落事故。由此可知,为避免突发事故的出现,按期、安全地建成一座桥梁,施工监控是有力的保证。换句话来说,桥梁施工监控系统也就是桥梁建设的安全系统。

第四，桥梁施工监控是桥梁运营中安全性和耐久性的综合监测系统。随着交通事业的发展，荷载等级、交通流量、行车速度等指标必然提高，还有一些不可预测的自然破坏力也将会危及桥梁的安全，若在建设桥梁时进行了施工控制，并预留长期观测点，将会给桥梁的长期安全监测创造条件，从而给桥梁运营阶段的养护工作提供科学的、可靠的数据，给桥梁安全使用提供可靠保证。这方面的反面事例在工程界是存在的。比如，韩国圣水桥于 1994 年 10 月突然在中跨断塌 50m，其中 15m 掉入江中，造成 32 人死亡、17 人受重伤的重大事故。据称造成该桥在行车高峰期突然断裂的原因是该桥长期超负荷运营，钢桁梁螺栓和杆件出现疲劳破坏。又如我国广州海印大桥，因斜拉索的防护措施不够完善、可靠，造成斜拉索出现超应力，只使用几年就突然断裂，不但造成重大的经济损失，而且也带来不良的社会影响。再如四川宜宾小南门金沙江大桥，因短吊杆锈蚀严重加之长期荷载作用下产生疲劳破坏，致使部分桥面结构坠入江中，造成人员伤亡和车辆损失，带来了重大的经济损失和不良的社会影响。以上实例说明，对于桥梁的运营阶段仍然亟须一套长期有效的监测系统，使桥梁养护部门能根据该桥的实际使用情况对构件进行有效的更换和维护，而不是目前仅凭外观检查等简单手段得到的粗略依据，进行不切要害的养护。要彻底改变目前我国桥梁养护部门的现状，科学、较为主动地预报桥梁各部位运营情况，必须在桥梁施工中建立施工监控系统，并使其能长期对桥梁运营阶段进行监测，这样才能确保这些耗资巨大、与国计民生密切相关的大桥的安全性和耐久性。由此可见，桥梁施工监控是现代桥梁建设的必然趋势。

第二节　桥梁施工监控的现状和发展

武汉长江大桥和重庆长江大桥在施工过程中所做的应力、高程的调整，实际上就是桥梁施工监控的内容。这说明桥梁施工监控是桥梁建设质量控制所必需的，并早已被桥梁建设者所认识。

系统实施桥梁施工监控的历史并不长。最早较系统地把工程控制论应用到桥梁施工管理中的国家是日本。20 世纪 80 年代初，日本修建日夜野预应力混凝土连续梁桥时，就建立了施工监控所需的应力、挠度等参数的观测系统，并应用计算机对所测参数进行现场处理，然后将处理后的实测参数送回控制室进行结构计算分析，最后将分析结果返回到现场进行施工控制。上述方法也是国外传统的施工监控方法。到 80 年代后期，日本在修建 Chichby 斜拉桥和 Yokohama 海湾斜拉桥时，成功利用计算机联网传输技术建立了一个用于拉索索力调整的自动监控系统，实现了施工过程中参数实测值与设计值的快速验证比较，对保证施工安全和精度，加快工程进度起到了决定性的作用。该系统主要由自动测量数据采集、精度控制支持和结构计算分析三部分组成，但由于结构计算分析是借助控制室大型计算机进行的，因此，受通信电缆架设费用昂贵等因素的影响，使其推广受到限制。此后，日本又研制一个以现场微型计算机为主要计算分析手段的斜拉桥施工双控系统，这一系统除包含上述提及的三个部分外，还增加了两个数据库，即测量参数数据库和计算参数数据库。此系统最大特点是在现场完成自动测试、分析和控制全过程，并可进行设计值敏感分析和实际结构行为预测。该系统在日本 1989 年建成的 Nitchu 桥和 1991 年建成的 Tomei-Ashigara 桥上实际应用效果良好。

我国虽在 20 世纪 50 年代就已注意到施工中结构内力和变形的调控(1957 年建成的武汉

长江大桥在施工过程中就做了应力、高程的调整),但对现代桥梁施工监控技术方面的研究与应用起步相对较晚,然而其发展较迅速。进入80年代以后,随着在桥梁工程中计算机应用的普及和深入,桥梁工作者开始用计算机辅助桥梁施工控制,1982年建成的上海泖港大桥(主跨200m的斜拉桥)首次根据现代工程监控的基本思想,有效进行了主梁挠度和索塔水平位移的施工控制。泖港大桥的监控成功,引起了桥梁界对桥梁施工监控技术研究的高潮。80年代后期,我国对斜拉桥施工监控技术进行了全面研究,已初步形成系统。该系统主要依靠现场微型计算机,用理想的施工倒退分析程序和考虑混凝土徐变收缩影响的控制分析程序提供每一施工阶段的理想状态计算控制值,在现场将理想状态计算控制值与实测值进行比较分析,并通过对设计参数的识别和拉索索力的优化调整等方法,实现施工作业与施工控制之间的良性循环,最后达到对主梁挠度和拉索索力实施双控的目的。随后,我国又对悬索桥、拱桥、连续刚构桥等的施工监控技术展开了研究与实践,并取得了较好成果。

由于国外在桥梁施工监控技术方面的研究和应用起步较早,众多发达国家已将施工监控纳入常规施工管理工作中,监控方法已从人工测量、分析与预报,发展到自动监控、分析预报、调整的计算机自动控制,并已形成了较完善的桥梁施工监控系统。即便如此,国外对桥梁施工监控技术的研究还在继续,这是由于影响桥梁施工的因素太多、太复杂,同时,不断涌现的新型的、规模(跨径)更大的桥梁工程也对桥梁施工监控提出了更高的要求。国内在桥梁施工监控技术方面的研究与应用起步较晚,在20世纪80年代以后,虽在桥梁施工中已注意到结构应力调整和预拱度的设置,但并未将系统控制概念引入。在以后的研究中,主要集中在斜拉桥上,在90年代中后期,对桥梁施工监控的研究才逐渐在其他桥梁上展开和应用。比较起来,我国在该领域还有差距,主要表现在对桥梁施工控制的理论与实践研究还不够、监测手段落后,对影响施工监控的因素研究不透、预测和判断精度不高,还未建立起一套完善的施工监控技术系统和组织管理系统。因此,深入研究桥梁施工控制理论,研发更加合理、实用的控制软件以及更加方便、精确的监测设备,建立完善的桥梁施工监控技术系统和组织管理系统是今后桥梁建设事业发展的迫切需要。

目前,国外除了重视桥梁在施工过程中的监控外,也十分重视桥梁服役状态的监控工作,在桥梁中埋设测点进行长期观测、预报和分析,以随时了解服役桥梁的健康状况,避免突发事件的发生。图1-1为Salzar桥北侧桥塔从架设到使用后4年间的应力变动状况,数据由自动记录装置记录。

在这方面国内起步更晚,目前大多数桥梁主要靠目测和荷载试验来了解服役桥梁的情况,对桥梁可能存在的危险因素无法起到很好的预报和避免的作用,但人们已开始认识到对桥梁服役状态进行监控的重要性,比如对上海杨浦大桥、香港青马大桥、江阴长江大桥、重庆大佛寺长江大桥等特大桥已开始进行长期监控工作,但还处于初级阶段,其理论和方法急需得到进一步研究提升。

智能控制是桥梁工程控制(施工控制和服役桥梁控制)的发展趋势。大型桥梁工程由于结构复杂、规模巨大,已难以用一般的手段来监测与控制,必须通过埋设新型传感器(如光纤传感器)和应用先进的信号处理技术,以及建立在线(服役)桥梁专家系统,形成智能控制系统,提高工程控制的科学性、可靠性和可操作性,这是桥梁工程控制发展的方向。

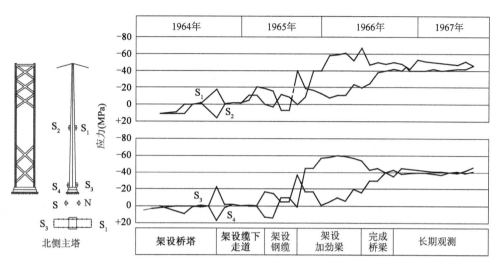

图 1-1 Salzar 桥北侧桥塔应力变动状况

第二章 桥梁施工监控的内容和方法

第一节 桥梁施工监控的内容

桥梁施工监控的任务就是对桥梁施工过程实施监控,确保在施工过程中桥梁结构的内力和变形始终处于容许的安全范围内,确保成桥状态(包括成桥线形和成桥结构内力)符合设计要求。

桥梁施工监控围绕上述任务而展开,不同类型的桥梁,其施工控制工作内容不一定完全相同,但从总体上来看,均包括下列几个方面。

一、几何(变形)监控

无论采用什么施工方法,桥梁结构在施工过程中总要产生变形(挠曲),并且结构的变形将受到诸多因素的影响,极易使桥梁结构在施工过程中的实际位置(立面高程、平面位置)状态偏离预期状态,使桥梁难以顺利合龙,或成桥线形与设计要求不符,所以必须对桥梁实施监控,使其结构在施工中的实际位置状态与预期状态之间的误差在容许范围内,成桥线形状态符合设计要求。

与桥梁工程质量的优劣需用其质量检验评定标准来检验一样,施工监控的结果评判也需有一定的标准,即通过误差容许值来评判。桥梁施工控制中的几何控制总目标就是达到设计的几何状态要求,最终结果的误差容许值与桥梁的规模、跨径大小、技术难度等有关,目前还没有统一规定,需根据桥梁施工控制的具体需要确定。同时,为保证几何控制总目标的实现,每道工序的几何控制误差允许范围也需事先研究并确定出来。下面列出目前几种主要桥型常见施工控制标准,仅供参考。

1. 悬臂浇筑预应力混凝土连续梁桥、连续刚构桥施工控制误差限值

(1)成桥后线形(高程):±50mm;

(2)合龙相对高差:±30mm;

(3)轴线按《公路桥涵施工技术规范》(JTG/T F50—2011)要求执行。

2. 混凝土斜拉桥误差限值

(1)索塔

轴线偏位:10mm;

倾斜度:≤$H/2500$ 且≤30mm(或设计要求)(H 为桥面以上塔高);

塔顶高程:±10mm。

(2)主梁

①悬浇主梁。

轴线偏位:10mm;

合龙高差：±30mm；
线形：±40mm；
挠度：±20mm。
②悬拼主梁。
轴线偏位：10mm；
拼接高程：±10mm；
合龙高差：+30mm。

3.悬索桥施工控制施工控制误差限值

(1)索塔
同斜拉桥。
(2)主缆线形
基准索高程：>0,≤35mm(虎门大桥)；±20mm(汕头海湾大桥)。
上下游基准索股高差：<10mm(虎门大桥)；30mm(汕头海湾大桥)。
一般索股高程(相对值)：±10mm(虎门大桥)。
主缆线形建议竖直高程：±50mm。
(3)索夹安装
纵、横向偏位±20mm(虎门大桥)；纵向位置±10mm,横向扭转6mm(汕头海湾大桥)。
(4)索鞍偏移、高程
纵、横向位置±10mm,高程0~20mm(虎门大桥)；中线偏差+2mm,高程偏差±20mm(汕头海湾大桥)。
索鞍偏移建议值：±5mm。

二、应力监控

桥梁结构在施工过程中以及在成桥状态下的受力情况是否与设计相符,是施工监控要明确的重要问题。通常通过结构应力的监测来了解实际应力状态,若发现实际应力状态与理论(计算)应力状态的差别超限,就要进行原因分析和调控,使之在允许范围内变化。结构应力控制的好坏不像变形控制那样明显,若应力控制不好将会给结构造成危害,严重者将导致结构破坏,所以,应力控制比变形控制更加重要,必须对结构应力实施严格监控。目前,对应力控制的项目和精度还没有明确的规定,需根据实际情况确定,通常包括：

(1)结构在自重下的应力(实际应力与设计应力相差宜控制在±5%)。
(2)结构在施工荷载下的应力(实际应力与设计应力相差宜控制在±5%)。
(3)结构预加应力：除对张拉实施双控(油压表控制和伸长量控制,伸长量误差允许在±6%以内)外,还必须考虑管道摩阻影响(对于后张结构)。
(4)斜拉桥拉索张力,允许偏差宜为±5%。
(5)悬索桥主缆吊杆拉力、中下承式拱桥吊杆拉力,允许偏差宜控制在±5%。
(6)温度应力,特别是大体积基础、墩柱等,在安全范围内。
(7)其他应力,如基础变位、风荷载、雪荷载等引起的结构应力,在安全范围内。

(8)施工中用到的对桥梁施工安全有直接影响的支架、挂篮、缆索吊装系统等的应力,在安全范围内。

三、稳定控制

桥梁结构的稳定性关系到桥梁结构的安全,与桥梁的强度有着同等重要甚至更重要的意义。

世界上有不少桥梁在施工过程中由于失稳而导致全桥破坏的例子,最典型的是加拿大的魁北克(Quebec)桥。该桥在南侧锚碇桁架快要架完时,由于悬臂端下弦杆的腹板屈曲而发生突然崩塌坠落。我国四川州河大桥也因悬臂体系的主梁在吊装主跨中段时承受过大的轴力而失稳破坏。因此,桥梁施工过程中不仅要严格控制变形和应力,而且要严格控制施工各阶段结构构件的局部和整体稳定。

目前,桥梁的稳定性已引起人们的重视,但主要注重桥梁建成后的稳定计算。对施工过程中可能出现的失稳现象还没有引起足够的重视,尤其是随着桥梁跨径的增大,移动荷载或突发事件对桥梁的稳定性影响很大,所以很难保证桥梁施工安全。为此,应建立一套完整的稳定监控系统。目前主要通过稳定分析计算(稳定安全系数),并结合结构应力、变形情况来综合评定、控制其稳定性。

桥梁的稳定安全系数是衡量结构安全性的重要指标,但现行规范中尚未详细列出不同材料的不同结构在不同工况下的最小稳定系数,这些有待今后完善。

施工中,除桥梁结构本身的稳定性必须得到控制外,施工过程中所用的支架、挂篮、缆索吊装系统等施工设施的各项稳定系数也应满足要求。

四、安全监控

桥梁施工过程中结构安全监控是桥梁施工控制的重要内容,只有保证了施工过程中的结构安全,才谈得上其他控制与桥梁的建成。其实,桥梁施工安全控制是上述变形控制、应力控制、稳定控制的综合体现。对于不同结构形式的桥梁,直接影响施工安全的因素也不一样,在施工控制中需根据实际情况,确定其安全控制重点。

第二节 桥梁施工控制方法

桥梁施工控制的主要内容是桥梁施工过程中的安全控制和桥梁结构线形与内力状态控制。

随着桥梁结构形式、施工特点及具体控制内容的不同,其施工控制方法也不相同。总的来讲,桥梁施工控制可分为开环控制法、闭环控制法、自适应控制法、最大宽容度法等。

一、开环控制法

对于跨径不大、结构简单的桥梁结构,一般都可以在设计计算中按照桥梁结构的设计荷载精确计算出成桥阶段的结构理想状态,并根据各个施工阶段的施工荷载准确估计出结构的预拱度。在施工过程中,只要严格按照这个预拱度进行施工,施工完成后的结构状态就基本上能够达到结构理想状态的几何线形和内力状况。因为在这种施工过程中的控制作用是单向向前的,并不需要根据结构的实际状态来改变原先设定的预拱度,因而又被称为开环控制方法。由于在这个系统中不考虑结构状态方程的误差和系统量测方程的噪声,因此又称为确定性控制方法。实质上,早期桥梁施工中设预拱度的方法已经无意中贯彻了工程控制论中的开环控制思想,尽管当时并没有人认识到这一点,但仍然无法抹杀工程控制论在桥梁施工控制中所起到的重要作用。

在确定性控制方法中,设计理想状态包括成桥状态和施工阶段状态,都是在分段施工前唯一确定的,在施工过程中采用不计测量误差的测量系统可以测得含有某种状态误差的施工实际状态。如果要对状态误差进行调整,就必须施加一个不计误差的控制作用,最后得到最优实现状态。而这个最优实现状态与设计理想状态的关系,就是前者是在状态误差已经发生的前提下按某项结构性能最优来实现后者,例如在确定性控制中,一般选择桥面几何线形最优。确定性系统中的3种结构基本状态相互关系可以用图2-1表示。

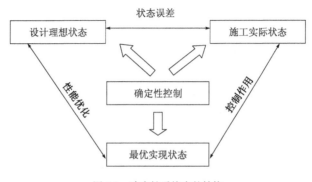

图 2-1　确定性系统中的结构

确定性系统基本组成如图2-2所示。首先采用合理状态分析方法从设计目标出发,计算确定成桥理想状态。然后采用理想倒退分析方法计算确定施工理想状态,并将该状态与可能含有状态误差的施工实际状态进行比较。如果没有误差,继续下一阶段的施工;如果存在误差,则采用确定性控制方法计算确定控制作用,并采用实时向前分析方法计算确定计入状态误差和控制作用后的实际结构状态,即最优实现状态。

二、闭环控制法

对于跨径大、结构又复杂的桥梁体系,尽管可以在设计计算中精确计算出成桥状态和各施工阶段的理想结构状态,但是由于施工中的结构状态误差和测量系统误差的存在,随着施工过程的进展,误差就会积累起来,以致到施工完毕时,代表实际状态的几何线形和内力状况远远地偏离了结构理想状态,这就要求在施工误差出现后,必须及时进行纠正或控制。虽然结构理想状态无法实现,但可以按某种性能最优的原则,使得已经发生误差的结构状态达到所谓结构最优状态。因为这种纠正的措施或控制量的大小是由结构实际状态(计入误差)经反馈计算所确定的,这就形成了一个闭环反馈系统,因而称为闭环控制或反馈控制。由于在这个控制系统中出现了结构状态误差和系统量测误差,因此又称为随机性控制。如果说开环方法在桥梁施工中的应用完全是无意的,那么闭环控制方法则完全是桥梁工程师有意将其引入桥梁分段施工中。多年来,国内外桥梁工作者对闭环控制方法的应用进行了深入研究,该方法成功应用在大量的工程实践中。

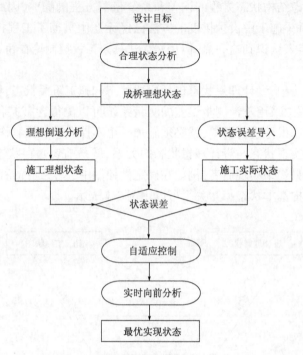

图 2-2　确定性系统基本组成

在随机性控制系统中,成桥状态的设计理想状态是在分段施工前预先确定的,并不再调整,在施工过程中采用考虑测量误差的测量系统,可以确定同时含有施工误差和测量误差的施工实际状态。如果要对施工误差和测量误差共同引起的状态误差进行调整,就必须施加一个基于某种结构性能最优的控制作用,而在实施这个控制作用时,对结构状态进行预测,从而得到最优实现状态。这时的最优实现状态不仅性能最优,而且还对下一施工阶段的设计理想状态进行了调整。随机性系统中的三种结构基本状态的相互关系如图 2-3 所示。

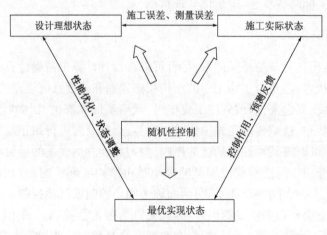

图 2-3　随机性系统中的结构

随机性控制系统基本组成如图2-4所示。同样从合理状态分析开始,计算确定出成桥理想状态,然后采用倒退分析方法计算确定施工理想状态,并将其与可能含有状态误差和测量误差的施工实际状态进行比较。如果没有误差,继续下一阶段施工;如果存在误差,则采用随机性控制方法计算确定考虑预测反馈的控制作用,并采用实时向前分析方法计算确定计入各种影响的实际结构状态,即最优实现状态。重新开始新的一轮理想倒退分析方法,计算确定调整后的施工理想状态,直至施工完成。

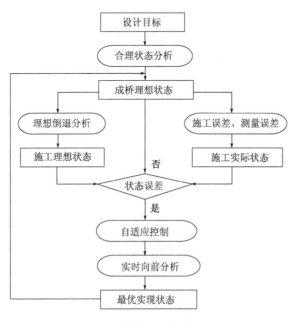

图 2-4　随机性系统基本组成

三、自适应控制法

虽然闭环控制方法能够通过控制作用,消除由模型误差和测量噪声所引起的结构状态误差,但是这种随机性控制方法只是在施工误差产生以后,用被动的调整措施减小已经造成的结构状态误差对最终结构状态的影响。分段施工中实际结构状态达不到各施工阶段理想结构状态,是误差生成重要原因之一,并会使系统模型——结构有限元分析模型中的计算参数,例如截面几何特性、材料重度、弹性模量、混凝土收缩徐变等,与实际参数之间有偏差。如果能够在重复性很强的分段施工特别是悬臂施工中,将这些有可能引起结构状态误差的参数作为未知变量或带有噪声的变量,在各施工阶段进行实时识别,并将识别得到的参数用于下一施工阶段的实时结构分析、重复循环,这样在经过若干个施工阶段的计算与实测磨合后,必然可以使系统模型参数的取值趋于精确合理,使系统模型反映的规律适应于实际情况,从而主动降低模型参数误差,然后再对结构状态误差进行控制,这就是自适应控制原理,又称为自组织控制的基本原理。

在自适应系统中,设计理想状态包括成桥状态和施工实际状态,都可以在施工中进行调整,而施工实际状态除了包含施工误差和测量误差之外,还考虑参数误差。其中,参数误差依靠参数估计来修正,而最优实现状态与设计理想状态之间的差别也在随机性系统基础上增加了参数调整。自适应系统中的三种结构基本状态的相互关系如图 2-5 所示。

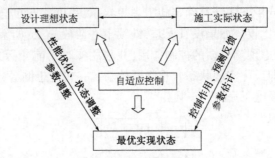

图 2-5 自适应系统中的结构基本状态

自适应系统基本组成如图 2-6 所示。在自适应系统的施工实际状态中可以将误差分为施工误差、测量误差、参数误差等，在比较施工理想状态与施工实际状态之间是否存在误差后，出现了两种可能：如果没有误差，即可转入下一阶段的施工；如果发现误差，还必须判别是否存在计算模型参数误差，如果没有参数误差，即可按照随机性系统一样的方式进行控制，如果计算模型参数误差不可忽略，则必须对结构参数进行识别，并将识别得到的模型参数代回到计算模型中，重新进行合理状态分析，以便确定新的成桥理想状态和施工理想状态，然后进入到新一轮循环中，直至参数误差消除或施工完成。

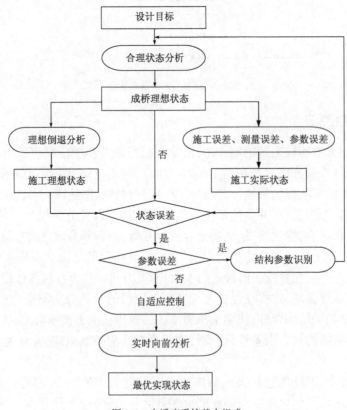

图 2-6 自适应系统基本组成

四、最大宽容度法

最大宽容度法是在设计时给予主梁高程和内力最大的宽容度,即误差的容许值,如香港某斜拉桥主梁线形设计的宽容度达 ±15cm(悬臂长为215m),当然对于每一节段的误差也有限制。这种做法降低了控制的难度,但会产生其他问题。

对于某个实施控制对象的具体情况,控制方法也不止一种。

第三节 各种桥梁施工监控特点

一、梁式桥施工监控特点

预应力混凝土连续梁桥和连续刚构桥是大跨径梁式桥的主要形式,其施工方法主要采用悬臂施工法和顶推施工法。

1. 预应力混凝土连续梁桥顶推施工监控

连续梁桥顶推施工是在被顶推梁体的后部设置预制平台,在平台上分节段预制梁体,经水平千斤顶施加荷载,使梁体在各墩顶滑道上逐段向前滑动,直至主梁形成。从顶推连续梁的自身特点来看,为保证顶推施工顺利进行,在任何状态下结构受力在设计允许范围内以及落梁后的梁体受力状态(截面弯矩、支座反力)与设计相符是施工控制的主要目的。

顶推施工是针对已成结构(梁)进行的,其施工控制的主要内容包括顶推过程模拟结构分析(施工过程中结构状态预测)、顶推施工状态监测与调整。

虽然顶推连续梁的结构设计已考虑了顶推过程的影响,但设计中的分析是在特定的理想状态下进行的,一旦某一个参数有所改变,结构的实际受力状态也将发生改变,所以,在施工控制中首先要对其施工过程作模拟分析。这样,一方面可对主要设计参数进行校核,另一方面可根据已掌握的各种实际参数对设计确定的施工方案作模拟分析,确定是否需要对施工方案进行调整,预测出施工过程中梁体、支墩的内力与变形状态,指导施工与施工控制。

施工监测对连续梁顶推施工极为重要。一般需要监测的内容包括:

(1)预制平台变形与平整度监测;

(2)临时支墩变形监测;

(3)温度监测;

(4)顶推同步性与施力监测;

(5)主梁轴线位置监测;

(6)主梁应力监测;

(7)导梁端部高程监测。

落梁是在全梁顶推到位并按设计要求完成有关预应力施工后进行,它是将主梁安置到设计支座上的一个重要步骤。由于此时的梁体已是连续体系,因落梁需在墩顶施加的竖向顶力的任何不均匀值都会在梁内产生附加内力,所以,要求墩顶竖向起顶必须同步均衡,或将起顶高度差严格控制在容许的范围内。施工时除通过千斤顶读数控制外,还应同时对梁体高程以及应力进行监测。

2. 预应力混凝土连续梁桥、连续刚构桥悬臂施工监控

悬臂施工法是预应力混凝土连续梁桥、连续刚构桥的主要施工方法。

对于预应力混凝土连续梁桥、连续刚构桥来说，采用悬臂施工法施工虽有许多优点，但是，这类桥梁的形成要经过一个复杂的过程。当跨数增多、跨径增大时，新的问题也接踵而至。例如：如何保证合龙前两悬臂端竖向挠度的偏差和主梁轴线的横向偏移不超过容许范围，如何保证合龙后的桥面线形良好，如何避免施工中主梁截面出现过大的应力，等等。这些问题若处理不当，不仅会对结构受力不利，而且可能会使主梁梁底曲线不顺畅，形成永久性缺陷而影响外形美观。为了解决这些问题，唯一的办法就是对施工过程实施监控。

对于分节段悬臂浇筑施工的预应力混凝土连续梁桥、连续刚构桥来说，施工控制就是根据施工监测所得的结构参数真实值进行施工阶段计算，确定出每个悬浇节段的立模高程，并在施工过程中根据施工监测的成果对误差进行分析、预测和对下一立模高程进行调整，以此来保证成桥后桥面线形、合龙段两悬臂端高程的相对偏差不大于规定值，以及结构内力状态符合设计要求。

大跨度预应力混凝土连续梁桥、连续刚构桥的施工控制包括两个方面的内容：变形控制和内力控制。变形控制就是严格控制每一节段箱梁的竖向挠度和横向偏移，若有偏差并且偏差较大时，就必须立即进行误差分析并确定调整方法，为下一节段更为精确的施工做好准备工作。关于控制方法，针对不同情况也必然有所差异。内力控制则是控制主梁在施工过程中以及成桥后的应力，尤其是合龙时间的控制，使其不致过大而偏于不安全，甚至在施工过程中造成主梁破坏。

悬臂施工属于典型的自架设施工方法。由于连续梁桥、连续刚构桥在施工过程中的已成结构（悬臂节段）状态是无法事后调整的，所以，施工控制主要采用预测控制法。连续梁桥、连续刚构桥施工控制主要体现在施工控制模拟结构分析、施工监测（包括结构变形与应力监测等）、施工误差分析以及后续施工状态预测几个方面。

二、拱式桥梁施工监控特点

在各种桥梁中，拱式桥梁的结构形式与施工方法均为最多，在不同的施工方法下，其施工控制也各具特点。总体来讲，拱式桥梁施工控制分为两个阶段：一个阶段是主拱圈形成阶段；另一个阶段是拱上结构形成阶段。

在主拱圈形成阶段的施工控制中，影响控制的主要因素是主拱圈形成方式。主拱圈的形成方式主要包括下列几种：

（1）主拱圈在支架上形成，其中又分为常见的、大量的外置式拱架上形成和大跨径钢筋混凝土拱桥采用的埋置式拱架（劲性骨架）上形成两种。

对于外置式拱架施工，拱架一经形成，基本上就不容人为改变（主要指拱架顶面线形与高程），所以，要求对拱架预拱度及其设置方式作出较准确预测。拱架形成后的施工过程控制重点则在于对拱架与先期形成的拱环的结构行为的监测与控制。对于埋置式（劲性骨架）施工，其骨架是拱圈形成的基准，所以，必须对骨架的无应力加工和形成后的状态（特别是几何状

态)做出正确预测,把好控制的第一关。在骨架形成后进行的施工,实际上是一种自架设方式,拱轴线形成与内力状态随着拱圈的逐渐形成不断变化,考虑到在拱圈形成后的调整余地很小,所以,对施工过程中跟踪控制就显得非常重要。

(2)主拱圈通过预制吊装方式形成。

对于预制吊装施工,包括埋置式劲性骨架的形成,由于预制拱段形成后,在吊装过程中拱段几何状态(轴线长度)难以改变,同样需对拱段无应力加工状态作出正确预测。考虑到预制吊装施工系通过多段拱肋在空中组装完成的,在什么样的状态下进行拱段接头处理以及处理到什么程度(固结还是临时固结)将直接影响成拱状态。若考虑拱圈一次成形,则必须把握好接头连接时机与结构状态。若考虑在成拱前作一定调整,则应使其具有调整的余地。另外,拱肋在吊装过程中的稳定性控制是不可忽视的。

(3)主拱圈通过悬臂浇筑(拼装)方式形成。

对于悬臂施工这种自架设方式,其特点与悬臂施工梁桥一样,已成结构具有不可调整性,所以,对其进行预测控制是必不可少的。

(4)主拱圈通过转体方式形成等。

对于转体施工,在成拱前拱圈结构已形成(两部分),结构在离支架的状态要特别予以注意。在转动期状态监测、合龙时机以及是否做技术处理对形成拱后的受力状态影响较大,所以需做好控制。

以上所述的主拱圈形成方式包括所有有外部推力的上、中、下承式简单体系拱和桁架拱。对于无外部推力的系杆拱圈,其形成伴随着系杆拉力的逐渐增大,在某个特定状态下,该拉力必须"恰到好处",且将一直延续到桥梁的完成。

在拱上结构形成阶段,不论哪种形式拱桥,其拱圈的最终受力与变形状态一般是确定的,但拱圈在施工过程中的受力与变形状态以及稳定将直接取决于拱上结构的施工程序,稍有不慎就可能使拱圈在施工中破坏,所以,此阶段的施工控制实质是被动监测与调整。

三、斜拉桥施工监控特点

斜拉桥实际施工过程十分复杂,影响参数较多。如:结构刚度、斜拉索张拉力、温度、施工荷载、桥塔混凝土的收缩徐变、梁段的重量等。求施工控制参数的理论设计值时,都假定这些参数值为理想值。为了消除因设计参数取值的不确切所引起的施工中设计值与实际值的不一致,在施工过程中需对这些参数进行识别和预测。对于重大的设计参数误差,要提请设计方进行理论设计值的修改,对于常规的参数误差,一般可通过优化进行调整。

斜拉桥在施工过程中每一节段的结构行为与其成桥状态时的结构行为差别较大,特别当主跨越大、主梁越柔细时,这种差别越明显。因此,斜拉桥的施工控制是一项比较困难和复杂的问题。施工中,虽然可按一定的方法计算出每一施工阶段的索力和相应的位移,指导施工现场调整,但实际结构的索力和位移与理论计算值不可避免地存在误差。例如,美国主跨300m的P-K斜拉桥,施工合龙时,误差达到17cm;法国跨径320m的Brotone桥采用压重的方法才使大桥最终得以合龙。为将上述误差减到最低程度,具体地说,斜拉桥施工控制的内容主要有两方面:一方面根据斜拉桥的类型和选定的施工方法对施工的每一阶段进行理论分析,得出各施工阶段控制参数的理论值,供施工参考使用;另一方面将施工过程中实测的数据和理论计算数据进行比较分析,并选用相应的控制方法在施工中加以控制、调整。一般说来,斜拉桥的施工控制是借助相应的理论方法,并通过施工过程中的索力和高程调整来实现的。

斜拉桥竣工后的线形应符合设计要求,且梁的应力应在安全范围内,这是施工控制的基本原则。一般在主梁施工阶段以控制高程为主,二期恒载施工后则以控制索力为主。

施工测试是施工控制工作的重要组成部分。通过测试所获得的斜拉桥在施工各阶段结构内力和变形的第一手资料是施工控制、调整的主要依据,同时它也是检测施工、改进设计、确保结构在施工过程中安全的重要手段。一般情况下施工测试主要包括主梁及索塔的变形测试、结构各控制截面的应力应变测试、索力大小测试、温度影响测试、挂篮变形测试,以及其他一些参变量如混凝土的弹性模量和结构几何尺寸等的测试。

斜拉桥施工控制必须充分考虑几何非线性和温度的影响。对中小跨径斜拉桥来说,几何非线性的影响较小,可忽略不计。但随着跨径不断增大,其荷载和变形的几何非线性也越来越明显,在施工控制分析中,需要考虑上述非线性因素的影响。目前,温度对斜拉桥施工控制的影响很难精确描述。在大型斜拉桥的施工控制中,温度影响可以分为两种:一种是昼夜温差的影响,另一种是季节温差的影响。无论是昼夜温差还是季节温差,对斜拉桥主梁高程控制均有较大影响。昼夜温差的影响在索力和高程控制中多采取回避的做法,即对确定立模高程和斜拉索张拉力这两个对高程和索力起控制作用的施工工序,均要求在温度较均匀的凌晨到日出前的时间内进行。但遇到连续高温的天气情况,由于凌晨的温度仍难均匀,温度的影响难以完全回避,在此情况下,宜采用立模高程的修正公式来减少日照温差的影响。而对于季节温差的影响,应设定一个标准温度,将施工过程中实际季节温差对结构的影响在施工控制计算中予以考虑。

斜拉桥施工中,对于斜拉索索力的控制,有"一次到位,不再调整"和"按合龙前后,分次张拉,逐步到位"两种不同的观点,因此也就出现了两种不同的控制方法,即一次到位法和分次到位法。两种方法虽然途径不同,但最终目标都是既要满足结构最终状态要求,又要满足施工状态要求,使梁的高程和内力均符合设计指标。两种方法各有其适用范围。

1. 一次到位法

我国在修建斜拉桥初期,人们视"调索"为一难。其原因一是索塔结构不完善,施工脚手架拆除后难以在塔上进行调整操作;二是张拉千斤顶笨重,上下搬运十分不便;三是缺乏施工实践,特别是缺乏运营过程中调索的施工实践。因此,设计上往往应施工要求采用"倒拆法"确定索力。其原理是以成桥状态为基准,按照与实际施工步骤相反的顺序进行倒算而获得各阶段施工状态的张拉索力和主梁预抬高的线形。这样,桥面完成后斜拉桥主梁的线形便可达到预定的理想状态。实践表明,采用"倒拆法"进行工程控制的斜拉桥,在监控条件较完备、主梁抗弯刚度较大和设有纵向预应力、桥面系荷载比例很小和挂篮重量较小时,其控制精度较高。但"倒拆法"计算工作量大,且计算与实际往往有出入,因此在施工全过程中需进行1~2次调整,实际上索力已不是一次到位。此外,在施工过程中很难直观监测判断计算结果是否符合实际,即使发现不符也很难调整。

2. 分次到位法

"分次张拉,逐步到位"的方法以主梁合龙为界。主梁合龙前呈双悬臂状态,施工控制以主梁高程为准。这种直观便捷可行的控制方法极大简化了施工程序。在梁合龙后,再对已形成的多跨连续梁,通过调索增大索力将梁预抬高,以抵消由桥面系重力产生的下挠度。必要时可将混凝土徐变和斜拉索非线性等影响都在调索预抬高中一并解决。实践表明,分次到位法适用于主梁刚度小、梁中无纵向预应力、桥面系重量较大、悬浇挂篮重量大和主梁采用预制拼装工艺施工的斜拉桥。

上述两种方法虽各有特点,但一般多主张采用"分次到位法"来进行工程控制。

四、悬索桥施工监控特点

悬索桥施工前的工程控制:是指结构构件的无应力尺寸(主缆、吊杆的无应力长度、加劲梁的无应力三维尺寸)及鞍座、索夹等预偏量的计算。

悬索桥施工中的工程控制:悬索桥施工按施工场地的不同,可分在工厂预制和在工地现场的浇筑、拼装、架设。钢结构部分,如鞍座、组成主缆的索股、索夹、吊杆、加劲梁段(对钢悬索桥),是在工厂内按无应力尺寸下料预制,然后运到工地上拼装、架设;而混凝土部分,如锚碇、主塔、加劲梁(对混凝土悬索桥)、桥面等是在工地现场浇筑的。因此,可以把悬索桥施工中的工程控制再分为工厂预制时的精度控制和架设现场的安全、精度控制两部分。

工厂预制时,各构件制造精度可按规定的加工精度标准进行控制,容易得到保证。架设现场的安全、精度控制的内容:施工各阶段的结构几何形状和内力的计算及计算机模拟,误差量测、反馈、调整,塔顶鞍座的合理顶推、加劲梁段吊装刚接先后次序的合理选择等。

根据悬索桥上部结构施工的流程、特点及其施工阶段结构受力特征,它的施工过程一般可分为两个阶段:一是主缆架设阶段,即从裸塔开始至成缆状态;二是钢箱梁吊装架设阶段,即从空缆状态开始到成桥状态。每一施工阶段均包含一个施工→观测→识别→修正→预测控制→施工或优化调整施工的循环过程。预测控制贯穿于整个施工过程,是进行基于反馈控制分析实施优化调整的先决条件。在施工的第一阶段,首先架设安装基准索股,然后以其为参照物架设一般索股,最后紧缆形成主缆。实施施工监控的主要目标是确保主缆线形最大限度地接近设计空缆状态。为实现这一目标,以基准索股的线形作为监控对象,选择基准索股的多跨跨中垂度和索股形状、长度作为状态控制参数,利用卡尔曼滤波法消除施工中的随机噪声,得到结构系统状态在统计学意义上无偏差的最优估计值,然后建立结构系统的最优终点控制公式,计算索股形状长度的最优调整值,通过调整基准索股长度,使线形达到设计理想状态。

结构线形及内力的控制从施工过程来讲,主要控制局部位移不致过大,局部内力或应力不致超出结构容许载能力。对于成桥状态而言,控制结构线形及内力,使其符合设计成桥要求。悬索桥施工控制在施工中主要控制塔身应力,在成桥后主要控制结构线形及内力,其中线形是主要的控制因素。

第三章 桥梁施工控制系统

第一节 影响桥梁施工控制的因素

桥梁特别是大跨度桥梁施工过程的安全和成桥状态是否能满足设计要求是桥梁建设者非常关心和必须解决的问题。无论桥梁工程的规模大小、技术难度以及构造复杂程度如何,其施工都具有系统性。也就是说,桥梁施工本身就是一个系统工程,桥梁施工过程也就是该系统的运行过程,施工过程中结构的安全和成桥状态满足设计要求,就是上述系统运行所要达到的目标——桥梁施工控制目标。要达到施工安全和特定线形与受力状态要求,仅通过事后检查是无法实现的,必须对施工全过程进行控制,即要对桥梁施工这个系统的运行进行控制,只有这样才能确保控制目标的实现。桥梁施工控制就是为满足现代桥梁建设需要而发展起来的一门技术。

大跨度桥梁施工控制主要目的是使施工实际状态最大限度地与理想设计状态(线形与受力)相吻合。要实现上述目标,就必须全面了解可能使施工状态偏离理想设计状态的所有因素,以便对施工过程进行有效控制。

一、结构参数

无论何种桥梁的施工控制,结构参数都是必须考虑的重要因素。结构参数是施工控制中结构施工模拟分析的基本资料,其准确性直接影响分析结果的准确性。事实上,实际桥梁结构参数一般是很难与设计所采用的结构参数完全吻合的,总是存在一定的误差,施工控制中如何恰当地计入这些误差,使结构参数尽量接近桥梁的真实结构参数,是首先需要解决的问题。结构参数主要包括:

(1)结构构件截面尺寸。任何施工都可能存在截面尺寸误差,验收规范中也允许出现不超过限值的误差,而这种误差将直接导致截面特性误差,从而直接影响结构内力、变形等的分析结果。所以,控制过程中要对结构尺寸进行动态取值和误差分析。

(2)结构材料弹性模量。结构材料弹性模量和结构变形有直接关系。对通常遇到的超静定结构来讲,弹性模量对结构分析结果影响更大,但施工成品构件的弹性模量(主要是混凝土结构)总与设计采用值不完全一致。所以,在施工过程中要根据施工进度经常性地做现场抽样试验,特别要注意混凝土强度波动较大的情况,随时在控制分析中对材料弹性模量的取值进行修正。

(3)材料重度。材料重度是引起结构内力与变形主要因素,施工控制中必须计入实际重度与设计取值间可能存在的误差,特别是混凝土材料,不同的集料与不同的钢筋含量都会对重度产生影响,施工控制中必须对其进行准确识别。

(4)材料热膨胀系数。热膨胀系数的准确与否也将对施工控制产生影响,尤其是钢结构要特别注意。

（5）施工荷载。在所有自架设体系中，都存在施工荷载，这部分临时荷载对受力与变形的影响在控制分析中是不能忽略的，一定要根据实际取值。

（6）预加应力或索力。预加应力是预应力混凝土结构内力与变形控制考虑的重要结构参数，但预加应力值的大小受很多因素的影响，包括张拉设备、管道摩阻、预应力钢筋断面尺寸、弹性模量等。施工控制中要对其取值误差做出合理估计。斜拉索索力直接影响结构变形与受力，真实了解各阶段索力是非常必要的，预加索力是斜拉桥施工控制中要考虑的重要因素。

二、施工工艺

施工控制是为施工服务的，反过来，施工的好坏又直接影响控制目标的实现。除要求施工工艺必须符合控制要求外，在施工控制中必须计入施工条件非理想化而带来的构件制作、安装等方面的误差，使施工状态始终处于控制之中。

三、施工监测

监测是桥梁施工控制最基本的手段之一。监测包括结构温度监测、应力监测、变形监测等。因测量仪器、仪器安装、测量方法、数据采集、环境情况等存在误差，所以，结构监测不可避免存在误差。该误差一方面可能造成结构实际参数、状态与设计或控制值吻合较好的假象，另一方面可能造成将本来较好的状态调整得更差的情况。所以，保证测量的可靠性对施工控制极为重要。在控制过程中，除要从测量设备、方法上尽量设法减小测量误差外，在进行控制分析时必须将其计入。

四、结构分析计算模型

无论采用什么分析方法和手段，总是要对实际桥梁结构进行简化，建立计算模型，这种简化会造成计算机模型与实际情况之间存在误差，包括各种假定、边界条件处理、模型化的本身精度等。控制中需要在这方面做大量工作，必要时还要进行专门的试验研究，以使计算模型误差所产生的影响减至最低限度。

五、温度变化

温度变化对桥梁结构的受力与变形影响很大，这种影响随温度的改变而改变，在不同时刻对结构状态（应力、变形状态）进行量测，其结果是不一样的，如果施工控制中忽略了该项因素，就必然难以得到结构的真实状态数据（与控制理想状态比较），从而也难以保证控制的有效性，所以，必须考虑温度变化的影响。温度变化相当复杂，包括季节温差、日照温差、骤变温差、残余温度、不同温度场等，而在原定控制状态中又无法预先知道温度实际变化情况，所以在控制中是难以考虑的（要考虑也将是非常复杂的）。通常都是将控制理想状态定位在某一特定温度下，从而将温度变化对结构的影响相对排除（过滤）。一般是将一天中温度变化较小的早晨作为控制所需实测数据的采集时间。此外，对季节性温差和桥体内温度残余影响也要予以重视。

六、材料收缩、徐变

对混凝土桥梁结构而言,材料收缩、徐变对结构内力、变形有较大的影响,这主要是由施工中混凝土普遍存在加载龄期小、各阶段龄期相差大等引起的,控制中要予以认真研究,以期采用合理的、符合实际的徐变参数和计算模型。

七、施工管理

桥梁施工控制的对象就是桥梁施工本身,施工管理好坏直接影响桥梁施工质量、进度等。特别是施工进度一旦不按计划进行,必然给施工控制带来一定难度。以悬臂施工的混凝土连续梁、连续刚构桥为例,如果两悬臂施工进度不一致,就必然使两悬臂在合龙前等待不同的时间,从而产生不同的徐变变形,由于徐变变形较难准确估计,所以容易造成最终合龙困难。

第二节 桥梁施工控制系统的建立及组成

影响桥梁施工控制的因素很多,特别是随着桥梁跨径的不断增大,建设规模也相应增大,施工中所受到的不确定性影响也越来越多,要使桥梁施工安全、顺利地向前推进,并保证成桥状态符合设计要求,就必须将其作为一个系统工程予以严格控制。由于桥梁施工控制的实施牵涉方方面面,所以,必须事先建立完善、有效的控制系统才能达到预期的控制目标。

桥梁施工控制系统的建立及其功能的确定要根据不同的工程施工实际分别考虑,但无论是哪种类型的桥梁施工控制系统,都必须具备管理与控制的功能,即施工控制系统一般应由施工管理与现场(微型计算机,简称微机)控制两个分系统组成,而各分系统又由多个支系统组成。图3-1为桥梁施工控制系统框图。

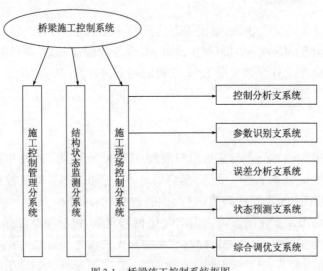

图 3-1 桥梁施工控制系统框图

一、施工控制管理分系统

如前所述,桥梁施工控制本身是一个大的系统工程,必须具备足够的人、财、物以及先进的管理手段方能使其正常运行。同时，桥梁施工通常要涉及建设单位、设计单位、施工单位、监理单位、政府监督部门、施工控制单位(小组)等，这些单位与部门都将在施工控制中起到不同的作用。

建设单位负责整个工程实施，是施工控制的委托者和协调者(也有委托施工单位控制的情况)，对施工控制的内容、方案与目标发表意见，对施工控制实施过程中的有关问题进行协调。

设计单位对施工控制内容、方案、目标发表意见并予以确认，对施工控制单位(小组)根据控制需要提出的设计变更、施工方法与工艺的变更予以确认。

施工单位是桥梁施工的直接实施者，是施工控制的具体受益者与实施者，严格按设计要求与控制要求进行施工，负责反馈施工控制的实施情况与效果，提出调整建议等。

监理单位对施工控制内容、方案与目标发表意见，负责监督施工单位对施工控制的具体实施，对其结果进行检查、验收，对施工控制提出改进意见，充当施工控制单位(小组)与施工单位之间的直接联系者。

政府监督部门对控制内容、方案、目标发表意见并予以监督。

施工控制单位(小组)则是整个施工控制的组织者或实施者，是施工控制的主体与核心，负责施工控制内容、方案、目标的制定与实施。由于施工控制单位所处地位的特殊性与重要性，所以其往往也是整个桥梁施工的核心。

由此可见，施工控制是多方协作、共同努力的结果。因此，在实施控制前首先必须建立一个完善的控制管理系统和组织机构，要求该系统既有分工负责，又有协同作战，做到上下、左右信息渠道畅通，令行禁止，高效运转。图3-2为日本白屋桥施工控制与调整的管理情况，图3-3为国内常见的桥梁施工控制管理系统框图。

二、施工现场(微机)控制分系统

施工现场(微机)控制分系统框图如图3-4所示。该分系统是施工控制系统的核心，它包含整个施工控制的主要分析过程，具有数据比较、结构当前状态把握、误差分析、参数识别、前进或倒退仿真分析、未来预测等功能。

在现场施工中，首先将由设计计算确定的各施工阶段的施工控制目标数据输入微机控制分系统，然后在对当前施工阶段完成后的现场监测数据进行判别与"滤波"处理后，将其可靠数据也输入微机系统，微机系统则对两方面的数据信息进行分析处理，最后输出有关信息供施工控制单位进行决策时参考。

施工现场(微机)控制分系统通常又由多个支系统组成，其包括以下几个方面：

(1)施工控制分析支系统

施工控制分析支系统必须具有很强的适应性、可操作性和可视性，以满足施工中结构的多变性要求，一般都包含能快速、准确完成多种结构施工模拟分析的软件，它是判别当前结构状态是否与实际相符和对未来状态进行预测的必备工具。可用于施工控制分析的软件多种多样，一般应根据实际需要选用，但应注意所用软件最好能将计算过程中以及计算结果数据转换成几何图形及图像信息，在屏幕上显示出来并进行交互处理，以便输入数据的正误检查，仿真显示施工过程中及相应结构内力与变形状态，形象地比较所控制项目的实测值、理论值以及参数的变化，一旦发现计算过程中有异常图形便可中断计算，并暂停施工，待查明原因或采取必要措施后再继续施工。

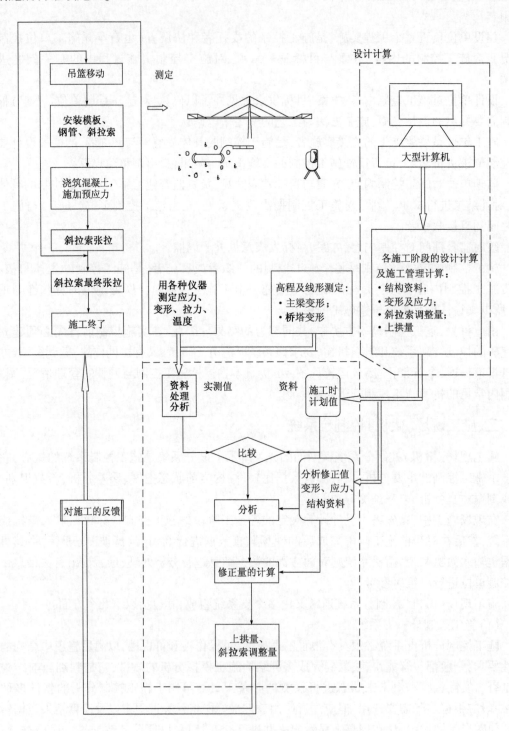

图 3-2　日本白屋桥施工控制与调整的管理情况

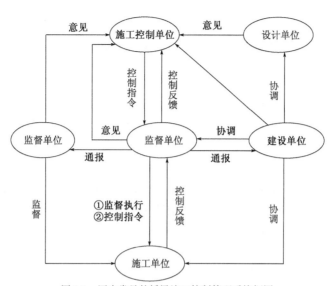

图 3-3 国内常见的桥梁施工控制管理系统框图

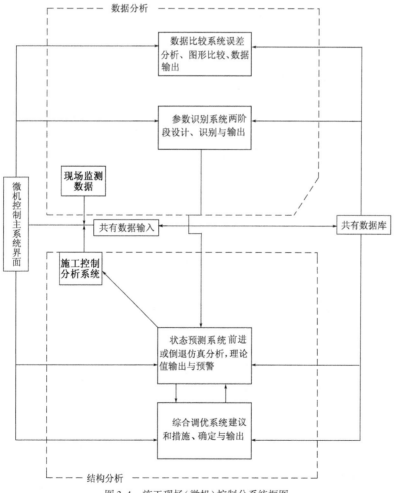

图 3-4 施工现场(微机)控制分系统框图

(2) 参数识别支系统

参数识别支系统包括结构参数敏感性分析和结构参数识别计算分析两个子系统。前者就是考查各参数对结构状态的影响程度,通过参数敏感性分析,将参数分类,确定主要参数(对结构状态影响较显著,呈现活性)和次要参数(对结构状态影响不敏感,呈现惰性),为参数识别打下基础;后者就是对结构参数进行分析、判定与确认,常用的识别方法有最小二乘法、模糊数学法、灰色理论法等。通过参数识别,确定出结构参数综合效应真实值,为结构的准确分析提供可靠数据。

(3) 误差分析支系统

施工中总是存在误差,其中主要包括分析误差与施工误差等,这些误差均将使施工偏离理想状态和控制目标。该系统主要功能是对结构理想状态、实测状态和误差信息进行分析,作出最佳调整方案,使结构施工实际状态与设计理论状态的差值控制在允许范围内。

(4) 状态预测支系统

该支系统的功能是在计入结构参数调整修改值、结构初始状态最优估计值、结构施工误差、量测误差等信息后,通过控制模拟分析系统对结构施工状态确定出超前预测控制值。

(5) 综合调优支系统

该系统的功能通过修改施工方案,与状态预测系统形成循环,最终输出合理的、可指导下一步施工的建议或措施。

三、结构状态监测分系统

该系统包括对结构设计参数进行监测以及对结构状态(包括应力、变形或高程)参数进行量测两个子系统。前者主要是为控制模拟分析提供合理的基本参数,后者则是为判断当前施工状态是否与设计(预测)值相符提供结构实际状态参数。

总之,施工控制是一个系统工程,牵涉面很广,若要有效实施施工控制,就必须保证在施工控制管理和控制技术上的有效性。所以,在实施施工控制前应建立完善的控制系统和制订详细的实施细则,并在实施中根据实际情况和需要进行调整。

第三节　桥梁施工控制方案编制

要搞好桥梁施工,就必须有一个切实可行的施工组织设计,对于桥梁施工控制也不例外。在进行施工控制之前,首先应对桥梁设计文件以及施工方法进行认真研究,然后根据设计及技术规范对桥梁有关技术指标的具体要求、施工方案与实施细则、施工控制委托方的特殊要求等制订出详细、行之有效的控制方案与实施细则。桥梁施工控制方案是实施施工控制的一个纲领性文件,它是使施工控制按计划按要求顺利进行的关键。桥梁施工控制实施方案通常包括下列内容。

(1) 工程概述

主要介绍本工程的总体设计情况、施工方法及施工流程、施工所要达到的目标要求等。

(2) 工程特点及实施施工控制的目的与意义

主要介绍工程的构造特点、施工特点与关键工序、实施施工控制的目的与意义。

(3)施工控制的原则与方法

根据本工程的特点与具体要求,确定施工控制的原则,选定控制的具体方法、调控手段。

(4)施工控制的工作内容

通常包括施工控制理论分析的内容与方法,与施工控制有关的试验基础资料的收集与识别,施工过程中结构状态(如内力、应力、应变、索力等)的监测以及温度监测,理论值与实测值之间的误差分析与识别,对下一阶段的施工误差的预测、调整以及施工状态(包括立模高程、索力等)预告,必要的设计与施工方案变更建议等。

(5)施工控制的精度与原则

明确施工控制总的原则,在设计文件、技术规范以及委托方的具体要求基础上,确定各控制项目的精度指标。

(6)施工控制监测的内容与方法

明确所要监测的内容、部位(截面),给出监测点位布置图;确定各项监测将采用的手段、方法以及仪器、设备(包括名称、规格、性能等);制订施工监测的实施方案等。

(7)施工控制组织机构与分工

根据工程施工控制的实际情况,确定参与控制的单位(部门)、明确各参与单位之间的相互关系、制订出施工控制的操作与系统运转流程、明确各参与单位的职责以及施工控制系统中各部门(小组)的人员配备与岗位职责、确定信息传递渠道与方式等。

(8)施工控制图表

确定施工控制中所需记录整理的资料,制定资料记录整理的标准图表格式。

第四章 桥梁施工控制结构分析方法

第一节 概 述

　　桥梁的施工通常采用分阶段逐步完成的施工方法,结构的最终形成,必须经历一个漫长而又复杂的施工过程以及结构体系转化过程,对施工过程中每个阶段中的变形计算和受力分析,是桥梁结构施工控制中最基本的内容。桥梁结构施工控制的目的就是确保施工过程中结构的安全,保证桥梁成桥线形及受力状态基本符合设计要求。为了达到施工控制的目的,必须对桥梁施工过程中每个阶段的受力状态和变形情况进行预测和监控。因此,必须采用合理的理论分析和计算方法来确定桥梁结构施工过程中每个阶段在受力和变形方面的理想状态,以便控制施工过程中每个阶段的结构行为(状态),使其最终的成桥线形和受力状态满足设计要求。从这个意义上讲,施工控制中的结构计算方法不仅能对整个施工过程进行描述,反映整个施工过程结构的受力行为,而且还能确定结构各个阶段的理想状态,为施工提供中间目标状态。现阶段施工控制中桥梁结构的计算方法主要包括:正装计算法、倒装计算法和无应力状态计算法。

　　在大跨度桥梁结构的施工控制中,虽然正装计算法、倒装计算法和无应力状态计算法都能用于各种形式的桥梁结构分析,但是,由于不同形式的桥梁结构所采用的施工方法不同,因而,这三种计算方法对于不同形式的桥梁结构分析是有所侧重的。同时,这三种计算方法也有其各自的特点:正装计算法是按照桥梁结构实际施工加载顺序来进行结构变形和受力分析,它能较好地模拟桥梁结构的实际施工过程,能得到桥梁结构在各个施工阶段的位移和受力状态,这不仅可用来指导桥梁设计和施工,而且为桥梁施工控制提供依据。同时在正装计算中,能较好地考虑一些与桥梁结构形成过程有关的因素,如结构的非线性问题和混凝土的收缩、徐变问题。正因为如此,正装计算法在桥梁结构的计算分析中占有重要的位置,对于各种形式的大跨度桥梁,要想了解桥梁结构在各个施工阶段的位移和受力状态,都必须首先进行正装计算。倒装计算法是按照桥梁结构实际施工加载顺序的逆过程来进行结构行为分析。倒装计算法的目的就是要获得桥梁结构在各个施工阶段理想的安装位置(主要指高程)和理想的受力状态。众所周知,一座大跨度桥梁的设计图,只给出了桥梁结构最终成桥状态的设计线形和设计高程,但是桥梁结构施工中间各状态的高程并没有明确给出,要想得到桥梁结构施工初始状态和施工中间各阶段的理想状态,就要从设计图中给出的最终成桥状态开始,逐步地倒拆计算来得到施工各阶段中间的理想状态和初始状态。只有按照倒装计算出的桥梁结构各阶段中间状态(主要指高程)去指导施工,才能使桥梁的成桥状态符合设计要求。当然,在桥梁结构的施工控制中,除了控制结构的高程和线形之外,同样要控制结构的受力状态,它与线形控制同样重要。正因为倒装计算法有这些特点,所以它能适用于各种桥型结构的安装计算,尤其适用于以悬臂施工为主的大跨度连续梁桥、刚构桥和斜拉桥。这是相对于无应力状态法而言的。无应力状态计算法是以桥梁结构各构件的无应力长度和曲率不变为基础,将桥梁结构的成桥状态和施工各阶段的中间状态联系起来,这种方法特别适用于大跨度拱桥和悬索桥的施工控制。由于大跨度拱桥的主要承重结构——主拱圈和悬索桥主要承重结构——主缆索大都是在工厂加工成形后,在现场进行安装的,而在工厂加工时,这些构件基本处于无应力状态,并且在安装时,它们的长度一般难以调整,即使可调,也只能局部微调。因而如何确定主拱圈的加工长度是大跨度拱桥施工控制的关键。同理,确定主缆索的加工长度是悬索桥施工控制的关键。当然,无应力状态法同样适用于其他桥型的安装计算,并且拱桥和悬索桥也同样需要倒装计算法来确定施工阶段的内力和变形,在这方面并没有严格的限制和区别,应根据它们的特点适时地加以使用。

在桥梁的施工控制中,由于桥梁结构的非线性问题和混凝土的收缩、徐变问题,无论倒装计算法还是无应力状态计算法,都不会与正装计算的结果完全闭合,因而在施工控制中,一般将倒装计算法或无应力状态计算法与正装计算法交替使用,直到计算闭合为止。

第二节 桥梁施工过程模拟分析方法

一、正装计算法

人们对结构静力分析的一般认识是对整个结构施工结束状态做单工况或多工况的受力分析和变位计算。但是,对于桥梁结构,单做这样的分析是不够的,尤其是大跨径桥梁结构,它们都有一个分阶段施工过程,结构的某些荷载如自重力、施工荷载、预应力等是在施工过程中逐级施加的,每一施工阶段都可能伴随徐变发生、边界约束增减、预应力张拉和体系转换等。后期结构的力学性能与前期结构的施工情况有着密切联系。换言之,施工方案的改变,将直接影响成桥结构的受力状态。在确定了施工方案的情况下,如何分析各施工阶段及成桥结构的受力特性及变形是施工设计中的首要任务。

为了计算出桥梁结构成桥后的受力状态,只有根据实际结构配筋情况和施工方案逐步逐阶段地进行计算,才能最终得到成桥结构的受力状态。这种计算方法的特点是:随着施工阶段的推进,结构形式、边界约束、荷载形式在不断改变,前期结构将发生徐变,其几何位置也在改变,因而,前一阶段结构状态将是本次施工阶段结构分析的基础。这种按施工阶段前后次序进行的结构分析方法称为正装计算法,也称为前进分析法。

现以单跨简支悬索桥为例,以传统的加劲梁吊装顺序(从跨中向两侧)对称施工的方法来说明正装计算法的原理。

(1)确定结构的初始状态。主要包括:两主塔塔顶中心矩、主塔塔顶中心至散索鞍顶面中心矩、主缆锚固中心至散索鞍顶面中心矩、主塔塔顶高程、散索鞍顶面中心高程、主缆锚固中心高程。图4-1所示为上部结构在施工前的初始状态。

(2)架设主缆索股至主缆成形。计算主缆在自重力作用下的形状及应力,如图4-2所示。

(3)吊装加劲梁跨中1号梁段。计算主缆的变形和应力,确定本阶段结构的几何形状和受力形状,如图4-3所示。

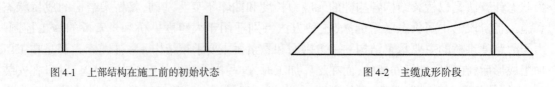

图 4-1　上部结构在施工前的初始状态　　　　图 4-2　主缆成形阶段

（4）对称地吊装加劲梁 2 号梁段。以上一阶段结束时的结构状态为基础，计算主缆的变形和应力，确定本阶段结构的几何形状和受力形状，如图 4-4 所示。

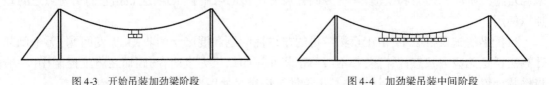

图 4-3　开始吊装加劲梁阶段　　　　图 4-4　加劲梁吊装中间阶段

（5）对称地吊装加劲梁 3 号梁段、4 号梁段、5 号梁段，即加劲梁吊装结束。计算每个吊装阶段主缆的变形和应力。每阶段计算均以上一阶段结束时结构的几何形状为基础，确定加劲梁吊装结束后的几何形状和受力形状，如图 4-5 所示。

（6）将各梁段固结形成加劲梁，计算成桥状态下结构的变形和内力。

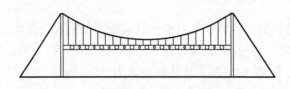

图 4-5　加劲梁吊装结束阶段

（7）桥面铺装。计算二期恒载作用下结构的变形和内力。

通过以上分析，我们可以清楚地看到正装计算法有如下一些特点：

（1）桥梁结构在正装计算之前，必须制订详细的施工方案，只有按照施工方案中确定的施工加载顺序进行结构分析，才能得到结构中间阶段或最终成桥阶段的实际变形和受力状态。

（2）在结构分析之初，要确定结构最初实际状态，即以符合设计要求的实际施工结果（如跨径、高程等）倒退到施工的第一阶段，将其作为结构正装计算分析的初始状态。

（3）本阶段的结构分析必须以前一阶段得计算结果为基础，前一阶段结构位移是本阶段确定结构轴线的基础，以前各施工阶段结构受力状态是本阶段结构时差、材料非线性计算的基础。

（4）对于混凝土徐变、收缩等时差效应在各施工阶段中逐步计入。

（5）在施工分析过程中严格计入结构几何非线性效应，本阶段结束时的结构受力状态用本阶段荷载作用下结构受力与以前各阶段结构受力平衡而求得。

正装计算分析不仅可以为成桥结构的受力提供较为精确的结果，为结构强度、刚度验算提供依据，而且可以为施工阶段理想状态的确定以及完成桥梁结构施工控制奠定基础。

二、倒装计算法

正装计算法可以严格按照设计好的施工步骤进行各阶段内力分析,但由于分析中结构节点坐标的迁移,最终结构线形不可能完全满足设计线形。

实际施工中桥梁结构线形的控制与强度控制同样重要,线形误差将造成桥梁结构的合龙困难,影响桥梁建成后的美观和运营质量。为了使竣工后的结构保持设计线形,在施工过程中可通过设置预拱度的方法来实现。而对于分段施工的连续梁桥、斜拉桥、悬索桥等复杂结构,一般要给出各施工阶段结构物控制点的高程(预抛高),以便最终使结构物满足设计要求,这个问题用正装计算法难以解决,而倒装计算法(也称为倒退分析法)可以解决这一问题。它的基本思想是,假设 $t = t_0$ 时刻内力分布满足正装计算 t_0 时刻的结果,线形满足设计要求。在此初始状态下,按照正装分析的逆过程,对结构进行倒拆,分析每次拆除一个施工段对剩余结构的影响,在一个阶段内分析得出的结构位移、内力状态便是该阶段结构施工的理想状态。

所谓结构施工的理想状态,就是在施工各阶段结构应有的位置和受力状态。每个阶段的施工理想状态都将控制着全桥最终的形状和受力特性。

如图4-6所示,按施工逆顺序进行倒拆分析,其倒拆顺序如下:

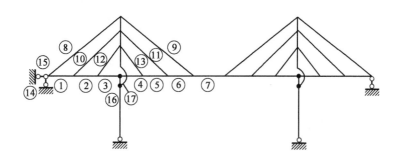

图4-6 有限元分析杆件单元编号

(1)拆除杆件⑦,计算剩下的结构内力,如图4-7所示。
(2)固结杆件⑰后再拆除杆件⑭、⑮、⑯,如图4-8所示,求得斜拉索⑧、⑨的张拉力及结构的变形。

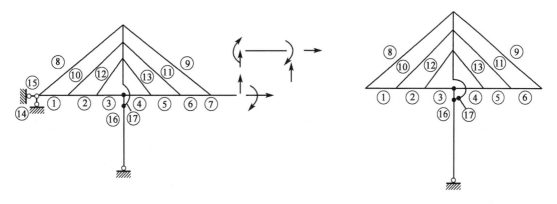

图4-7 拆除杆元的力学计算图式　　　　　　　　图4-8 塔梁开始固结

(3) 继续拆除⑧、⑨、①、⑥，如图 4-9 所示，求得斜拉索⑩、⑪的张拉力及结构的变形。

(4) 拆除⑩、⑪、②、⑤，如图 4-10 所示，求得斜拉索⑫、⑬的张力及结构变形。

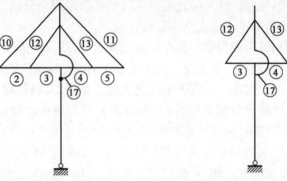

图 4-9　施工中间状态　　　　　图 4-10　最后阶段

通过以上分析，我们清楚看到用倒装计算法确定桥梁结构各阶段理想状态，必须注意以下几点：

(1) 倒装计算时的初始状态必须由正装分析来确定，如前面倒装分析的步骤(1)中⑦号杆件的端力以及斜拉索的初始拉力等。但初始状态中的各杆件轴线位置可取设计轴线位置。

(2) 拆除单元的等效荷载，用被拆单元接缝处的内力反方向作用在剩余主体结构接缝处加以模拟。

(3) 拆除杆件后的结构状态为拆除杆件前结构状态与被拆除杆件等效荷载作用状态的叠加。换言之，本阶段结束时，结构的受力状态用本阶段荷载作用下的结构受力与前一阶段的结构受力状态叠加而得，即认为在这种情况下线性叠加原理成立。

(4) 被拆构件应满足零应力条件，剩余主体结构新的出现接缝面应力等于此阶段对该接缝面施加的预加应力。这是正确进行倒退分析的必要条件。

除此之外，还应该了解倒装计算法的局限性，这主要指以下两个方面：

(1) 对于几何非线性十分明显的大跨度桥梁如斜拉桥，尤其像悬索桥，由于缆索的非线性影响，按倒装计算法的结果进行正装施工，桥梁结构将偏离预定的成桥状态。对这类问题的处理方法，我们将在以后进行讨论。

(2) 原则上讲，倒装计算无法进行混凝土收缩、徐变计算，因为混凝土构件的收缩、徐变与结构的形成过程有密切关系。由于倒装计算的顺序是结构形成过程的逆过程，所以在倒装分析时，考虑结构的时差效应是有一定困难的。对这个问题更详细的讨论我们将在以后进行。

三、无应力状态计算法

上文我们通过进行倒装计算来确定大跨度桥梁结构在施工各阶段的中间理想状态。倒装计算法通过分析桥梁结构的内力来建立各施工阶段中间状态与桥梁结构成桥状态之间的联系，由于结构的内力与结构的形成历程密切相关，是一个相对不稳定、不独立的量，因而用倒装计算法确定结构的中间理想状态是比较困难的。能否通过其他方式来确定桥梁结构施工各阶段中间理想状态，或者说能否找到一种相对稳定或恒定不变的量来建立各施工阶段中间状态与成桥状态之间的联系呢？答案是肯定的，这就是我们要讲的无应力状态计算法。

设想将一座已建成的桥梁结构解体,结构中各构件或者单元的无应力长度和曲率是一个确定的值,在桥梁结构施工中或建成后,无论结构温度如何变化,如何发生位移,以及如何加载,即在任何受力状态下,各构件或单元的无应力长度和曲率恒定不变,只是构件或单元的有应力长度和曲率不相同而已。用构件或单元的无应力长度和曲率保持不变的原理进行结构状态分析的方法叫作无应力状态计算法。

桥梁结构无应力状态只是一个数学目标,通过它将桥梁结构安装的中间状态和成桥状态之间联系起来,为分析桥梁结构各种受力状态提供了一种有效的方法。

通过以上分析,我们可以看到无应力状态法与倒装计算法相比有许多优点。

(1)无应力状态计算法是以单元的无应力长度为控制量,它是一个相对稳定、比较独立的量,因此该法应变能力较强。

(2)无应力状态计算法在分析桥梁结构的受力状态时,只进行正装计算,无须进行结构的倒装计算,这就避免了结构在倒装计算时难以考虑结构的非线性影响和收缩、徐变影响等方面的困难。

(3)倒装计算法一个循环中,包括一次倒装计算的全过程,而无应力状态计算法只进行正装计算,全部参数均参与迭代,因此收敛快,计算工作量相对较小。

(4)无应力状态计算法在进行结构的理想状态计算时,程序编制比较简单,它是大跨径桥梁结构进行安装计算的一个好方法。

第三节 桥梁施工控制结构分析方法

施工过程的结构分析方法根据具体情况来选择,一般情况都是采用有限元法,有时也可以采用解析法。

一、有限元法

有限元法就是将连续体分成有限个单元,单元间相互由结点连接的理想结点系统。分析时,先进行单元分析,用结点位移表示单元内力,然后将单元再合成结构,进行整体分析,建立整体平衡关系,由此求出结点位移。

有限元法是随着计算机的发展以及为适应复杂的结构分析需要而发展起来的一种有效的数值分析方法。目前,有限元法已成为结构分析的通用方法,就其原因:一是计算机使用已基本普及,采用有限元计算机程序进行结构分析可大大减轻劳动强度、缩短计算时间、提高工作效率;二是桥梁结构属于空间结构,且结构越来越复杂,超静定次数越来越高,如采用解析法手算,就必须进行结构简化,而这些简化与实际结构之间往往存在较大的差别,从而使计算结果与实际不符,只有采用空间有限元分析法才能得出较精确的结果;三是随着建桥材料性能的提高,桥梁跨径越来越大,如对大跨径桥梁也采用中小桥梁分析所用的弹性结构线性分析法,已不能反映结构的真实受力情况,而必须考虑非线性的影响(包括材料非线性、几何非线性),而要进行桥梁结构非线性分析,只有通过电算来实现;四是大跨径桥梁除必须满足强度、刚度要求外,结构的稳定性、动力特性往往也成为控制因素,结构的稳定与动力分析也需借助于有限元分析来完成;五是桥梁施工方法多样,一般情况下桥梁结构分析计算必须考虑结构施工与形成过程,结构施工过程仿真分析计算复杂、量大,绝非简单的解析手算所能完成。

采用有限元法进行施工控制中的结构分析计算与通常的结构分析计算一样,首先要建立数据文件。数据文件准备按照所采用的分析软件的具体要求进行,一般分为以下4个步骤。

(1)桥梁结构的模型化。

桥梁结构的模型化就是将实际结构理想化为有限个单元的集合。计算模型建立的正确与否(是否与实际结构相符)是保证计算分析结果是否正确的关键。其中,根据结构的受力特性与工作行为选择恰当的单元形式来模拟实际结构以及选择正确的约束模拟形式尤为重要。

就结构分析模型来看,与一般的已成桥梁分析不同的是,施工控制中的结构分析模型一般是随着施工的不断推进而不断变化的,这是由于桥梁在形成过程中的结构体系是在不断变化的。实际工作中,可对不同的施工状态建立不同的分析模型,但其工作量大,不够方便,通常可考虑建立一个统一的模型,而对某个施工状态的结构模拟则可通过某些单元是否激活来实现。

计算模型中单元的选择应以能准确描述施工过程中结构受力与变形状态为准。有限元分析中的单元类型较多,根据不同的结构体系、构造形式以及受力情况,模型中的单元可以是杆元、梁元、板元、体元、索元等。一个模型可以是由一种单元组成,也可是由几种单元组成。

除上述基本单元外,对一些特殊施工工艺需要采用特殊的单元来描述。以劲性骨架法施工的大跨径混凝土拱桥施工控制结构分析为例,其混凝土浇筑在纵向分层(环)、分段并在横向分块进行,体现了同一构件截面按组成部分的自架设方法来分散的自重施加特点,拱圈结构是逐步形成的。对这种单元组分逐渐增加的结构体系,一般软件(包括一些大型通用软件)都没有一种单元成分逐渐增加、单元形心和扭心变化的单元,更没有对这种结构进行包括混凝土收缩、徐变、温度变化、材料与几何非线性在内的综合分析功能。例如,在万州长江大桥的施工控制结构分析中,为对实际结构进行几何、材料、时间的非线性分析,真实模拟自架设施工全过程,专门开发了一种空间复合梁单元,其特点就是单元的组成部分是变化的,单元的形心、扭心不固定且不重合。

(2)桥梁结构的离散化。

桥梁结构的离散化就是在模型化处理后,将结构离散为带有有限个自由度的结构。单元大小与节点位置确定应充分考虑结构受力情况与施工单元的划分。

(3)按所用软件的输入要求形成数据文件。

(4)检查、校正数据文件。

首先,计算模型最终体现为数据文件,数据文件正确方能保证计算模型正确,才能最终保证计算结果正确。

其次,运行分析软件。一般的结构分析软件种类较多,可以是自己开发的专用软件,也可以是采用通用软件(如 SAP、ADINA、NASTRAN、MIDAS 等)。选择何种软件关键是看所分析对象的实际受力情况、分析内容等。对于桥梁施工控制中的结构分析,由于计算模型随着施工过程的改变,同时要求分析跟踪进行,采用常规通用软件来分析是有一定困难的,应采用具有施工控制跟踪、仿真分析功能的软件,也可将通用软件作为一个平台,通过做必要的前后处理来满足施工控制结构分析的需要。

最后，对分析结果进行分析和处理。

现以悬索桥分析为例，来说明结构非线性有限元法的具体应用，在此主要介绍基于Saafan法的悬索桥有限元理论及程序构造。

1. 有限位移理论-Saafan法

1) 基本假定

(1) 全部应力都在比例极限以内；
(2) 各杆件为等截面；
(3) 结构材料服从胡克定律；
(4) 结构的面外屈曲得到防止；
(5) 缆索和吊杆完全柔性；
(6) 荷载集中作用于节点上。

2) 结构大位移引起的非线性影响

(1) 梁单元的二次效应

设在结构坐标系中有梁单元1-2，对 x 轴的倾角为 α_0，单元的无应变长度为 l_0，如图 4-11a) 所示。在受力变形后，处于图 4-11b) 所示的平衡位置，变形后单元两端点连线的长度为 l，端点连线对 x 轴的倾角为 α，旋转角（即端点连线与变形前单元轴线的夹角）为 φ，单元两端变形后的切线方向与变形前单元轴线方向的夹角分别为 θ_1 及 θ_2。轴力 P 作用在连线方向，并且和两端弯矩 M_1、M_2 及剪力 Q_1、Q_2 在单元变形后保持平衡。

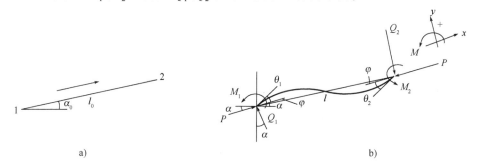

图 4-11 单元位置图

在考虑轴力、剪力和弯矩相作用的二次效应时，单元的受力如图 4-12 所示，此时取一微段进行考查，则有：

$$dM = Qdx - Pdy \qquad (4-1)$$

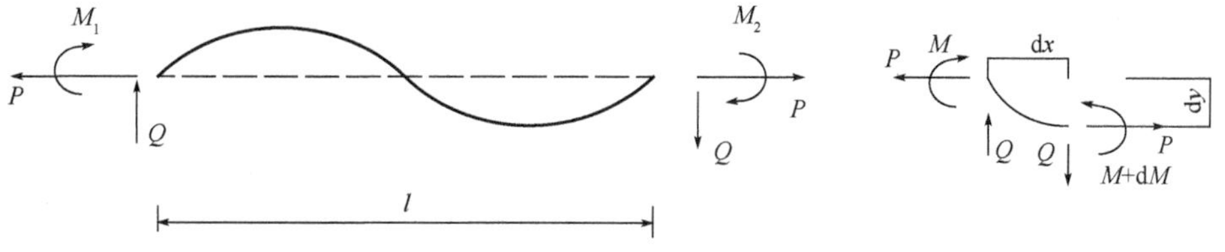

图 4-12 单元受力图

此处 P 为拉力。如 P 为压力,则上式为:

$$dM = Qdx + Pdy$$

对式(4-1)两边微分:

$$\frac{d^2M}{dx^2} = -P\frac{d^2y}{dx^2}$$

注意到 $M = -EI\dfrac{d^2y}{dx^2}$,并令 $\beta = \dfrac{l}{2}\sqrt{\dfrac{P}{EI}}$

则:

$$\frac{d^4y}{dx^4} - \frac{Pd^2y}{EIdx^2} = 0$$

或

$$y'''' - \frac{4\beta^2}{l^2}y'' = 0 \tag{4-2}$$

这是典型的四阶微分方程。取其双曲函数解,得:

$$y = A\operatorname{sh}\left(\frac{2\beta}{l}x\right) + B\operatorname{ch}\left(\frac{2\beta}{l}x\right) + cx + D$$

且

$$y' = A\frac{2\beta}{l}\operatorname{ch}\left(\frac{2\beta}{l}x\right) + B\frac{2\beta}{l}\operatorname{sh}\left(\frac{2\beta}{l}x\right) + C$$

式中,待定常数 A、B、C、D 可由边界条件确定。边界条件是:
$x = 0$ 时,$y = 0$;$x = l$ 时,$y = 0$;
$x = 0$ 时,$M = M_1$;$x = l$ 时,$M = M_2$;
$x = 0$ 时,$y' = \theta_1 + \varphi$;$x = l$ 时,$y' = \theta_2 + \varphi$。
于是可得如下方程组:

$$\left. \begin{array}{l} B + D = 0 \\ A\operatorname{sh}2\beta + B\operatorname{ch}2\beta + Cl + D = 0 \\ M_1 = -EIB\dfrac{4\beta^2}{l^2} \\ M_2 = EI\left(A\dfrac{4\beta^2}{l^2}\operatorname{sh}2\beta + B\dfrac{4\beta^2}{l^2}\operatorname{ch}2\beta\right) \end{array} \right\} \tag{4-3}$$

$$\left. \begin{array}{l} A\dfrac{2\beta}{l} + C = \theta_1 + \varphi \\ A\dfrac{2\beta}{l}\operatorname{ch}2\beta + B\dfrac{2\beta}{l}\operatorname{sh}2\beta + C = \theta_2 + \varphi \end{array} \right\} \tag{4-4}$$

解方程式(4-3),可得到常数 A、B、C、D:

$$A = \frac{l^2 \text{ch}2\beta}{4\beta^2 EI \text{sh}2\beta}M_1 + \frac{l^2}{4\beta^2 EI \text{sh}2\beta}M_2$$

$$B = -\frac{l^2}{4\beta^2 EI}M_1$$

$$C = -\frac{l}{4\beta^2 EI}M_1 - \frac{l}{4\beta^2 EI}M_2$$

$$D = \frac{l^2}{4\beta^2 EI}M_1$$

将其代入式(4-4),即可得到 M_1、M_2 与转角 $(\theta_1+\varphi)$、$(\theta_2+\varphi)$ 的关系式:

$$M_1 = \frac{4\beta^2 \text{ch}2\beta - 2\beta \text{sh}2\beta}{2 - 2\text{ch}2\beta + 2\beta \text{sh}2\beta} \times \frac{EI}{l}(\theta_1+\varphi) + \frac{2\beta \text{sh}2\beta - 4\beta^2}{2 - 2\text{ch}2\beta + 2\beta \text{sh}2\beta} \times \frac{EI}{l}(\theta_2+\varphi)$$

$$M_2 = \frac{2\beta \text{sh}2\beta - 4\beta^2}{2 - 2\text{ch}2\beta + 2\beta \text{sh}2\beta} \times \frac{EI}{l}(\theta_1+\varphi) + \frac{4\beta^2 \text{ch}2\beta - 2\beta \text{sh}2\beta}{2 - 2\text{ch}2\beta + 2\beta \text{sh}2\beta} \times \frac{EI}{l}(\theta_2+\varphi)$$

或简写为:

$$\left.\begin{array}{l} M_1 = sk(\theta_1+\varphi) + sck(\theta_2+\varphi) \\ M_2 = sck(\theta_1+\varphi) + sk(\theta_2+\varphi) \end{array}\right\} \quad (4\text{-}5)$$

其中:

$$s = \frac{\beta(2\beta \text{ch}2\beta - \text{sh}2\beta)}{1 - \text{ch}2\beta + \beta \text{sh}2\beta} = \frac{\beta(2\beta \text{cth}2\beta - 1)}{\beta - \text{th}\beta}$$

$$c = \frac{\text{sh}2\beta - 2\beta}{2\beta \text{ch}2\beta - \text{sh}2\beta}$$

$$k = \frac{EI}{l}$$

$$\beta = \frac{l}{2}\sqrt{\frac{P}{EI}}$$

上式是根据 P 是拉力推导的。如果 P 是压力,通过同样的步骤可以得到与式(4-5)相同的表达式,只是此时参数 s、c 分别为:

$$s = \frac{\alpha(1 - 2\alpha\cot2\alpha)}{\tan\alpha - \alpha}$$

$$c = \frac{\sin2\alpha - 2\alpha}{2\alpha\cos2\alpha - \sin2\alpha}$$

而

$$\alpha = \frac{l}{2}\sqrt{\frac{-P}{EI}}$$

因此,无论轴向力是拉力还是压力,均有:

$$\left.\begin{array}{l} M_1 = sk(\theta_1+\varphi) + sck(\theta_2+\varphi) \\ M_2 = sck(\theta_1+\varphi) + sk(\theta_2+\varphi) \\ Ql = -sk(1+c)(\theta_1+\theta_2+2\varphi) \\ P = \frac{EA}{l_0}(l - l_0) \end{array}\right\} \quad (4\text{-}6)$$

(2) 单元切线刚度矩阵

将式(4-6)改写成结构坐标系下杆端力的表达式,可写成:

$$\left.\begin{array}{rl} M_1 &= sk(\theta_1 + \varphi) + sck(\theta_2 + \varphi) \\ Q_{x1} &= P\cos\alpha - Q\sin\alpha \\ Q_{y1} &= P\sin\alpha + \cos\alpha \end{array}\right\} \quad (4\text{-}7a)$$

及

$$\left.\begin{array}{rl} M_2 &= sck(\theta_1 + \varphi) + sk(\theta_2 + \varphi) \\ Q_{x2} &= -P\cos\alpha - Q\sin\alpha \\ Q_{y2} &= -P\sin\alpha + Q\cos\alpha \end{array}\right\} \quad (4\text{-}7b)$$

在现有状态下,若外荷载有一微小变化量,则对应的位移也有微小变化量,从而引起杆端力发生微小变化量。设杆端力增量及位移增量分别为:

$$d\boldsymbol{F} = \{dQ_{x1} \quad dQ_{y1} \quad dM_1 \quad dQ_{x2} \quad dQ_{y2} \quad dM_2\}^T$$

$$d\boldsymbol{\Delta} = \{dX_1 \quad dY_1 \quad d\theta_1 \quad dX_2 \quad dY_2 \quad d\theta_2\}$$

根据几何与微分关系有:

$$\left.\begin{array}{rl} ld\varphi &= (d_{y1} - d_{y2})\cos\alpha - (d_{x1} - d_{x2})\sin\alpha \\ dl &= (d_{y1} - d_{y2})\sin\alpha + (d_{x1} - d_{x2})\cos\alpha \end{array}\right\} \quad (4\text{-}8)$$

内力变化为:

$$\left.\begin{array}{rl} dp &= \dfrac{EA}{l_0} dl \\ dQl &= -sk(1+c)(d\theta_1 + d\theta_2 + 2d\varphi)Qdl \end{array}\right\} \quad (4\text{-}9)$$

杆端变化为:

$$\left.\begin{array}{rl} dM_1 &= sk(d\theta_1 + d\varphi) + sck(d\theta_2 + d\varphi) \\ dQ_{x1} &= dp\cos\alpha - dQ\sin\alpha \\ dQ_{y1} &= dp\cos\alpha + dQ\sin\alpha \\ dM_2 &= sck(d\theta_1 + d\varphi) + sk(d\theta_2 + d\varphi) \\ dQ_{x2} &= -dp\cos\alpha + dQ\sin\alpha \\ dQ_{y2} &= -dp\cos\alpha - dQ\sin\alpha \end{array}\right\} \quad (4\text{-}10)$$

将式(4-8)和式(4-9)代入式(4-10),并整理写成如下的矩阵形式:

$$\begin{Bmatrix} dQ_{x1} \\ dQ_{y1} \\ dM_1 \\ dQ_{x2} \\ dQ_{y2} \\ dM_2 \end{Bmatrix} = \begin{bmatrix} u_1 & u_3 & u_5 & -u_1 & -u_3 & -u_5 \\ u_3 & u_2 & u_4 & -u_3 & -u_2 & u_4 \\ u_5 & u_4 & u_6 & -u_5 & -u_4 & u_7 \\ -u_1 & -u_3 & -u_5 & u_1 & u_3 & -u_5 \\ -u_3 & -u_2 & -u_4 & u_3 & u_2 & -u_4 \\ u_5 & u_4 & u_7 & -u_5 & -u_4 & u_6 \end{bmatrix} \begin{Bmatrix} dx_1 \\ dy_1 \\ d\theta_1 \\ dx_2 \\ dy_2 \\ d\theta_2 \end{Bmatrix} \quad (4\text{-}11)$$

或简写成:

$$d\boldsymbol{F} = \boldsymbol{K}^e d\boldsymbol{\Delta} \quad (4\text{-}12)$$

式中：$u_1 = \dfrac{EA}{l_0}\left(\cos^2\alpha + \dfrac{\Delta l}{l}\sin^2\alpha\right) + s(1+c)\dfrac{k}{l^2}[2\sin^2\alpha + (\theta_1 + \theta_2 + 2\varphi)\sin 2\alpha]$；

$u_2 = \dfrac{EA}{l_0}\left(\sin^2\alpha + \dfrac{\Delta l}{l}\cos^2\alpha\right) + s(1+c)\dfrac{k}{l^2}[2\cos^2\alpha - (\theta_1 + \theta_2 + 2\varphi)\sin 2\alpha]$；

$u_3 = \dfrac{EA}{l_0}\left(l - \dfrac{\Delta l}{l}\right)\sin\alpha\cos\alpha - s(1+c)\dfrac{k}{l^2}[2\sin 2\alpha + (\theta_1 + \theta_2 + 2\varphi)\cos 2\varphi]$；

$u_4 = s(1+c)\dfrac{k}{l}\cos\alpha$；

$u_5 = -s(1+c)\dfrac{k}{l}\sin\alpha$；

$u_6 = sk$；

$u_7 = sck$；

$\Delta l = l - l_0$；

$k = \dfrac{EI}{l}$。

式(4-12)即为杆端力增量与位移量的关系式，其中 $\boldsymbol{K}^e$ 即为考虑结构大位移的单元切线刚度矩阵。

2. 有限位移理论程序构造

根据上述基本理论，悬索桥非线性分析程序全面考虑了结构几何非线性的影响，可以对悬索桥施工过程各阶段进行连续不断的计算，直到成桥，并给出相应施工阶段的内力、位移及其相应高程，并且可以确定结构的初始状态及其杆件无应力长度。

非线性的处理方法采用混合法，即在每次迭代循环中，节点不平衡力均以增量的形式逐级加上去，而每次加载后都要根据杆端力和结点位移的变化对结构刚度矩阵进行修正，直到不平衡力小于某个限值时终止迭代。

悬索桥非线性分析程序结构框图见图4-13。

二、解析法

解析法也是一种结构分析方法。用解析法对于一般的复杂结构分析是难以实现的，而对于悬索桥施工过程模拟结构分析，采用基于恒定无应力索长的解析法则不失为一种较好的方法。其基本原理就是在任何受力状态下，柔索索段无应力索长总是保持不变。恒定无应力索长迭代法主要用于传统施工法施工的悬索桥施工过程模拟结构计算分析，能分析结构初始位置，确定主缆和吊索等部件的无应力长度、空缆线形、索鞍预偏量以及索夹初始安装位置，同时可进行施工状态结构计算分析，确定各施工状态下的主缆线形、索塔偏移和内力，以及模拟索鞍顶推。

（一）基本假定

1. 对柔索索段的基本假定

（1）柔索是理想柔性的，既不能受压也不能受弯，只能承受拉力（因为索的截面尺寸与索长相比十分微小，因此在计算中可不考虑柔索的截面抗弯刚度）。

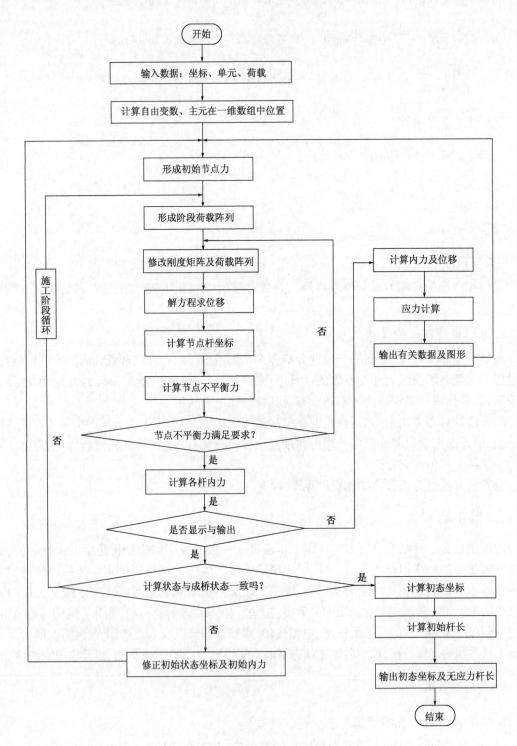

图 4-13 悬索桥非线性分析程序结构框图

(2)柔索材料在正常受力情况下应力与应变呈线性变化,符合胡克定律。

(3)柔索受力后由于截面面积和重度的变化量十分小,可忽略这种变化的影响,即可认为柔索受力前后截面面积和重度保持不变。

2. 对于悬索桥的基本假定

(1)主缆及吊索为理想的柔索,只能承受拉力。主缆的曲线有转折的地方,只要转折的曲率半径不过小,局部弯曲可不计。

(2)结构所用材料在正常受力条件下符合胡克定律。

(3)成桥状态结构的所有重力由主缆承担,加劲梁无应力。

(4)受力前后结构各构件截面面积及重度保持不变。

(5)在成桥状况,主缆所受荷载为沿弧长均布的主缆自重力(包括缠丝及防护重力)和通过吊索传递的局部荷载(可作为竖向集中荷载处理)。局部荷载将主缆划分成多个悬链线索段,即柔索索段。

(二) 基本公式

由于任意一柔索索段的线形为悬链线,故采用恒定无应力索长迭代法计算分析悬索桥结构状态均是围绕悬链线进行的。

1. 悬链线方程

如图4-14a)所示,对于任一柔索 AB,已知 A、B 点坐标和索水平拉力 H 及索自重力 q,则悬链线方程为:

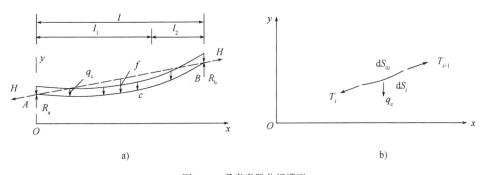

图 4-14 柔索索段分析模型

$$y = \frac{1}{P}\text{ch}BP(x + A) + B \qquad (4-13)$$

式中:

$$P = \frac{q}{H}$$

A、B 两个系数可由以下边界条件方程求出:

$$Y_b = \frac{1}{P}\text{ch}(L + A) + B$$

$$Y_a = \frac{1}{P}\text{ch}(PA) + B$$

求出 A、B 两个系数后,就可由式(4-13)计算索段上任意点坐标。

2. 柔索索段无应力索长计算

如图4-14a)所示,对于任意一段柔索悬链线 AB,设柔索索段截面抗拉刚度为 EA,对于任意微段,其无应力长度为 dS_{0i},有应力长度为 dS_i[图4-14b)],则索段有应力长度为:

$$dS_i = dS_{0i} + \frac{T}{EA}dS_{0i}$$

则可得索段无应力长度:

$$dS_{0i} = \frac{dS_i}{1 + T/EA}$$

由图4-16b)有:

$$dS_i = \sqrt{1 + (1/Y)^2}dx = \text{ch}\frac{q}{H}(X + A)dx$$

$$T = \frac{H}{\cos\varphi} \quad (\varphi \text{ 为柔索任一点的倾角})$$

则索段无应力长度:

$$S_{0i} = \int_s \frac{1}{1 + T/EA}dS_i$$

$$= \int_0^{l_i} \frac{\text{ch}\dfrac{q}{H}(X + A)}{1 + \dfrac{H}{EA\cos\varphi}}dx \tag{4-14}$$

对于悬索桥主缆而言,其理论中心无应力总索长 S_0 等于各索段无应力索长 S_{0i} 之和,其值为:

$$S_0 = \sum S_{0i}$$

主缆中心无应力下料索长应在主缆理论中心无应力总索长 S_0 基础上,考虑索鞍半径对主缆无应力索长的影响修正,修正的办法是根据主缆上斜率与鞍座上同一点的斜率相等的原则,先计算出主缆与鞍座的切点,然后分别计算切点至理论顶点的曲线长及绕鞍座的弧线长,两者差即为长度修正量。经过修正的主缆无应力长度加上主缆两端伸入锚固长度和误差预留量,即为主缆中心无应力下料长度。对偏离主缆中心的索股,应考虑这一偏离对索长的影响,以此来确定索股制索时的无应力下料长度。

3. 柔索结构任意状态坐标计算

柔索结构见图4-15,已知跨径 l、索曲线单位自重应力 q_c、任意索段无应力长度 S_{0i}、索各切点初状态坐标 (x_{0i}, y_{0i}) 以及节点外力 P_i 与 F_i,求结构受力后节点坐标 (x_i, y_i)。设任意索段起点 A 索内水平力为 H_i,竖直力为 R_{ai},详见图4-15,则有:

$$\tan\varphi_A = \text{sh}(PA) = -\frac{R_{ai}}{H_i}$$

$$A = \frac{1}{P}\text{sh}^{-1}\left(\frac{R_{0i}}{H_i}\right)$$

$$B = y_A + \frac{1}{P}\text{ch}(PA)$$

式中：$P = q_c/H_i$；

φ_A——柔索段在 A 点的倾角；

y_A——A 点的竖向坐标。

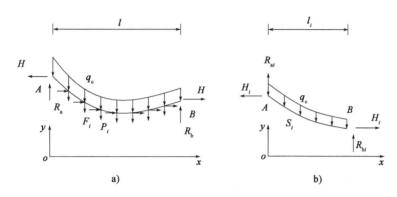

图 4-15 主缆分析模型

索段上任意点 y_i 坐标为：

$$y_i = \frac{1}{P}\text{ch}P(x+A) + B$$

$$S_i = S_{0i}\left(1 + \alpha t + \frac{T_i}{EA}\right) \tag{4-15}$$

式中：α——柔索的线膨胀系数；

t——温度的变化值；

T_i——索段拉力的平均值，其计算公式如下：

$$T = \sqrt{H_i^2 + (R_{ai} - Sq_c)^2}$$

$$\Delta S_i = \frac{T}{EA}\text{d}S$$

式中：ΔS_i——索段的伸长；

S——索段的长度。

令：

$$\Delta S_i = \text{d}S_{0i}\frac{T_i}{EA}$$

则有：

$$T_i\text{d}S_{0i} = T\text{d}S$$

$$T_i = \frac{1}{S_{0i}}\int_0^{l_i}\sqrt{[H_i^2 + (R_{ai} - Sq_c)^2]}\,\text{d}s \tag{4-16}$$

索长有应力长度为：

$$S_i = \frac{1}{P}[\text{sh}P(L_i + A) - \text{sh}(PA)]$$

式中：L_i——索段的水平投影长度。

则有：
$$L_i = \frac{1}{P}\text{sh}^{-1}\left(PS_i - \frac{R_{ni}}{H_i}\right) - A \tag{4-17}$$

B 点坐标为：
$$\begin{cases} x_{i+1} = x_i + L_i \\ y_{i+1} = \frac{1}{P}\text{ch}(L_i + A) + B \end{cases}$$

索端力计算如图4-16所示。

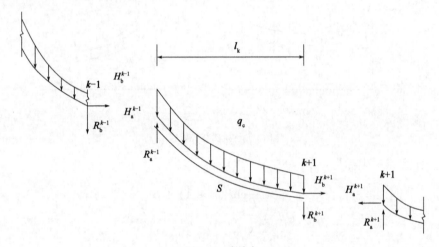

图4-16 索端力

$$\begin{aligned} H_{i+1} &= H_i - F_i \\ R_{ai+1} &= R_{ai} - S_i qc - P_i \end{aligned} \tag{4-18}$$

式中：$H_i = H^k = H_a^k = H_b^k$；

$H_{i+1} = H^{k+1} = H_a^{k+1} = H_b^{k+1}$；

$R_{ai} = R_a^k$；

$R_{ai+1} = R_a^{k+1}$。

当确定起点 H_i 和 R_{ai} 后，就可以依次推算任意一点的坐标 (x_i, y_i) 直到末端。实际 H_i 和 R_{ai} 是不知道的，因此，必须事先假定，然后做迭代计算直到指定收敛精度为止。

4. 起点水平及竖直调整

设起点水平力及竖直力分别为 H_{1k} 及 H_{a1k}，并取为初状态对应值，则开始从起点依次计算到末点，设末点坐标 (x_{nk}, y_{nk}) 误差为 Δx_k、Δy_k，起点水平及竖直力实用调整模型式如下：
$$\begin{aligned} H_{1k+1} &= H_{1k} + \Delta x_k C_H / L \\ R_{a1k+1} &= R_{a1k} - \Delta y_k C_R / L \end{aligned}$$

式中：C_H、C_R——与迭代次数有关的系数。

计算过程如图4-17所示。

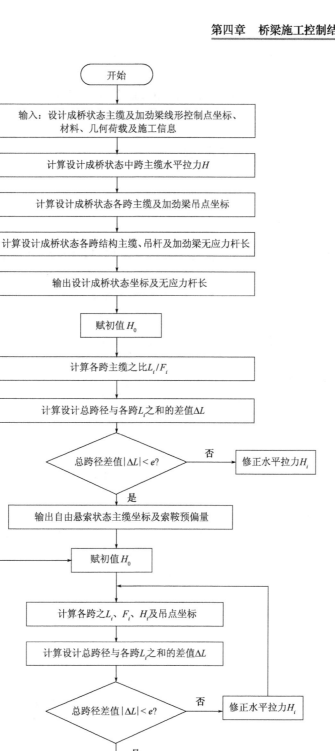

图 4-17 用重复迭代法进行悬索桥施工过程模拟结构分析

第四节　桥梁施工控制结构分析需考虑的有关问题

一、正装计算法中需考虑的问题

(一)正装计算法中结构几何非线性问题

1. 几何非线性问题

几何非线性问题即大位移问题。在大多数大位移问题中，结构内部的应变是微小的。事实上，只有在材料出现塑性变形时或在结构上应用较少的类似于橡胶那样的材料才会遇到大应变问题。对于大跨径桥梁中使用的钢材，在设计荷载作用下不会出现很大的应变，因此，大跨度桥梁的几何非线性问题属于大位移小应变问题，而材料的应力应变关系是线性的。

当荷载作用在桥梁结构的某节点上，该节点将会发生位移，荷载也随之移动，这种位移不仅改变了荷载相对于与该节点相联结的杆件的作用方向，而且改变了荷载对结构上其他节点产生的弯矩。如果位移量大，就会严重地影响荷载对结构产生的效应。所以，考虑几何非线性的影响对于大跨度桥梁结构分析是十分必要的。

2. 几何非线性分析的近似方法

对于大跨度桥梁结构，要获得非线性方程的直接代数解是十分困难的，甚至是不可能的。目前常用数值解的方法，如增量法、迭代法和混合法，求似值解。

1) 增量法

增量法是指荷载以增量的形式逐级加上去，对每个荷载增量作用过程中假定结构的刚度是不变的，在任一荷载增量区间内节点位移和杆端力都是由区间起点处的结构刚度算出，然后利用求得的节点位移和杆端力，求出相对于增量区间终点变形后的位置上的结构刚度，以此作为下一个荷载增量的起点刚度。在任一荷载增量(i级)作用下的平衡方程为：

$$K_i \Delta D_i = \Delta W_i \tag{4-19}$$

式中：K_i——荷载增量区间起点处的结构整体刚度矩阵；

ΔD_i——该荷载增量引起的节点位移变化量；

ΔW_i——节点荷载增量的大小。

荷载增量区间终点处的节点位移为起点处位移与位移增量ΔD_i之和。可见，结构的几何状态在每个荷载增量后要进行调整。

增量法的求解过程见图4-18。从图中可以看出，荷载与位移之间曲线关系被一个个足够小的直线段所代替。如果荷载增量取得足够小，误差虽然是累积的，但仍可收敛到工程所允许范围内。

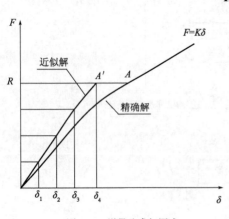

图4-18　增量法求解图式

2）迭代法

迭代法是将整个外荷载一次性加到结构上,节点位移用结构变形前的切线刚度求得,然后根据变形后的结构计算结构刚度,求得杆端力。由于变形前后的结构刚度不同,产生节点不平衡荷载,为了满足节点平衡,将这些不平衡荷载作为节点荷载作用于各节点上,计算出相对于变形后的节点位移量,重复这一迭代过程,直至不平衡荷载小于允许值为止。迭代法求解图式如图 4-19 所示。

3）混合法

采用增量法和迭代法综合运用的混合法可以加快收敛速度,对于大跨度桥梁这种迭代次数要求较高的结构是很适宜的。混合法中初始荷载和每次循环后的不平衡荷载都是以增量的形式施加,在每个荷载加增量后对刚度做一次调整。混合法计算图式如图 4-20 所示。

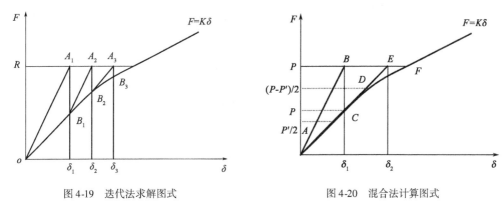

图 4-19　迭代法求解图式　　图 4-20　混合法计算图式

图 4-20 中只表示了两次迭代,目的是把混合法图的形式表达清楚,图中第一次迭代的作用荷载为 P,荷载增量为 $\frac{P}{2}$,第一次迭代后的不平衡荷载为 $P - P'$,荷载增量为 $\frac{P - P'}{2}$。

3. 带动坐标的混合法

图 4-21a）表示一个单元的整体坐标系 xoy,节点 i 和 j 的坐标值为 x_0、y_0、θ_0 和 l_0,设单元变形后的位移在节点 i 处为 u_i、v_i 和 θ_i,在节点 j 处为 u_j、v_j 和 θ_j,单元变形后则移动到图 4-21b）所示位置。建立变形后节点 i 和 j 的局部坐标 (x, y),由图 4-21b）可知:

$$\left.\begin{array}{l} x_1 = x_0 + u_j - u_i \\ y_1 = y_0 + v_j - v_i \\ \theta = \arctan\left(\dfrac{y_1}{x_1}\right) \end{array}\right\} \quad (4\text{-}20)$$

对于梁单元而言,节点位移可以表示为:

$$\left.\begin{array}{l} u_i = v_i = v_j = 0 \\ u_j = l - l_0 = (x_1^2 + y_1^2)^{\frac{1}{2}} - l_0 \\ \theta'_i = \theta_i - (\theta - \theta_0) \\ \theta'_j = \theta_j - (\theta - \theta_0) \end{array}\right\} \quad (4\text{-}21)$$

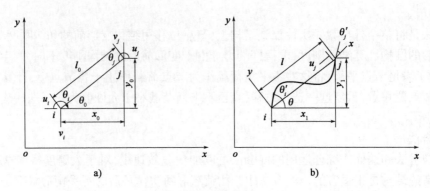

图 4-21 带动坐标的混合法图式

用节点位移列阵表示为：

$$\pmb{\delta}'^e [0 \quad 0 \quad \theta'_i \quad u_j \quad 0 \quad \theta'_j]$$

变形后的单元刚度矩阵用 $\pmb{K}'$ 表示，则变形后的单元节点力 $\pmb{F}'^e$ 可以用节点位移 $\pmb{\delta}'^e$ 表达，即：

$$\pmb{F}'^e = \pmb{K}' \pmb{\delta}'^e$$

式中，$\pmb{F}'^e$、$\pmb{K}'$ 和 $\pmb{\delta}'^e$ 都是局部坐标系 xoy，通过坐标变换转为整体坐标系 xoy 后，上式变为：

$$\pmb{F}^e = \pmb{K} \pmb{\delta}^e$$

由于单元刚度矩阵 $\pmb{K}^e$ 是由局部坐标系转换到整体坐标系而得到的，转换矩阵 $\pmb{T}$ 的方向余弦为位移的函数，即：

$$\pmb{K}^E = \pmb{K} \pmb{\delta}^E$$

上式表明单元刚度矩阵是单元节点位移列阵的函数。若首先把结构以线性理论计算得到的弹性位移作为第一次近似值，然后通过式(4-5)和式(4-6)计算出各变形单元作用在节点上的力为：

$$\pmb{R}_r = -\sum_{e=1}^{n_c} \pmb{F}^e$$

则在各节点上产生的不平衡力为：

$$\Delta \pmb{R} = \pmb{R} + \pmb{R}_r = \pmb{R} - \sum_{e=1}^{n_c} \pmb{F}^e$$

将不平衡力作用到结构的各节点上，计算出位移的第二次近似值。重复上述过程，多次迭代直到 $\Delta \pmb{R} = 0$ 为止。

综上所述，假设结构在荷载作用下，已用线性理论的方法求出位移的近似值，则一个典型的迭代循环步骤为：

(1) 利用整体坐标系的节点位移 $\pmb{\delta}$，建立各单元的局部坐标；

(2) 计算在局部坐标系下各单元的位移列阵 $\pmb{\delta}'^e$，并建立各单元刚度矩阵 $\pmb{K}'$，计算出节点力 $\pmb{F}'^e$；

(3) 将 $\pmb{K}'$ 和 $\pmb{F}'^e$ 经过坐标变换转到整体坐标系下的 $\pmb{K}^e$ 和 $\pmb{F}^e$；

(4) 集合各单元刚度矩阵，形成结构的整体刚度矩阵，即当时变形位置的结构刚度矩阵，即：

$$K = -\sum_{e=1}^{n_c} F^e$$

(5)计算各单元作用于节点上的力 R_r,同时计算不平衡力 ΔR,即:

$$\left.\begin{array}{l} R_r = -\sum_{e=1}^{n_c} F^e \\ \Delta R = R + R_R \end{array}\right\} \quad (4\text{-}22)$$

(6)求解结构平衡方程式 $K\Delta\delta = \Delta R$,得到位移增量 $\Delta\delta$,将它加到前次迭代中累加起来的节点位移 δ 中去,即为节点位移新的近似值;

(7)检验收敛性,如果不满足,返回步骤(1),直到 ΔR 趋近于零为止。

上述迭代步骤用公式表达如下:

$$\left.\begin{array}{l} K_n \Delta\delta_{n+1} = R + R_{rn} \\ \delta_{n+1} = \delta_n + \Delta\delta_{n+1} \end{array}\right\} \quad (4\text{-}23)$$

式中,K_n 和 R_{rn} 是以当时位移 δ_n 为基础的,要在每次迭代中加以调整。关于结构所承受的荷载 R 以及不平衡力 ΔR,均以增量的形式逐级加载。对每一级的荷载做上述步骤的运算,直到不平衡荷载小于允许值为止。

4. 带动坐标混合法在斜拉桥中的应用

现以斜拉桥为例来说明带动坐标混合法的应用。在带动坐标混合法中设置了两重主要的循环计算,即迭代循环和荷载增量循环。荷载增量循环嵌套于迭代循环中,目的是加快收敛速度,提高计算精度。

1)迭代循环

在迭代循环开始前,整个结构位移为零。杆端力除斜拉索单元外均为零。斜拉索轴向抗力为初始拉力,结构各单元稳定性函数值为1.0。斜拉索的弹性模量为初始拉力下的等效弹性模量,恒载及外荷载被分配到各节点上,得到等效节点力。

迭代循环的计算步骤如下:

(1)将恒载、外荷载的等效节点力以及斜拉索的初始张力施加到斜拉桥结构上,施加过程实际上是逐步进行的(表现在荷载增量循环中),计算出结构杆端力及节点位移。

(2)根据上一步计算出来的节点位移,重新调整结构的几何位置,并计算当前状态下的稳定性函数值 S_i 和斜拉索的等效弹性模量,用于下次迭代计算,这一步骤同样表现在荷载增量循环中。

(3)不平衡荷载的计算是将第一步算出的杆端力反号后与荷载的等效节力点相加,得到第一次迭代后的不平衡荷载。

(4)检验不平衡荷载的大小是否小于限制值,如果不满足要求,将不平衡荷载视为作用荷载,重复以上三个步骤的计算,直到不平衡荷载小于限制值为止。

2)荷载增量循环

对斜拉桥几何非线性各因素的处理手段主要体现在荷载增量循环过程中,荷载增量循环完全嵌套于迭代循环中,每次迭代运算中增量循环的次数取决于荷载增量的个数。为加快收敛速度,在第一次迭代和以后的各次迭代中采用不同的荷载分级方法。第一次迭代的荷载增量区间分得较细,其后的各次迭代则相对分得粗一些。在以下描述中将第一次迭代的作用荷载(包括恒载、外荷载和斜拉索初始拉力以及每次迭代后的不平衡荷载)统称为增量循环计算的初始荷载。结合斜拉桥几何非线性分析的特点,荷载增量循环的步骤如下:

(1)对初始荷载可采取等步长分级,进入第一个荷载增量循环;

(2)计算结构整体刚度矩阵,即当前荷载增量区间左端处的刚度矩阵;

(3)引入约束条件;

(4)求解平衡方程,得出位移增量,再将位移增量加到上一个荷载状态下的节点位移上去,得到当前状态下的节点位移;

(5)根据上一步骤得到的位移增量,计算当前荷载增量区间末端结构的几何位置,包括节点坐标的移动和杆件长度、倾角的变化等;

(6)计算当前荷载增量区间末端新的几何位置的杆端力;

(7)斜拉索等效弹性模量的修正,即当前荷载状态的等效弹性模量;

(8)稳定性函数 S_i 的修正;

(9)检验是否完成了最后一级的荷载加载,若未完成,重新进行步骤(2)~(8)的计算,直到加载完成为止。

从上述步骤可知,在每个荷载增量区间计算的过程中,步骤(5)修正了结构的几何位置,使步骤(6)的杆端力与当前的几何位置对号入座,这就是对大变位效应的处理手段。步骤(7)和步骤(8)分别对斜拉索的等效弹性模量和非斜拉索单元的稳定性函数做了修正,这样,返回到步骤(2)计算出的下一个荷载增量区间左端点处的刚度矩阵较为符合实际情况,做到了斜拉索垂直变化和刚度矩阵的对应。同时,通过稳定性函数 S_i 对刚度矩阵的修正,达到了考虑弯矩和轴向力组合效应的目的。

(二)正装计算法中混凝土材料非线性问题

在桥梁(特别是大跨度桥梁)中,钢筋混凝土结构无论是钢筋还是混凝土,均存在材料非线性问题,在精确的理论分析中应当予以考虑,它包括在短时间荷载作用下混凝土的开裂以及混凝土、钢筋黏结力和集料嵌锁的非线性应力-应变关系。

1. 材料非线性问题的一般解法

1)割线法(也叫作直线迭代法或变刚度法)

假设存在非线性应力-应变关系,可以用函数关系式表达如下:

$$\boldsymbol{\sigma} = \boldsymbol{D}(\boldsymbol{\varepsilon}) \tag{4-24}$$

式中,弹性矩阵 $\boldsymbol{D}$ 不是常数,而是应变 $\boldsymbol{\varepsilon}$ 的函数,从而也是 r 的函数:

$$\boldsymbol{D} = \boldsymbol{D}(\boldsymbol{\varepsilon}) = \boldsymbol{D}(r) \tag{4-25}$$

因此,刚度矩阵也是位移 r 的函数,对于非线性问题,可以写出下列非线性方程组:

$$\boldsymbol{K}(r)r - \boldsymbol{R} = 0 \tag{4-26}$$

求解上述非线性方程组的一个比较简单的迭代法是从令 $r_0 = 0$ 开始,由应力-应变关系式求出 $\boldsymbol{K}(r_0) = \boldsymbol{K}_0$,由 $r_1 = \boldsymbol{K}_0^{-1}\boldsymbol{R}$ 求出位移第一次近似值,然后由 r_1 求出割线刚度矩阵 $\boldsymbol{K}(r_1) = \boldsymbol{K}_1$,由 $r_2 = \boldsymbol{K}_1^{-1}\boldsymbol{R}$ 求出位移的第二次近似值,见图 4-22。重复上述步骤,每次由下式求出位移近

似值：

$$r_n = K_{n-1}^{-1} R \qquad (4-27)$$

直到 r_n 与 r_{n-1} 两者充分接近为止。

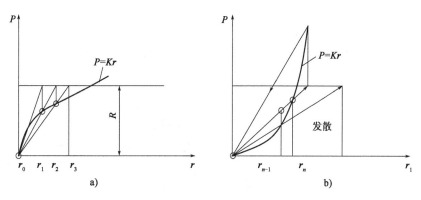

图 4-22 直线迭代法图式

2）切线刚度法［牛顿-莱布逊（Newton-Raphson）法］

和上述割线法一样，对于非线性问题，一般可以写成下列形式的一组代数方程式：

$\varphi(r) = P(r) - R = K(r)r - R = 0$

对于非线性问题有：$Kr - R = 0$

若 $\varphi(r) = 0$ 的近似解在 $r = r_n$ 时达到，利用泰勒（Taylor）表达式有：

$$\varphi(r_{n+1}) = \varphi(r_n) + \left[\frac{\mathrm{d}\varphi(r_n)}{\mathrm{d}r}\right]\Delta r_n = 0 \qquad (4-28)$$

式中：$r_{n+1} = r_n + \Delta r_n$。

又

$$\frac{\mathrm{d}[\varphi(r_n)]}{\mathrm{d}r} = \frac{\mathrm{d}[P(r_n)]}{\mathrm{d}r} = K_T(r_n) \qquad (4-29)$$

计算精度可由下式控制：

$$\begin{aligned}\Delta r_n &= K_T^{-1}(r_n)\varphi(r_n) \\ &= K_T^{-1}(r_n)[P(r_n) - R]\end{aligned} \qquad (4-30)$$

其计算过程见图 4-23。

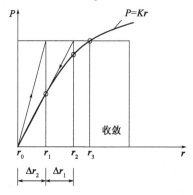
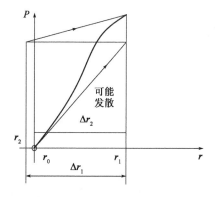

图 4-23 牛顿-莱布逊法

这种解法一般收敛于解的邻近。不过,如一开始"猜"不好,也可能发散。

3) 初始刚度法(改进的牛顿-莱布逊法)

为克服在每次迭代过程中必须解全部新方程的缺点,通常可近似由 $K_T(r_n) = K_T(r_0)$ 代入上面公式后得:

$$\Delta r_n = -K_T^{-1}(r_0)[P(r_n) - R]$$

用同样的方程式反复计算(图4-24),总体可能是经济的,但收敛较慢。

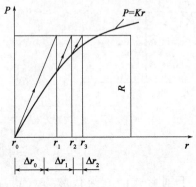

图4-24 改进的牛顿-莱布逊法

2. 短时间荷载

图4-25 所示为一维结构单元组成的桁架结构,在此结构上做加载试验,可得其单元应力-应变关系。图4-25a)说明其线弹性响应;图4-25b)为材料非线性响应;图4-25c)是假定破坏前为非线性关系,系单元拉伸破坏或压缩破坏的影响;图4-25d)说明其非线性应力-应变曲线中只包括压缩情况;图4-25e)表明线弹性影响过程可以借助于有限单元线性分析;图4-25f)为计入钢筋混凝土结构中由于开裂和非线性应力-应变关系所出现的非线性特征,可以利用迭代法解之;图4-25g)、h)中,当结构中某一个单元发生拉伸或压缩破坏时,且在外荷载作用下,每一个单元的结构刚度随之降低,荷载-位移(R-r)曲线中出现几个水平台阶。

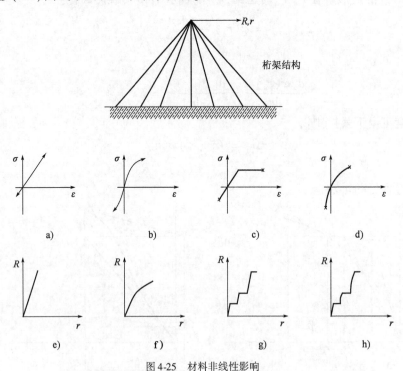

图4-25 材料非线性影响

如果某单元在压缩状态时其应力-应变(σ-ε)关系为非线性,而在拉伸状态下只有很低的开裂破坏应力,其应力-应变关系为线性,如图4-26 所示。在已知外荷载的情况下,其结构非线性分析步骤如下：

（1）图4-26所示的三种迭代法中，其应力-应变（σ-ε）曲线上的0～1段的初始刚度相同，对于这一段都可以利用有限单元法作线性分析，求出单元刚度K_e，从而得到结构刚度K，然后可以根据给定的节点荷载R求得节点位移γ和单元应变ε。

（2）图4-26所示的三种迭代法中的1～2段表示不平衡单元应力$\Delta\sigma_{12}$，每个单元其相应于ε的实际应力σ可以从上述步骤（1）中得出。通过相应的变换，从得到的不平衡单元应力$\Delta\sigma_{12}$计算出不平衡节点力ΔR_{12}。

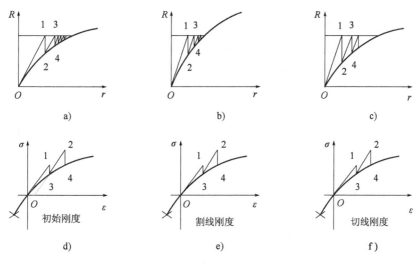

图4-26 非线性分析迭代解法

（3）三种迭代法中所示2～3段和3～4段是各不相同的，现将不平衡ΔR_{12}荷载在初始刚度法、割线刚度和切线刚度法中的计算分别加以说明如下。

①利用从σ-ε曲线上得出的初始刚度，重复步骤（1）和步骤（2）的过程。

②割线刚度法：联结σ-ε曲线上0～2点且延长到3点，由此割线确定刚度，且重复上述步骤（1）和步骤（2）的过程。

③切线刚度法：在σ-ε曲线上2点处作切线，由切线确定刚度，并重复步骤（1）和步骤（2）的过程。

上面三种方法中，若在单元中出现拉伸破坏，则令其单元刚度$K_e=0$，此外，计算精度均可由ΔR达到预定的精度要求为止，此时，计算机输出变形γ、应变ε和应力σ值。

在满足平衡条件、变形协调和应力应变条件下，上述三种迭代法中以切线刚度法收敛最快，初始刚度法收敛最慢。不过，初始刚度法具有它自身优点，即结构刚度K在每次迭代时是不变的。所以在实践中它们往往可以混合采用，如刚度可以在每迭代2～3次之后加以变换，以求加速收敛。

（三）正装计算法中混凝土收缩、徐变问题

在桥梁施工过程中，由于混凝土龄期短，其徐变、收缩影响较大，必须加以分析和控制。

混凝土徐变、收缩受多种因素影响，由于受这些因素影响的徐变、收缩值在试验上的统计结果最少也有15%~20%的变异,而且试验的构件、试验环境往往与实际结构物相距甚远,故准确性较低。影响徐变、收缩的主要因素:①水泥品种;②集料性质;③混凝土配合比;④外加剂和其他成分;⑤加载龄期;⑥环境龄期;⑦环境温度;⑧试件尺寸;⑨应力持续时间;⑩应力大小。

混凝土徐变、收缩机理比较复杂,在本质上取决于其内部的物理化学过程。目前提出的理论有:①力学变形理论,认为混凝土的徐变是由于持续荷载作用在水泥浆的毛细结构上,使水泥浆与周围介质建立新的气压平衡产生的。②塑性理论,认为混凝土的徐变是由于晶格滑动产生的。③黏性流理论,认为水泥是一种高度黏性材料,持续荷载作用的黏性流动产生徐变。此外,还有内力平理论、微裂缝理论等。

收缩现象主要包括两个过程:一是干燥过程中的水分蒸发;二是碳化过程中的体积变化。由于干燥总是从混凝土表面开始,因此,收缩实际是不均匀的。

混凝土的徐变、收缩机理虽然未完全搞清楚,但从徐变的性状上看,可以用流变模型来分析研究。目前提出的有马克韦尔、开尔芬以及 Bugers、Hansen、Fliigge、Cowan、Roll、Powers、Nenille、Bjuggan 等模型。这些模型都能在本质上体现能量守恒、能量转化的基本原理,并能解释诸如可复徐变与不可复徐变等徐变的基变成分。CEB-FIP1978 是目前以流变模型为基础建立的最复杂的徐变实用模型。徐变分为可恢复的延滞弹性徐变及不可恢复的徐变,不可恢复的徐变又进一步分为初始塑性徐变和后塑性徐变。CEB-FIP1978 也是目前运用较广泛的徐变模型,除欧洲各国外,我国《公路桥涵施工技术规范》(JTG/T F50—2011)完全采用,日本桥规也部分采用。新近提出的 CEB-FIP1990 徐变模型与 CEB-FIP1978 不同,做了大量的简化。它首先认为在线性徐变范围内($\sigma < 0.4f$)叠加原理有效,徐变系数随时间的变化采用简单的公式表达。而在温度对徐变的影响及非线性徐变方面做了较大的改进和补充。

混凝土徐变、收缩的计算理论就是要确定在结构寿命中,某一时间考虑徐变、收缩后的应变、应力、拱度等状态。要达到这个目的,就必须把常荷载作用下的徐变试验结果用到变应力作用下的结构构件分析中。目前所采用的徐变、收缩计算方法主要有:有效模量法、老化理论(徐变率)法、弹性徐变理论(迭加法)、弹性老化理论(滚动率法)、继效流动理论、分项迭加法、扩展 Disinger 法,等等。其中,大部分都建立在线性徐变条件(应力 $\sigma < 0.4f$)下,并服从 Boltzman 迭加原理。

在 Boltzman 迭加原理的基础上,龄期 τ_0 时施加应力 σ_0 引起结构物应力变化,在 t 时刻混凝土总应变为:

$$\varepsilon(t) = \sigma_0 \left[\frac{1}{E(\tau_0)} + C(t,\tau_0) \right] + \int_{\tau_0}^{t} \frac{d\sigma(\tau)}{d\tau} \left[\frac{1}{E(\tau)} + C(t,\tau) \right] d\tau + \varepsilon_{sh}(t) \quad (4\text{-}31)$$

式中:$E(\tau)$——混凝土龄期为 τ 时的弹性模量;

$C(t,\tau)$——徐变函数,即单位应力作用下混凝土的徐变值。

徐变函数与徐变系数 $\varphi(t,\tau)$(徐变应变与弹性应变之比)存在下列关系:

$$C(t,\tau) = \frac{\varphi(t,\tau)}{E(\tau)} \quad (4\text{-}32)$$

1. 有效弹性模量法(EEM 法)

有效弹性模量法(EEM 法)是 O. Faber 于 1972 年提出的,它是一种最简单、最古老的计算徐变的方法。它是将问题转化为弹性问题来解,用弹性模量降低来考虑混凝土徐变的影响。在龄

期 τ 时的徐变变形取决于当时的应力值而不考虑历史应力。对一个给定的应力 $\sigma(t)$，总应变为：

$$\varepsilon(t) = \frac{\sigma(t)}{E_c(t)} \tag{4-33}$$

式中，$E_c(t)$ 为有效弹性模量，用下式表示：

$$E_c(t) = \frac{E(\tau)}{1 + C(t,\tau)E(\tau)} \tag{4-34}$$

这种方法在以下两种情况下与试验结果较为符合：

(1) 应力无明显变化时；

(2) 混凝土龄期可以忽略不计时（老混凝土）。

但该方法在应力递增时高估了变形，而在应力递减时低估了变形。在卸荷情况下，变形将全部恢复，显然这是不符合实际的，因此，不适合变应力下的结构徐变、收缩分析。

2. 龄期调整有效模量法（AEMM）

龄期调整有效模量法最初由 Trost 提出，后由 Bazant 发展，因此这种方法又被称为 Trost-Bazant 法。

如图 4-27 所示，图中实线为常应力下混凝土的徐变曲线，虚线为变应力下混凝土的徐变曲线。常应力历程是在龄期 τ_0 时施加一不变应力 σ_0，变应力历程是应力 $\sigma(t)$ 逐渐施加，从 τ_0 开始直到 τ_1 达到 σ_0。在任意龄期 $\tau(\tau > \tau_0)$ 产生的徐变表示在图 4-27 中。由于加载龄期不同，导致两种应力历程也不同，其逐渐加载的徐变系数因此需要折减，即 $\chi(t,\tau_0)\varphi(t,\tau_0)$。系数 $\chi(t,\tau_0)$ 称为龄期系数（也称为老化系数或时效系数），通常在 0.6~0.9 之间，终值 $\chi(\infty,\tau_0)$ 近似于 0.8。

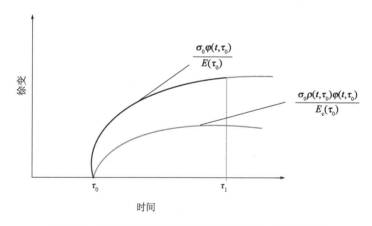

图 4-27 常应力（实线）和变应力（虚线）下混凝土的徐变曲线

如果在结构分析中，不是终值时系数，应采用其他方法计算，比如可用以下近似公式：

当 τ_0 处于 2~100 之间时：

$$\chi(t,\tau_0) = 1 - \frac{(1-x^*)(t-\tau_0)}{20+(t-\tau_0)} \tag{4-35}$$

式中：

$$x^* = \frac{k_1 \tau_0}{k_2 + \tau_0} \tag{4-36}$$

其中：
$$k_1 = 0.78 + 0.4e^{-1.33\varphi^*(\tau_0)}$$
$$k_2 = 0.16 + 0.8e^{-1.33\varphi^*(\tau_0)}$$

3. 徐变迭加法（SSM 法）

徐变迭加法是以迭加原理和线性徐变理论为基础的。迭加原理在荷载增加的应力历程中和徐变是非常吻合的，此时，假设由增加应力产生的徐变等于每个实际增量应力产生的徐变之和。而在应力递减的过程中，迭加原理将高估徐变恢复的影响，这是因为徐变包括延滞弹性徐变和塑性徐变。迭加原理不正确地假设在任何龄期 $\tau(\tau > \tau_1)$，在 τ_0 到 τ_1 之间发生的延滞弹性应变 $\varepsilon_d(\tau_1 - \tau_0, \tau_0)$ 等于由于 σ_0 在 τ_1 加载产生的徐变应变 $\varepsilon_c(t, \tau_1)$ 减去 τ_0 时加载 σ_0 在 τ_1 之后的发展曲线，事实上：$\varepsilon_d(\tau_1 - \tau_0, \tau_0) < \varepsilon_c(t, \tau_1) - \varepsilon_c(t_1 - \tau_1, \tau_0)$，但在很多情况下，徐变迭加法的假设能够满足实际分析的需要。

假设在 $[t_i, t_{i+1}]$ 区间应力不变化，将积分式按应力变化过程展开，即：

$$\varepsilon(t_{i+1}) = \frac{\sigma_0}{E(t_0)}[1 + \varphi(t_{i+1}, t_0)] + \sum_{j=1}^{i} \frac{\Delta\sigma(t_j)}{E(t_j)}[1 + \varphi(t_{i+1}, t_j)] + \varepsilon_{sh}(t_{i+1}) \quad (4-37)$$

上式常用来直接分析结构物的徐变收缩问题。通过求出瞬时应力增量的过程或在过程中引入迭代过程来求解。

在一些徐变模型中，徐变函数比徐变系数更容易得到，上式也可写成另一种形式：

$$\varepsilon(t_{i+1}) = \sigma_0\left[\frac{1}{E(t_0)} + C(t_{i+1}, t_0)\right] + \sum_{j=1}^{i} \Delta\sigma(t_j)\left[\frac{1}{E(t_j)} + C(t_{i+1}, t_j)\right] + \varepsilon_{sh}(t_{i+1}) \quad (4-38)$$

以上公式都必须存储过去所有的应力历程，为避免应力历程的存储，必须采取近似的特殊徐变函数，在力学模型上表现为一系列开尔文模型，在数学上表现为 Dirchlet 级数形式，并可与 AEMM 法混合使用，后面将做详细介绍。

4. 老化理论和扩展狄辛格（Dischinger）法

老化理论分析主要采用徐变率法（RCM 法）和狄辛格（Dischinger）法，最初是 W. H. Glanville 于 1930 年创立的，C. S. Whitxey 在 1932 年建立了数学公式，1937 年 Dischinger 把它用于复杂结构分析中。

徐变速率法（RCM 法）假设徐变随时间的变化率是独立于加载龄期 τ 的，因而，在不同龄期的混凝土加载曲线是平行的，如图 4-28 所示。

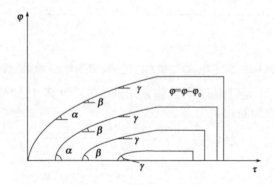

图 4-28 按老化理论表示同一混凝土在不同加载龄期时的徐变曲线

RCM 法的基本方程如下：

$$\frac{\mathrm{d}\varepsilon(t,\tau_0)}{\mathrm{d}\varphi} = \frac{1}{E_c(\tau_0)}\frac{\mathrm{d}\sigma(t)}{\mathrm{d}\varphi} + \frac{d(t)}{E_c(\tau_0)} + \frac{\varepsilon_{sh}^*}{\varphi^*(\tau_0)} \quad (4\text{-}39)$$

假设上式中收缩随时间的变化率为：

$$\varepsilon_{sh}(t) = \frac{\varepsilon_{sh}(\infty)}{\varphi(\infty,\tau_0)}\varphi(t,\tau_0) = \frac{\varepsilon_{sh}^*}{\varphi^*(\tau_0)}\varphi(t,\tau_0) \quad (4\text{-}40)$$

老化理论对很多问题可以获得解析解，当混凝土应力单调减小且变化不大时，该理论可以获得较好的结果，但该理论认为徐变随龄期的增长很快减小，老混凝土徐变为零，这显然与实际不符。RCM 法在应力递增时，低估徐变变形，在应力递减时，则高估徐变变形。该理论忽略了卸载后的徐变恢复，同时，也不能反映早期加载时徐变迅速发展的特点。

Nielsen 和 Riish 等在 RCM 法的基础上对狄辛格(Dischinger)法进行了改进，形成扩展狄辛格(Dischinger)法，以使徐变率法能更精确分析最终徐变性能。这时，混凝土的总应变可写为：

$$\varepsilon(t,\tau) = \varepsilon_e(t) + \varepsilon_d(t) + \varepsilon_f(t,\tau) + \varepsilon_{sh}(t) \quad (4\text{-}41)$$

式中：$\varepsilon_e(t)$——弹性应变；

$\varepsilon_d(t)$——延滞弹性应变；

$\varepsilon_f(t,\tau)$——塑性徐变；

$\varepsilon_{sh}(t)$——收缩应变。

设 $\varepsilon_e'(t)$ 为瞬时应变，它等于：

$$\varepsilon_e'(t) = \varepsilon_e(t) + \varepsilon_d(t) = \varepsilon_e(t)(1+\varphi_d) \quad (4\text{-}42)$$

式中：$\varphi_d = \varepsilon_d(t)/\varepsilon_e'(t) = 0.4$。

设：

$$\varepsilon_e'(\tau_0) = \frac{E_e(\tau)}{1+\varphi_d}$$

$$\varphi'(t,\tau_0) = \frac{\varphi_f(t,\tau_0)}{1+\varphi_d} = \frac{\varphi(t,\tau)}{1+\varphi_d}$$

则有：

$$\varepsilon(t,\tau) = \varepsilon_e'(t) + \varepsilon_f(t,\tau) + \varepsilon_{sh}(t) \quad (4\text{-}43)$$

求导后有：

$$\varepsilon(t,\tau) = \frac{\sigma(t)}{\varepsilon_e'(\tau_0)} + \varphi'(t,\tau_0)\left[\frac{\sigma(t)}{E_c'(\tau_0)} + \frac{\varepsilon_{sh}^*}{\varphi'^*(\tau_0)}\right] \quad (4\text{-}44)$$

扩展狄辛格(Dischinger)法改进了对长期徐变分析的准确性，但是低估了早期收缩的发展，高估了加载之后徐变的瞬时增量。

5. 递推龄期调整有效模量法(递推 AEMM 法)

徐变是一种取决于应力历程的应变，针对自架设体系结构加载次数很多的情况，需要建立一种能对加载历史压缩存储的徐变公式。

不失一般性，建议采用下列徐变函数通用表达式：

$$J(t,\tau) = \sum_{i=1}^{n} a_i(\tau)\left[1 - e^{-\lambda_i\varphi(T)(t-\tau)}\right] + b(\tau) \quad (4\text{-}45)$$

式中：$b(\tau)$——与加载龄期有关的混凝土徐变函数；

$\varphi(T)$——取决于温度的函数；

λ_i——徐变增长速度系数；

$a_i(\tau)$——取决于试验的混凝土徐变函数。

假设时间段内材料性质 $a_j(t)$、$b(t)$ 和应力 $\sigma(t)$ 均随时间线性变化，如图 4-29 所示。

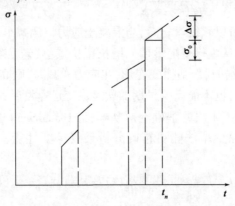

图 4-29 时段节点有瞬时非徐变应力增量的应力历程

即设：
$$\mathrm{d}\sigma(t)/\mathrm{d}\tau = \Delta\sigma/\Delta t; \mathrm{d}a_j(t)/\mathrm{d}\tau = \Delta a_j/\Delta t; \mathrm{d}b_j(t)/\mathrm{d}\tau = \Delta b_j/\Delta t$$

则有：
$$g_i(t_j) = \mathrm{e}^{-\lambda_i\varphi(T)\Delta t} g_i(t_{j-1}) + \frac{a_i(t_{j-1})}{\lambda_i\varphi(T)\Delta t}(1 - \mathrm{e}^{-\lambda_i\varphi(T)\Delta t})\Delta\sigma + \sigma_{j-1}^0 a_i(t_{j-1}) \mathrm{e}^{-\lambda_i\varphi(T)\Delta t} \cdot$$
$$\frac{\lambda_i\varphi(T)\Delta t(1-\mathrm{e}^{-\lambda_i\varphi(T)\Delta t})}{[\lambda_i\varphi(T)\Delta t]^2}\Delta\sigma\Delta a_i \tag{4-46}$$

令：
$$a_j = \frac{1-\mathrm{e}^{-\lambda_i\varphi(T)\Delta t}}{\lambda_i\varphi(T)\Delta t} \qquad \beta_i = \frac{\Delta a_i}{\lambda_i\varphi(T)\Delta t}$$

则：
$$g_j(t_j) = \mathrm{e}^{-\lambda_i\varphi(T)\Delta t}[g_i(t_{j-1}) + \sigma_{j-1}^0 a_i(t_{j-1})] + [a_i(t_{j-1})a_j - \beta_i(1-a_j)]\Delta\sigma \tag{4-47}$$

式中：a_i——取决于试验所得的混凝土的徐变函数。

从而 t_{j-1} 到 t_j 时间段徐变应变增量为：
$$\Delta\varepsilon^c = \sum_{j=1}^{n}(1-\mathrm{e}^{-\lambda_i\varphi(T)\Delta t})[g_i(t_{j-1}) + \sigma_{j-1}^0 a_i(t_{j-1})] + R\Delta\sigma + \sigma_{j-1}^0 b(t_{j-1}) \tag{4-48}$$

$$R = \sum_{j=1}^{n}\left\{a_i(t_{j-1})(1-a_i) + \beta_i\left[\frac{\lambda_i\varphi(T)\Delta t}{2} - 1 + a_i\right]\right\} + b(t_{j-1}) + \frac{\Delta b}{2} \tag{4-49}$$

递推初值可取：
$$\left.\begin{array}{r} t = \tau_0 \\ g_i(t_0) = 0 \end{array}\right\}$$

进一步分析，假设在 t_{j-1} 到 t_j 时段，结构的切线弹性模量线性变化，考虑延迟弹性瞬变，根据 $1/E(\tau)$ 与 $b(\tau)$ 的相似性，可推广为：
$$\Delta\varepsilon^c = \frac{\Delta\sigma}{\overline{E_\tau}} + \Delta\sigma R + \varepsilon^0(t_j) \tag{4-50}$$

$$\varepsilon^0(t_j) = \sum_{i=1}^{n}(1 - e^{-\lambda_i \varphi(T)\Delta t})[g_i(t_{j-1}) + \sigma_{j-1}^0 a_i(t_{j-1})] \quad (4\text{-}51)$$

$$\overline{E}_t = [\overline{E}_t(t_{j-1}) + \overline{E}_t(t_j)]/2 \quad (4\text{-}52)$$

R 表示了 t_{j-1} 到 t_j 时段徐变与徐变应力增量递推的本构关系，且可改写为：

$$\Delta\sigma = \frac{\overline{E}_t}{1 + R\,\overline{E}_t}[\Delta\varepsilon^c - \varepsilon^0(t_j)] = E_\varphi[\Delta\varepsilon^c(t_j) - \varepsilon^0(t_j)] \quad (4\text{-}53)$$

式中：$E_\varphi = \dfrac{\overline{E}_t}{1 + R\,\overline{E}_t}$。

式(4-53)可直接用于建立全结构有限元方程式。在式中，$\varepsilon^0(t_j)$（拟初应变）是在时刻 t_{j-1} 以前的应力应变，并且材料的性质是唯一确定的，可以事先知道。若不考虑材料非线性应力应变关系时，切线模量 E_t 不变，则与常规材料非线性初应变问题的分析没有区别。

二、倒装法计算中需考虑的问题

(一) 倒装计算法中结构几何非线性问题

如前所述，对于几何非线性十分明显的大跨度桥梁，一次倒装计算的结论并不是理想的初始状态。由于结构非线性的影响，要确定结构的理想状态，就必须完成倒装计算和正装计算的交替迭代过程，也就是用循环迭代逼近分析方法。

循环迭代逼近分析方法的基本思想是：依据已知的设计成桥状态，进行倒装分析，以位移反推结构的最初始状态，由此得到第一次拟理想初状态，依据初状态按施工顺序进行正装计算，求出新的成桥状态。由于几何非线性的影响，其正装、倒装一次分析结果并不吻合，因此，要求反复多次进行正装计算、倒装计算，直到计算成桥状态与设计成桥状态一致。由此求得的最后一次循环的初始状态即为理想的初始状态。

在循环迭代分析方法中，初始状态坐标按以下方法确定：

第 1 次循环：

$$\left.\begin{array}{l} X_{iol} = x_{ic} - u_i \\ Y_{iol} = y_{ic} - v_i \\ \cdots \end{array}\right\} \quad (4\text{-}54)$$

第 $n+1$ 次循环：

$$\left.\begin{array}{l} X_{ion+1} = x_{ic} - u_i - (x_{ic} - x_{in})t \\ Y_{ion+1} = y_{ic} - v_i - (y_{ic} - y_{in})t \\ t = \dfrac{1}{n^2} \end{array}\right\} \quad (4\text{-}55)$$

式中：x_{ic}、y_{ic}——i 节点设计成桥坐标；

x_{in}、y_{in}——i 节点第 n 次循环计算成桥坐标；

X_{ion+1}、Y_{ion+1}——i 节点 $n+1$ 次循环计算初始状态坐标；

u_i、v_i——i 节点成桥位移；

n——循环迭代次数。

(二) 倒装计算法中混凝土收缩、徐变问题

前面讲过,混凝土的收缩、徐变与结构的形成过程有着密切的关系,徐变应变不仅与混凝土的龄期有关,而且与作用在混凝土构件上的应力演变有关。因而结构在进行倒装计算时,考虑混凝土的收缩、徐变有一定的困难。解决这一问题,一般有以下两种计算方法。

1. 徐变计算迭代法

由于倒装计算难以考虑混凝土收缩、徐变的影响,而正装计算却能计入混凝土的收缩、徐变影响,因此,用倒装和正装交替进行迭代计算,就能较好地计入混凝土的收缩、徐变影响。它的基本思想是:第一轮进行倒装计算,不计混凝土的收缩、徐变,然后以倒装计算结果代入正装计算,逐阶段计算混凝土的收缩、徐变影响,并将各阶段的收缩、徐变值保存起来,以备下一轮迭代计算时采用。上一轮计算完成后,再进行下一轮倒装计算。此时,要计入上一轮正装计算相应阶段的混凝土收缩、徐变值,如此反复进行,直到计算结果收敛。

2. 用老化理论进行徐变倒装分析

老化理论有一个很重要的特点,那就是已知结构初始内力就可求出徐变终了时的结构内力,反过来已知结构徐变终了时的结构内力也可以求出结构初始的内力。这种特性就有可能用来考虑徐变影响,对桥梁结构进行倒装分析,从而确定结构中理想状态的内力,其基本原理如下。

在实际结构中应力与时间关系近似可用图 4-30 表示,σ_i 表示 t_i 时刻的瞬时弹性应力,σ_i^* 表示 $t_{i-1} - t_i$ 时刻的徐变应力增量,则第 n 个时段的徐变应变表达式为:

$$\varepsilon_n = \sum_{i=0}^{n-1} \frac{\sigma_i}{E} \varphi_{ni} + \sum_{i=1}^{n-1} \frac{\sigma_i^*}{E} \overline{\varphi}_{ni} + \frac{\sigma_n^*}{E_\varphi} \tag{4-56}$$

对于老化理论,有:

$$\varphi(t,\tau) = \varphi(t) - \varphi(\tau) \tag{4-57}$$

$$\varphi_{ni} = \overline{\varphi}_{ni} = \varphi(t_n) - \varphi(t_{n-1}) = \Delta\varphi_n \tag{4-58}$$

将上式代入式(4-56),得:

$$\varepsilon_n = \sum_{i=0}^{n-1} \left(\frac{\sigma_i}{E} + \frac{\sigma_i^*}{E} \right) \Delta\varphi_n + \frac{\sigma_i^*}{E_\varphi} \tag{4-59}$$

式中:

$$E_\varphi = \frac{E}{1 + \rho \Delta\varphi_n} \tag{4-60}$$

令:

$$\frac{\overline{\sigma}_{n-1}}{E} = \sum_{i=0}^{n-1} \frac{\sigma_i + \sigma_i^*}{E} \tag{4-61}$$

从图 4-30 可以看出,$\overline{\sigma}_{n-1}$ 是 t_{n-1} 时刻的结构真实应力。

由于倒装分析首先是已知 $\overline{\sigma}_n$,即 t_n 时刻的结构真实应力,现在要求第 n 阶段的徐变应力增量 σ_n^*,于是须进行如下变换:

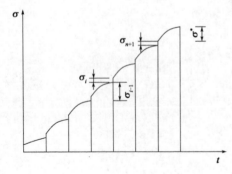

图 4-30 结构中应力与时间关系

$$\varepsilon_n = \frac{\overline{\sigma}_{n-1}}{E}\Delta\varphi_n + \frac{\sigma_n^*}{E}(1+\rho\Delta\varphi_n)$$

$$= \frac{\overline{\sigma}_{n-1}+\sigma_n^*}{E}\Delta\varphi_n + \frac{\sigma_n^*}{E}(1+\rho\Delta\varphi_n - \Delta\varphi_n)$$

$$= \frac{\overline{\sigma}_n}{E}\Delta\varphi_n + \frac{\sigma_n^*}{E}[1-(1-\rho)\Delta\varphi_n]$$

$$= \frac{\overline{\sigma}_n}{E}\Delta\varphi_n + \frac{\sigma_n^*}{\overline{E}_\varphi} \tag{4-62}$$

式中：σ_n——第 t_n 时刻的结构真实应力，$\overline{\sigma}_n = \overline{\sigma}_{n-1}+\sigma_n^*$； (4-63)

$\overline{E}_\varphi$——倒装分析徐变弹性模量，$\overline{E}_\varphi = \dfrac{E}{1-(1-\rho)\Delta\varphi_n}$； (4-64)

ρ——时效系数。

因为在式(4-62)中 $\overline{\sigma}_n$ 是已知的，可以用增量法求出 σ_n^*，从而可以求得 t_{n-1} 时刻的结构真实应力，如此一步一步地进行倒装分析，可以确定大跨度桥梁结构考虑徐变影响时的内力。因为老化理论没有考虑弹性滞后的影响，如果采用改进的老化理论，那么就能近似考虑弹性滞后的影响，倒装徐变分析也是可能的，不过必须分两种情况进行分析。

(1) 当在第 n 时段(即 $t_{n-1+0}-t_{n-0}$)进行分析时，可按式(4-55)进行分析，ρ 值应是改进老化理论推导出的值。

(2) 在 t_{n-1} 时刻(即 $t_{n-1-0}-t_{n-1+0}$)，因要拆除某一部分结构而产生瞬时弹性应力 σ_{n-1}，这里应特别注意倒装分析时的应力符号，此时：

$$\varepsilon_n = \frac{\sigma_{n-1}}{E}c + \frac{\sigma_{n-1}^*}{E}(1+c) \tag{4-65}$$

式中：c——改进老化理论徐变系数中的常数。

因 σ_{n-1} 是已知的，因此可以求得 t_{n-1} 时刻的瞬时徐变应力 σ_{n-1}^*。

由上述分析可知，若要采用改进老化理论来进行徐变的倒装分析，那么，对于第 n 时段应使用方程(4-62)，而对于 t_{n-1} 时刻瞬时弹性应力 σ_{n-1} 与瞬时徐变应力分析应使用方程(4-65)，这些过程的交替视倒装分析的内容来排定。

三、预应力筋的作用与施工荷载

(一) 预应力筋的作用

在桥梁结构中，预应力影响取决于两个方面，即预加力值的大小和预应力筋的形状。预加力值的作用一般包括对构件截面本身的静定作用和对多余约束的超静定作用；而预应力筋的作用也包括两个方面，即作为荷载作用的预加力和作为截面抗力作用的预应力筋面积或换算面积。分段施工中预应力筋作用的模拟一般可以采用三种方法，即外力作用法、等效荷载法和组合截面法。

1. 外力作用法

将预加力作为外力，直接作用在 n 次超静定结构上，结构赘余力可用结构力学中的力法方程求解：

$$\begin{bmatrix} \delta_{11} & \delta_{12} & \cdots & \delta_{1n} \\ \delta_{21} & \delta_{22} & \cdots & \delta_{2n} \\ \cdots & \cdots & \cdots & \cdots \\ \delta_{n1} & \delta_{n2} & \cdots & \delta_{nn} \end{bmatrix} \begin{Bmatrix} X_1 \\ X_2 \\ \cdots \\ X_n \end{Bmatrix} = \begin{Bmatrix} -\Delta_{y1} \\ -\Delta_{y2} \\ \cdots \\ -\Delta_{yn} \end{Bmatrix} \quad (4\text{-}66)$$

式中：X_i——结构体系在作为外力的预加力作用下的赘余力；

δ_{ij}——由单位力 $\overline{X}_i = 1$ 所引起的基本结构体系中沿着赘余力方向的位移；

Δ_{yi}——由外力（预加力）所引起的基本结构体系沿着赘余力方向的位移。

求解上述方程组即可求出赘余力 X_i 的值，然后计算由于赘余力 X_i 在截面中引起的二次内力。将二次内力与基本体系中由预加力引起的初始内力叠加，即可求出由于预应力在超静定结构体系中引起的最终内力：

$$s_i = s_{io} + s_{ix} \quad (4\text{-}67)$$

式中：s_{io}、s_{ix}——预应力引起的截面初始内力和二次内力。

2. 等效荷载法

在桥梁结构分析计算中，当已经知道超静定结构截面的各种内力影响线时，可将预应力产生的内力用一种等效荷载（轴力、切力、弯矩）来代替，利用等效荷载在相关影响线坐标上进行加载，即可求得由预应力在结构体系中引起的最终内力。

对于任意形状的预应力筋，水平预应力对梁体本身产生的等效荷载（法向压力）可表示为：

$$q = -\frac{d^2 y}{dx^2} P \quad (4\text{-}68)$$

式中：q——等效荷载集度；

y——预应力筋的曲线坐标；

P——预应力筋的水平分力。

此外，还必须计入钢束端部对截面引起的垂直压力和偏心弯矩的等效荷载。一般预应力筋的曲线部分可近似按照二次抛物线来计算，常用形状的预应力筋等效荷载可按表4-1计算。

预应力筋等效荷载表　　　　　　　　　　表 4-1

序号	预应力筋形式	等效荷载
1		$V_1 = -(\tan\alpha_1 - \tan\alpha_2) \cdot P - \tan\theta_1 \cdot P$ $V_2 = -\tan\theta_2 \cdot P$

续上表

序号	预应力筋形式	等 效 荷 载
2	直线、抛物线、直线组合，长度 L_1，矢高 f_1，均布荷载 q_1	$q_1 = -\dfrac{2f_1}{L_1^2} \cdot P$
3	抛物线，总长 L，分段 L_1、L_2，矢高 f_1、f_2、f，荷载 q_1、q_2	$\dfrac{f_1}{L_1} = \dfrac{f_2}{L_2} = \dfrac{f}{L}$ $q_1 = \dfrac{2f_1}{L_1^2} \cdot P = \dfrac{2f}{L_1 L} \cdot P$ $q_2 = \dfrac{-2f_1}{L_2^2} \cdot P = \dfrac{2f}{L_2 L} \cdot P$
4	三次抛物线，长度 L_1、L_2，矢高 f	$y = \left[\dfrac{3}{2}\left(\dfrac{x}{L_1}\right)^2 - \dfrac{1}{2}\left(\dfrac{x}{L_1}\right)^3\right] \cdot f$ $y'' = \dfrac{3f}{L_1^2}$ $q = \dfrac{3f}{L_1^2} \cdot P$
5	直线、圆弧、直线，长度 L_1，矢高 f_1，半径 R，均布荷载 q	$q = \dfrac{P}{R} = \dfrac{2f_1}{L_1^2 + f_1^2} \cdot P \approx \dfrac{2f_1}{L_1^2} \cdot P$

3. 组合截面法

在桥梁结构分段施工中，无论是外力作用法还是等效荷载法，都无法正确模拟后张预应力钢筋的整个张拉操作过程，即穿束就位—张拉锚固—压浆封锚。因此，为了对预应力钢筋的作用进行更精确的分析，采用组合截面法，将预应力筋的作用作为整个预应力混凝土组合截面上作用的一部分，计入结构分析中。

(1) 穿束就位

后张预应力钢束张拉之前，首先必须将钢束穿入预埋孔道内就位，由于此时还未张拉，故仅计入钢束重量对结构的影响，如图 4-31 所示。

(2) 张拉锚固

张拉锚固时，预应力作为外力直接作用于钢束重心上，此时预应力筋作为独立的受力单元仅与锚固点处的混凝土截面保持变形协调，但整个构件截面仍为混凝土净截面，如图 4-32 所示。

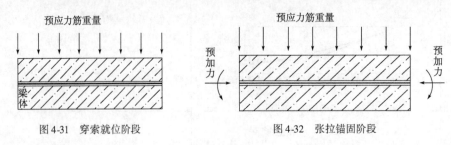

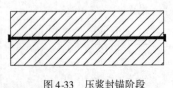

图 4-31 穿索就位阶段　　图 4-32 张拉锚固阶段

(3) 压浆封锚

压浆封锚后预应力筋直接作为预应力混凝土组合截面的一部分与混凝土一起变形协调，参与共同受力（图 4-33），此时开始计入预应力筋对混凝土徐变、收缩内力重分布的影响。

图 4-33 压浆封锚阶段

上述预应力筋的作用，在结构正装分析中逐步形成，在结构倒装分析中逐步分离，正逆转换内力闭合。

(二) 施工荷载

为了能精确、全面地模拟桥梁施工中各种可能出现的施工荷载工况，除了节点直接受载外，还必须考虑按单元承载的四种基本荷载模式，即横向荷载作用、切向荷载作用、弯矩荷载作用和强迫位移作用等。

1. 横向荷载

横向荷载分为三种形式，即单个集中荷载、局部矩形荷载和局部三角形荷载，如图 4-34 所示。

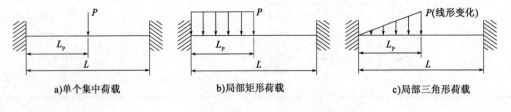

图 4-34 横向荷载

2. 切向荷载

切向荷载分为三种形式，即单个集中荷载、局部矩形荷载和局部三角形荷载，如图 4-35 所示。

3. 弯矩荷载

弯矩荷载分为三种形式，即单个集中荷载、局部矩形荷载和局部三角形荷载，如图 4-36 所示。

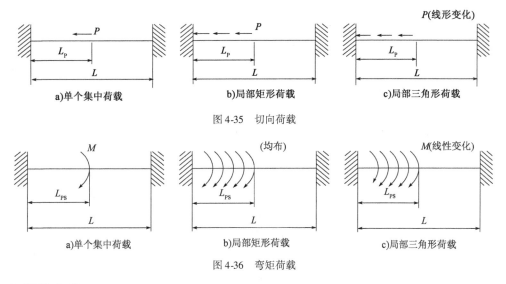

图 4-35 切向荷载

图 4-36 弯矩荷载

4. 强迫位移

强迫位移分为三种形式,即相对转角、轴向变形和竖向错动,如图 4-37 所示。

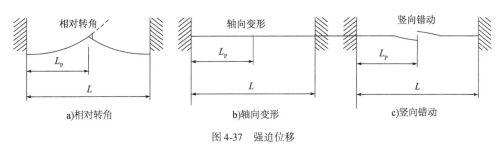

图 4-37 强迫位移

四、施工计算阶段划分和结构体系转换

大跨度桥梁结构都有一个分段施工过程,结构的某些荷载如自重、预加力、施工荷载等都是在施工过程中逐级增加上去的,而且,大多数分段施工桥梁都存在结构体系转换。一般意义下的结构静力分析认为整个结构物是按施工完成状态一次加载而成,只需对施工结束状态做单工况或多工况的受力分析即可,所以一次加载的分析方法只是一种粗略的近似计算方法,并不能真正反映实际结构的受力特性。为了准确计算成桥状态的结构受力状态,必须按照实际结构构造及其形成过程分阶段进行计算,才能最终得到成桥状态的几何线形和内力状况,这种计算方法就是桥梁结构的分段施工跟踪计算。

(一)计算阶段划分

分段施工过程按不同的结构形式和施工内容可以分成若干个施工阶段,随着施工阶段的推进,结构构件或梁段数量不断增加,结构体系不断变化,超静定次数也可能不断增加。一旦施工程序或施工阶段有所改变,将导致施工阶段特别是成桥状态的几何线形和内力状况的变化。因此,在理想倒装分析中,严格按照设计指定的施工程序,在实时前进分析计算中充分考虑实际施工的操作程序是非常必要的,而这种结构分析计算的关键是如何正确划分连续施工过程中的指定结构计算工况,即施工计算阶段。

分段施工跟踪计算中的计算阶段划分,首先必须依据一个极其重要的原则,即不同的结构计算图式(不包括荷载作用)不能划分在同一计算阶段中,也就是说,同一计算阶段中的结构计算图式应该在有限元模型中具有相同的节点、相同的单元、相同的约束条件等,因为针对每个计算阶段的有限元分析总是一次性计算完成的;其次,根据实际施工控制计算的需要,为了确定某个施工过程中的受力状况,同一结构计算图式的不同施工荷载作用可以分成若干个计算阶段,以便确定最不利结构受力状态或受力演变过程;最后,计算阶段的划分还必须充分考虑实际结构分析的可操作性。以混凝土斜拉桥悬臂施工为例,每一索距实际施工操作过程如下:施工设备移位—梁段延伸—预加应力—拉索悬挂—拉索张拉。

由于施工设备移位后的结构状态包括几何线形和内力状态,对于下一索距的施工精度,特别是梁段初始位移精度非常重要,尽管施工设备移位前后只是发生施工荷载作用变化,结构计算图式并未发生变化,但仍需将施工设备移位后的施工阶段作为计算阶段,跟踪计算结构受力;梁段悬臂浇筑或悬臂拼装后,一般先要张拉预应力,然后才能拆除模板或放松吊杆,在这一施工过程中,可以将预加应力和梁段自重同时作用在梁段延伸后的计算图式上,作为一个计算阶段进行计算,当然这一施工过程中的最不利情况之一应该是拉索悬挂状态,即拉索的重力已经作用到桥塔和主梁上,但还没有张拉;最后将拉索最大张拉力作用到结构上,并将此过程作为又一个计算阶段。当然在整个施工过程中,必须按实际混凝土龄期计算混凝土的收缩和徐变影响力和变位。一般而言,第一计算阶段(施工设备移动)以及第三计算阶段(拉索张拉)所经历的时间很短,可以忽略收缩和徐变影响;第二计算阶段(梁段延伸)和预加应力持续的时间相对较长,应重点进行混凝土收缩和徐变影响的计算分析。

(二) 结构体系转换

在分段施工过程中,前后两个施工阶段的结构体系可能发生变化,例如墩梁临时固结、主梁合龙段受力、梁段支承变化等。不同结构体系的受力特点和变形特点均不相同,但最终将转化成永久的结构体系——成桥状态。

1. 墩梁临时固结

墩梁临时固结的模拟,包括固结作用、固结后结构受力以及结构释放作用等结构体系转换过程的模拟。

2. 主梁合龙段受力

主梁合龙段受力的模拟,包括合龙段临时联结、合龙段梁体施工、合龙段梁体受力以及临时联结释放等结构体系转换特点的模拟。

3. 梁段支承变化

梁段在支架上施工过程的模拟实质上是梁段支承变化过程的模拟,它包括梁段由支架完全支承时的不受力(是指横向弯曲受力)状态转变成逐步受力而无须支承直至支架支承完全拆除,这一过程可以一次完成,也可以分解成若干个计算阶段,每个阶段拆除若干个支承。

第五章 桥梁施工误差调整理论和方法

第一节 施工控制误差分析

在第四章中我们讲过,通过结构的倒装计算或无应力状态计算可以确定桥梁结构各施工阶段中间理想状态,这种理想状态是我们期望在施工中实现的目标。但是在实际施工中,结构的实际状态并不总是与其理想状态吻合,甚至说结构的实际状态很难达到它的理想状态。换言之,桥梁结构的实际状态与理想状态总存在着一定的误差。施工中结构偏离目标的原因涉及的范围极其广泛,包括设计参数误差(如材料特性、截面特性、重度等)、施工误差(如制作误差、架设误差、索的预张力误差等)、量测误差、结构分析模型误差等。

误差按其性质可分为以下两类:

(1)固定误差,是指所发生的误差作为结构特征在以后不再变化的误差,如结构尺寸、重量、刚度等参数的误差。

(2)变动误差,是指以量测误差代表的各种参数误差。

从误差分布来看,沿桥梁纵向出现同号增加或减小的误差称为"大范围误差",出现正负交替的误差则被称为"小范围误差"。很明显,小范围误差类似于均值为零的白噪声干扰,可归于偶然误差一并考虑。小范围误差对参数识别的影响并不显著,而大范围误差才是予以调整计算的主要对象。例如,结构自重误差就是一种最常见的大范围误差(如天津永和桥的自重误差就达5%以上),同时它又是最重要的结构参数之一,所以必须予以重视。

一般情况下,桥梁施工控制中的误差是指结构的实测值与实时修正后理论分析(计算)值之间的偏差。

桥梁施工控制中总是要先确定控制项目,控制项目是系统的信息反馈,即可通过量测手段定量出来,如在斜拉桥中施工中,一般选取索力、挠度和截面应力作为控制项目;对于劲性骨架施工的拱桥,则选用索力(对斜拉扣挂)、挠度、截面组分应力等作为控制项目;对桥梁的稳定性,由于无法直接量测而作为间接控制项目。由于没有误差的施工是不存在的,对各控制项目必须建立容许误差的标准。对于像构件误差、材料特性误差等在一般施工、设计规范中已有规定,但对一些大跨径桥梁,施工中的一些特殊的控制项目的容许误差还没有标准可查,需要根据实际情况进行研究和优化,其原则是既要确保施工的准确度,又要给予施工一定的宽容度,以便于施工。

在实际施工中,既然桥梁结构的实际状态与理想状态总是存在着一定的误差,那么用什么样的理论和方法去分析这些误差,如何调整这些误差,则是本章所要解决的主要问题。

从现代工程学角度出发,可以把桥梁施工看作一个复杂的动态系统,运用现代控制理论,根据结构理想状态、现场实测状态和误差信息进行误差分析,并制订可调变量的最佳调整方案,指导施工现场调整作业,使结构施工的实际状态趋于理想状态。在此基础上,可以根据当前施工阶段结构的实际状态进行正装分析至成桥状态,预告今后施工可能出现的应力和变形状态。这就是施工控制的两大任务,即结构的前期预报和后期调整。为了完成这两大任务,必须以理论为基础。桥梁施工控制采用的理论和方法主要有设计参数识别、卡尔曼(Kalman)滤波法、灰色理论法、最小二乘法和人工神经网络法等。

第二节　参数识别的内容与方法

设计参数误差是引起桥梁施工误差的主要因素之一。所谓设计参数误差,就是我们在进行桥梁结构分析时所采用的理想设计参数值与结构实际状态所具有的相应设计参数值的偏差。由于这种设计参数误差的存在,导致我们通过结构分析得到的桥梁结构的理想状态与施工后的结构实际状态之间存在误差,即结构的实际状态偏离或达不到我们所期望的理想状态。

在桥梁施工控制中,对于设计参数误差的调整就是通过量测施工过程中实际结构的行为,分析结构的实际状态和理想状态的偏差,用误差分析理论来确定或识别引起这种偏差的主要设计参数误差,来达到控制桥梁结构的实际状态与理想状态的偏差,使结构的成桥状态与设计相一致。

为了在施工中不断修正因设计参数的误差引起的各控制项目(如截面应力、变形、高程等)的失真,对设计参数进行识别是必要的。参数识别就是依据施工中的实测值对主要设计参数进行分析,然后将修正过的设计参数反馈到控制计算中,重新给出施工中结构应力、变形、稳定安全系数等的理论期望值,以消除理论值与实测值不一致中的主要偏差"大范围误差"。对于桥梁施工偏差在事后无法调整、调整手段不多或调整困难的情况下,事前正确预报就显得非常重要,这也给设计参数的识别提出更高的要求。

对于参数的识别,首先要确定引起桥梁结构偏差的主要设计参数,其次就是运用各种理论和方法(如最小二乘法)来分析、识别这些设计参数误差,最后得到设计参数的正确估计值,通过修正参数误差,使桥梁结构的实际状态和理想状态相一致。

一、引起结构状态偏差的设计参数

桥梁结构的设计参数主要是指能引起结构状态(变形和内力)变化的要素。结构参数设计的变化能导致结构内力的变化和形状的改变,因此,在大跨度桥梁的施工控制中,必须对结构设计参数进行识别和修正。应该讲,在同一座桥梁结构中,不同的设计参数对结构状态的影响程度是不同的。而且,同一个设计参数对不同的结构体系有不同的影响程度,因此,必须搞清楚每一结构体系包括哪些结构设计参数。总的来说,对于桥梁结构,如连续梁、连续刚构、拱桥、斜拉桥、悬索桥,主要的设计参数包括以下几个方面。

1. 结构几何形态参数

结构几何形态参数主要是指桥梁结构的跨径、矢跨比、塔高、缆索的线形以及悬索桥中的索鞍预偏量等,它们表征了结构的形状和结构最初的状态。

2. 截面特征参数

截面主要特征参数包括：墩（塔）截面抗弯惯性矩、截面面积和抗推刚度，主梁截面的抗弯惯性矩和截面面积，缆索截面的面积等。在桥梁结构施工控制中，这些参数对结构的内力变化和结构变形都有较大影响。

3. 与时间相关的参数

温度、混凝土龄期、收缩徐变是随时间变化的设计参数。温度的变化对桥梁结构的内力和变形有较大影响，在钢桥中尤为明显，目前的做法是通过定时观测（如每天早晨日出前进行观测）来尽量减小温度的影响。混凝土收缩徐变与桥梁结构的形成历程密切相关，在混凝土桥梁结构中，混凝土收缩、徐变对结构的内力和变形均有明显影响。

4. 荷载参数

在桥梁结构的施工控制中，荷载参数主要指结构构件自重力（重度）、施工临时荷载和预加力。对于钢结构构件来说，构件的恒载变化很小，加工误差引起恒载变化是很有限的，变化规律比较稳定。但对于现场浇筑的混凝土结构来说，由于重度变化、超厚、胀模引起构件自重变化是经常发生的，也没有一定的规律。施工临时荷载本是较为稳定的量，但由于已成结构上材料的乱堆乱放，往往引起临时荷载出现较大的误差。对于预应力体系中的有效预加力，由于预应力损失的变化而常常引起不小的误差。另外，对施工中可能遇到的风荷载也不能忽视。

5. 材料特性参数

材料特性参数主要是指材料的弹性模量 E 和剪切模量 G。对于钢材来说，弹性模量和剪切模量是很稳定的参数；而对于混凝土材料来说，弹性模量和剪切模量存在一定的波动，在桥梁的施工控制中要对其进行识别。

以上所讲的五类设计参数，对于不同的桥梁体系，它们的影响程度不同，因此在桥梁施工控制中，应根据桥梁的结构体系来区别和采用。

二、设计参数的敏感性分析

在同一座桥梁的施工控制中，前面我们讲的五类设计参数并不同时出现，而且不同的设计参数对桥梁结构状态的影响程度也不同，因此要对设计参数进行辨别：一方面要确定设计参数的实际值；另一方面要辨别对结构状态影响较大的设计参数即主要参数。为了达到这个目的，对设计参数的识别，总的来讲，有两种方法：一是，通过现场量测来确定设计参数的值。这里的参数主要是指对结构几何形态参数、某些截面特性参数和材料特性参数，它们可以通过现场测量方法或试验量测手段来确定。关于具体的量测手段和方法，在此不再赘述。二是，通过结构计算分析来确定主要设计参数，这也是我们要重点介绍的设计参数敏感性分析方法。

设计参数敏感性分析的任务就是要确定对桥梁施工结构行为影响较大的设计参数。具体表现在设计参数发生一定幅度变化后，由此引起的结构控制部位的位移以及内力变化幅度的大小。根据各参数对结构状态影响的敏感程度，将设计参数分为主要设计参数和次要设计参数，主要设计参数对结构行为影响较为显著，次要设计参数对结构行为的影响不敏感。设计参数的敏感性分析步骤如下：

(1)将参数变化幅度控制在10%左右。

(2)选定控制目标(如桥梁结构跨中挠度)，利用结构分析系统修改设计参数值，计算成桥状态跨中挠度变化幅度，并建立各参数敏感性方程。

(3)根据影响程度确定出主要设计参数和次要设计参数。

通过设计参数的敏感性分析，确定主要设计参数，在桥梁结构的施工控制中，着重考虑对主要设计参数的修正。

三、主要设计参数的估计和修正

确定了主要设计参数之后，就要对主要设计参数进行正确的估计，根据参数估计和结果，对原假定参数进行修正。参数估计的方法很多，常用的估计准则有：最小方差准则、极大似然准则、线性最小方差准则以及最小二乘准则。由于最小方差准则和极大似然准则均要求知道被估计参数 X 和观测值 Z 的联合分布密度函数，而在一般桥梁工程施工控制中很难满足这个条件，故我们在此不做进一步介绍。

第三节　状态预测的卡尔曼(Kalman)滤波法

在工程实际中经常会遇到这样一些系统：系统的初始状态 $X(t_0)$ 是一个随机变量，不知道它的确切取值，只知其均值(数学期望)和方差，系统不但受确定性控制输入 $u(t)$ 的作用，而且往往受到一些随机干扰(噪声)的作用，在这些随机干扰和随机初始状态的作用下，系统的状态 $X(t)$ 不是一个确定性的函数，而是一个随机过程；另外，量测系统即使不存在系统误差，也会存在随机误差，或者说量测系统也存在随机干扰。因此，需要根据夹杂着噪声干扰的量测信号 $Y(t)$ 把系统的状态 $X(t)$ 估计出来，以便实现某种最优控制，这就是最优估计问题。解决这种状态估计的方法主要有卡尔曼(Kalman)滤波法。

卡尔曼(Kalman)滤波法是美国学者 Kalman. R. E 于 1960 年首先提出的，他将状态空间的概念引入到随机估计理论中，把信号过程视为在白噪声作用下一个线性系统的输出，这种输入输出关系用状态方程来描述。这样所描述的信号过程不但可以是平稳的标量随机过程，而且可以是非平稳的向量随机过程。借助当时数字计算机发展成果，将概率论和数理统计领域成果用于解滤波估计问题，提出了一种新的线性递推方法。这一方法不要求储存过去的观测数据，当新的数据被观测到后，只要根据新的数据和前一时刻的估计量，借助信号过程本身的状态转移方程，按照一套递推公式，即可计算出新的估计量。因而它大大减少了计算量和储存量，便于实时处理，被广泛应用于空间技术和工业自动化系统。

卡尔曼(Kalman)滤波法主要有离散线性系统的 Kalman 滤波法和连续线性系统的 Kalman 滤波法。由于在桥梁施工控制中，结构的状态均是用离散的数据序列表示(如某些测点的高程、某些断面的应力等)，而不是用连续量表示，所以我们在此仅介绍离散线性系统的 Kalman 滤波法。

一、基本离散线性系统的 Kalman 滤波原理

所谓基本离散线性系统,是指没有确定输入 $U(k)$,系统受随机干扰 $W(k)$ 和随机初态的影响,系统方程和量测方程为:

$$\left.\begin{aligned} X(k) &= \boldsymbol{\phi}(k,k-1)X(k-1) + \boldsymbol{\Gamma}(k,k-1)W(k-1) \\ Z(k) &= H(k)X(k) + V(k) \end{aligned}\right\} \quad (5\text{-}1)$$

其中,$X(k)$ 为 n 维状态向量;$Z(k)$ 为 m 维量测向量;$W(k)$ 为 p 维随机向量;$V(k)$ 为 m 维量测噪声向量;$\boldsymbol{\phi}(k,k-1)$ 为 $n \times n$ 阶状态转移矩阵;$\boldsymbol{\Gamma}(k,k-1)$ 为 $n \times p$ 阶误差系数矩阵;$H(k)$ 为 $n \times n$ 阶量测系数矩阵。

已知噪声的统计特性为

$$\left.\begin{aligned} E[W(k)] &= 0 \\ \mathrm{Cov}[W(k),W(l)] &= Q_k \delta_{kl} \\ E[V(k)] &= 0 \\ \mathrm{Cov}[V(k),V(l)] &= R_k \delta_{kl} \\ \mathrm{Cov}[W(k),V(l)] &= 0 \end{aligned}\right\} \quad (5\text{-}2)$$

其中,δ_{kl} 是 Kronecker(克朗尼克)δ 的函数:

$$\delta_{kl} = \begin{cases} 1 & (k = l) \\ 0 & (k \neq l) \end{cases}$$

已知随机初始状态的统计特性为:

$$\left.\begin{aligned} E[X(0)] &= u_0 \\ D[X(0)] &= P_0 \\ \mathrm{Cov}[X(0),W(k)] &= 0 \\ \mathrm{Cov}[X(0),V(k)] &= 0 \end{aligned}\right\} \quad (5\text{-}3)$$

在上述已知条件下,在已知取得量测 $Z(1),Z(2),\cdots,Z(k)$ 时,要求状态 $X(k)$ 的最佳估计 $\hat{X}(k/k)$,使得估计误差 $\tilde{X}(k) = X(k) - \hat{X}(k,k)$ 的均方误差阵最小,即 $E[\tilde{X}(k) \cdot \tilde{X}^\mathrm{T}(k)]$ 取极小。

二、一般离散线性系统的 Kalman 滤波

一般离散线性系统的状态方程和量测方程为:

$$X(k) = \boldsymbol{\phi}(k,k-1)X(k-1) + B(k,k-1)U(k-1) + \boldsymbol{\Gamma}(k,k-1)W(k-1) \quad (5\text{-}4)$$

$$Z(k) = H(k)X(k) + Y(k) + V(k) \quad (5\text{-}5)$$

其中,$U(k-1)$ 为 Γ 维控制向量;$Y(k)$ 为量测系统的常值误差,均为已知的非随机序列;其他变量和矩阵同式(5-1)中的符号意义。

已知噪声统计特性为:

$$\left.\begin{aligned}&E[W(k)] = \overline{W}(k)\\&\text{Cov}[W(k),W(l)] = Q(k)\cdot\delta_{kl}\\&E[V(k)] = \overline{V}(k)\\&\text{Cov}[V(k),V(l)] = R(k)\cdot\delta_{kl}\\&\text{Cov}[W(k),V(l)] = S(k)\cdot\delta_{kl}\end{aligned}\right\} \tag{5-6}$$

此处假设两个噪声均值不为零,且在同时刻两者是相关的。因为实际中的很大一部分噪声来源相同,所以两个噪声在同时刻是相关的。

已知随机初始状态的统计特性为:

$$\left.\begin{aligned}&E[X(0)] = \mu_0\\&D[X(0)] = P_0\\&\text{Cov}[X(0),W(k)] = 0\\&\text{Cov}[X(0),V(k)] = 0\end{aligned}\right\} \tag{5-7}$$

这里的模型及其假设条件与前面的基本系统区别在于增加了控制项 $U(k)$ 和量测的常值误差值,系统噪声 $W(k)$ 与量测噪声 $V(k)$ 虽然是白噪声,但在同时刻是相关的。因此不满足前面基本系统的条件,不能直接套用基本系统 Kalman 滤波公式。

三、Kalman 滤波法在桥梁施工控制中的应用现状

Kalman 滤波法最早应用在动态系统中,桥梁结构的施工控制实际上属于静态,Kalman 滤波原理应用于这一领域始于 20 世纪 80 年代。在国内,Kalman 滤波原理首先应用于斜拉桥的施工控制。据有关资料报道,在最近 20 多年里,Kalman 滤波法集中地运用于斜拉桥的施工控制中,并取得了较好的效果。近几年,Kalman 滤波法也开始逐渐运用于连续刚构桥的施工控制中。从近几年的工程实践来看,在多阶段悬臂施工的大跨度桥梁施工控制中,Kalman 滤波原理可以用来预测和调整施工误差,至于在设计参数识别和修正方面的应用,还只处于理论研究阶段,具体的工程实践未见报道。关于 Kalman 滤波法在大跨度桥梁施工控制中的应用,在以下几个方面还有待进一步的研究。

(1) Kalman 滤波原理在非线性离散型系统中的算法还有待进一步的研究。现在大多将非线性状态方程或非线性量测方程通过线性化来求解,如何减小由此带来的误差是今后研究的方向。

(2) 将 Kalman 滤波原理应用于设计参数的辨别和修正方面,还有待于工程实践的检验。

(3) 如何提高 Kalman 滤波法在少数据系统中的精度还要做进一步研究。因为在动态系统中,我们可以得到大量的观测值,Kalman 滤波法的预测精度和滤波精度是能得到保证的,但在桥梁结构的施工控制中每个施工阶段一般只能得到一组观测数据,因而 Kalman 滤波法的精度受到了影响。

(4) 在国内现阶段的桥梁施工控制中,主要以高程控制为主,这主要是因为高程的观测容易,也较为稳定,所以在 Kalman 滤波状态方程中多以位移作为状态变量。但是,桥梁结构受力状态的控制也同样重要,如何以结构内力作为状态变量来建立状态方程和量测方程,是今后进

一步研究的课题。

(5)在施工控制软件方面还需要做大量的工作。

第四节 状态预测的灰色系统理论法

在工程技术系统方面,大多数的系统信息是完全明确的,它有明确的输入输出关系,因此可以较方便地分析输入对输出的影响。然而,也有一些系统信息是不完全明确的,没有明确的输入输出关系,因此就难以分析输入对输出的影响。我们称信息完全明确的系统为白色系统;信息完全不明确的系统为黑色系统;信息部分明确、部分不明确的系统为灰色系统。

因此,灰色系统是信息不完全、不确定的系统。

在灰色系统理论中,认为"差异是信息",因此提出了差异信息原理;又认为"人们认知的根据"是信息,从而建立了以信息为根据的认知模式;由于信息不完全、不确定,必然导致认知的非确定与非唯一,即解的非唯一性(这即是解的非唯一性原理);因为人类的探索是无穷尽的,人类的认知是无穷尽的,所以确定认知是相对的,信息不完全、认知不确定是绝对的(这就是灰性不灭原理);对事物做决断,力求准确可靠,而准确可靠的决断,只能依靠"最新鲜""最有代表性"的信息做出(这就是新息优先原理);信息不完全,导致"少数据",从而有少数据建模。

"差异信息原理""解的非唯一性原理""灰性不灭原理""新息优先原理"是灰色系统的基本原理,"认知模式"是灰色系统的基本模式,"少数据建模"是灰色系统理论的重要特点

灰色系统理论是我国邓聚龙教授于1982年首先提出的,他写的《灰色控制系统》是灰色系统理论的奠基性著作。从1982年第一篇灰色系统论文发表以来的10余年里,灰色系统理论在基础理论、应用等方面均有较大的发展,灰色系统理论已广泛应用于农业、经济、医疗、生态、军事、交通、工业控制、工程技术等许多领域;20世纪90年代初,开始应用于大跨径桥梁的施工控制中。在此,简要介绍灰色理论的基本原理及其在桥梁施工控制中的应用。

一、灰色系统理论的基本概念

1. 灰元

信息不完全、不确定的信息元、信息表现元称为灰元。具有数字内涵的灰元,称为灰数,记作⊗。当灰元作为分析、比较的抽象单元时,是广义灰度。

2. 灰代数方程

含有灰系统(灰元)的方程称灰方程。不含灰元的方程,比如

$$X + 1 = 0 \tag{5-8}$$

则称为白方程,其解 $X = -1$ 是负轴上的一个点,而

$$\otimes X + 1 = 0 \tag{5-9}$$

是含一个灰数⊗的一元一次灰方程。

3. 灰微分方程

设有一组原始数列 $X^{(0)}$、$X^{(1)}$ 为 $X^{(0)}$ 的一次累加生成数,记

$$X^{(0)} = [X^{(0)}(1), X^{(0)}(2), \cdots, X^{(0)}(n)] \quad (5\text{-}10)$$

$$X^{(1)} = [X^{(1)}(1), X^{(1)}(2), \cdots, X^{(1)}(n)] \quad (5\text{-}11)$$

则 $X^{(1)}$ 上的一阶常系数灰微分方程为：

$$X^{(0)}(k) + aZ^{(1)}(k) = b \quad (\forall k \in \{1,2,\cdots\}) \quad (5\text{-}12)$$

其中， $Z^{(1)}(k) = \frac{1}{2}[X^{(1)}(k) + X^{(1)}(k-1)] \quad (a,b \in \mathbf{R}, \mathbf{R}$ 为实数集 $) \quad (5\text{-}13)$

4. 影子方程或白化方程

因为灰微分方程

$$X^{(0)}(k) + aZ^{(1)}(k) = b \quad (5\text{-}14)$$

是仿照微分方程

$$\frac{\mathrm{d}X^{(1)}}{\mathrm{d}t} + aX^{(1)} = b \quad (5\text{-}15)$$

的，故称后者为前者的影子方程或白化模型。

上述式中， $X^{(0)}(k)$ 为灰导数； $Z^{(1)}(k)$ 为 $X^{(0)}(k)$ 的白化背景值。

5. 灰矩阵

含有灰元的矩阵称为灰矩阵，记为 $A(\otimes)$ 或 $\otimes(A)$ 。比如 2×2 阶灰矩阵为：

$$A(\otimes) = \begin{bmatrix} \otimes_{11} & a_{12} \\ a_{21} & a_{22} \end{bmatrix} \quad (5\text{-}16)$$

或

$$\otimes(A) = \begin{bmatrix} \otimes(a_{11}) & \otimes(a_{12}) \\ \otimes(a_{21}) & \otimes(a_{22}) \end{bmatrix} \quad (5\text{-}17)$$

A 为白化矩阵的灰矩阵。

6. 背景值

在灰色系统理论中，称 $X(t+\Delta t), X(t), X(t-\Delta t)$ 为导数 $\frac{\mathrm{d}X}{\mathrm{d}t}$ 在时区 $(-\Delta t + t, \Delta t + t)$ 的背景值，它表示 $\frac{\mathrm{d}X}{\mathrm{d}t}$ 是与这些值有关的极限值。

二、灰色系统理论的特点

在用于桥梁施工控制中，灰色系统和预测控制系统具有以下特点。

(1)将大跨桥梁施工过程这一非平稳的随机过程当作灰色过程，并利用灰色系统理论进行分析。建立多个灰色 GM(1,1) 预测模型对决定系统行为特征的各主要状态变量的发展变化进行了预测。实例分析表明，采用 GM(1,1) 模型能对大跨桥梁施工过程中诸如挂篮变形、浇筑梁段混凝土时的结构位移等极具随机性的变量给出较好的预测，为大跨桥梁施工这一复杂控制系统的建模找到了一条切实可行的途径。

(2)所提出的控制系统是基于桥梁施工过程发展变化的预测控制,是基于桥梁施工未来态势的超前控制,能做到防患于未然,且具有较高准确度。所提出的控制系统采用瞬态建模,用模型参数的不断更新以及实际输出对模型的反馈校正,来适应大跨桥梁施工过程中系统行为的不断变化、环境噪声的不断干扰,因此该控制系统具有较强的适应性和鲁棒性。

(3)所提出的控制系统是有限时域内的优化控制。通过对大跨桥梁的控制实施滚动优化,能对由于模型失配、时变、随机干扰等不确定性因素进行及时补偿,使桥梁的施工控制过程总是处于一种良性循环并具有良好的鲁棒性。

(4)所提出的控制系统是对系统行为实施的控制,无须过多追究引起系统行为变化的原因,不必将系统的控制行为与噪声行为加以分离,不必处置桥梁施工这一复杂的随机过程,因此控制较为简便。

(5)将预应力筋拉力、斜拉索的初张力或立模高程作为悬臂浇筑施工的桥梁两个控制性输入,并能超前一步进行预测,因此可有效地对大跨桥梁实施内力和高程的双控策略。

(6)所提出的控制系统可以适用于悬臂浇筑、悬臂拼装的大跨斜拉桥和梁式桥。该系统所反映的控制思想、所提出的控制方法能适用于其他一些桥梁的施工控制,因此该系统具有较广泛的适用性。

三、灰色系统理论的基本原理和方法

灰色系统理论就是以灰关联空间为基础的分析体系,它以现有信息或原始数列为基础,通过灰过程及灰生成对原始数列进行数据加工与处理,建立灰微分方程即灰模型(GM 模型)为主体的模型体系,来预测系统未来发展变化的一种预测控制方法。为了节省篇幅,将略去灰色系统理论中一些原理的证明过程,同时为了实现工程应用的目的,以下主要介绍灰色系统理论中与工程实践相关的一般原理和计算方法。

1. $GM(1,N)$ 模型机理

灰色理论的微分方程模型称为 GM 模型,G 表示 Grey(灰),M 表示 Model(模型)。$GM(1,N)$ 表示 1 阶的、N 个变量的微分方程模型。而 $GM(1,1)$ 则是 1 阶的、1 个变量的微分方程模型。

灰色理论的 GM 模型的机理和特点,可归纳如下:

(1)一般系统理论只能建立差分模型,不能建立微分模型,而灰色理论建立的是微分方程模型。差分模型是一种递推模型,只能按阶段分析系统的发展,只能用于短期分析,只能了解系统显露的变化。正如美国加利福尼亚大学 T. C. Hsia 在他的专著 *Systems Identification* 中所指出:"尽管连续系统的离散近似模型对许多工程应用来讲是有用的,但在某些研究领域中,人们却常常希望使用微分方程模型。在这些领域中,微分方程的系数描述了我们所希望辨识的系统内部的物理或化学过程的本质。"然而人们没有找到建立这种模型的方法与途径,正如 T. C. Hsia 指出"实际上由于导数信号是很难获得的,所以解不存在"。而灰色系统理论,基于关联度收敛原理、生成数、灰导数、灰微分方程等观点和方法建立了微分方程模型。

(2)系统行为数据列往往是没有规律的,是随机变化的,对随机变量、随机过程,人们往往用概率统计方法进行研究。而概率统计的方法要求数据量大,必须从大量数据中找出统计规

律,只便于处理统计规律中有较典型的概率分布、有平稳过程的一类,对其他非典型分布、非平稳过程、有色噪声的处理,都感到很棘手。总之,概率统计的方法,计算工作量大,且可以解决和处理的问题较少。而灰色系统理论,则将一切随机变量看作在一定范围内变化的灰色量,将随机过程看作在一定范围内变化的、与时间有关的灰色过程。对灰色量不是从找出统计规律的角度,通过大样本量进行研究,而是用数据处理的方法(灰色理论称为数据生成),将杂乱无章的原始数据整理成规律较强的生成数列再做研究。灰色理论认为系统的行为现象尽管是朦胧的,数据是杂乱的,但它毕竟是有序的,是有整体功能的,因此杂乱无章的数据背后,必然潜藏着某种规律,而灰数的生成,就是从杂乱无章的原始数据中去开拓、发现、寻找这种内在规律,这是一种现实规律,不是先验规律。

(3)灰色理论通过多个GM(1,N)模型来解决高阶系统的建模问题。

(4)灰色理论通过模型计算值与实际值之差(残差)建立GM(1,1)模型,作为提高模型精度的主要途径。残差的GM(1,1)模型,一般注重对现实规律和最新数据的修正,因此残差GM(1,1)与模型之间在时间上一般是不同步的。所以灰色预测模型经常是差分微分型模型。

(5)用灰色理论建模,一般都采用三种检验方式,即残差大小检验、后验差检验、关联度检验。残差大小检验,是模型精度按点的检验,是一种直观的检验,是一种算术检验;后验差检验,是按照残差的概率分布进行检验,属于统计检验;关联度检验,是根据模型曲线与行为数据曲线的几何相似程度进行检验,是一种几何检验。

(6)灰色理论建立的不是原始数据模型,而是生成数据模型。因此灰色理论的预测数据不是直接从生成模型得到的数据,而是还原后的数据。或者说通过生成数据的GM模型得到的预测值,必须做逆生成处理。

2. 关联度

关联度作为一种技术方法,是分析系统中各因素关联程度的方法,或者说关联程度量化的方法。关联度作为一种数学理论,其实质就是将无限收敛用有限收敛取代;将无限空间问题用有限数列问题取代;将连续的概念用离散的数据列取代。

关联度的基本思想,是根据曲线间的相似程度来判断关联程度,如图5-1所示,曲线①、②间相似程度,大于曲线①、③间的相似程度,因此认为曲线①、②间关联度大,曲线①、③间关联度较小。

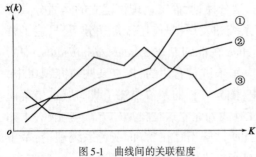

图5-1 曲线间的关联程度

3. GM(1,1)模型

GM(1,N)型适合于建立系统的状态模型,适合于各变量动态关联分析,适合于为高阶建模提供基础,不适合于预测用。因为GM(1,N)虽然反映的是变量X_1的变化规律,但是每一个时刻X_1的值都依赖于其他变量在该时刻的值,如果除X_1以外的其他变量$X_i(i=1,2,\cdots,n)$的预测值未求出,则X_1的预测值不可能得到。因为适合于预测的模型应该是单个变量的模型,应该是预测量本身数的模型。所谓单个变量,便是GM(1,N)中$N=1$,即GM(1,1),因此预测模型是GM(1,1)模型。

GM(1,1)是 GM(1,N)的特例。

考虑有变量 $X^{(0)}$,则:

$$X^{(0)} = \{X^{(0)}(1), X^{(0)}(2), \cdots, X^{(0)}(n)\} \tag{5-18}$$

其相应的微分模型为:

$$\frac{dX^{(1)}}{dt} + aX^{(1)} = u \tag{5-19}$$

为了使模型中只包括一个变量,具有独立性,因此上式中 u 是内生变量,是待辨识参数,这样便有待辨识参数 $\hat{a}$ 为:

$$\hat{a} = \begin{bmatrix} a \\ u \end{bmatrix} \tag{5-20}$$

将 u 作为内生变量后,上述一阶微分方程仅仅是 $\frac{dX}{dt}$ 与背景量 Z 的线性组合,即有:

$$a^{(1)}[X^{(1)}(k+1)] + aZ^{(1)}(k+1) = u \tag{5-21}$$

对上式考虑

$$a^{(1)}[X^{(1)}(k+1)] = X^{(0)}(k+1) \tag{5-22}$$

$$Z^{(1)}(k+1) = \frac{1}{2}[X^{(1)}(k+1) + X^{(1)}(k)] \tag{5-23}$$

引入下述符号:

$$Y_N = \begin{bmatrix} X^{(0)}(2) \\ X^{(0)}(3) \\ \cdots \\ X^{(0)}(n) \end{bmatrix}, Z = \begin{bmatrix} -0.5[X^{(1)}(1) + X^{(1)}(2)] \\ -0.5[X^{(1)}(2) + X^{(1)}(3)] \\ \cdots \\ -0.5[X^{(1)}(n-1) + X^{(1)}(n)] \end{bmatrix}, E = \begin{bmatrix} 1 \\ 1 \\ \cdots \\ 1 \end{bmatrix}$$

便有

$$Y_N = aZ + uE$$
$$= [Z \vdots E]\begin{bmatrix} a \\ u \end{bmatrix} = [Z \vdots E]\hat{a} \tag{5-24}$$

记 B 为

$$B = [Z \vdots E]$$
$$= \begin{bmatrix} -0.5[X^{(1)}(1) + X^{(1)}(2)] & 1 \\ -0.5[X^{(1)}(2) + X^{(1)}(3)] & 1 \\ \cdots & \\ -0.5[X^{(1)}(n-1) + X^{(1)}(n)] & 1 \end{bmatrix} \tag{5-25}$$

现在有 $B\hat{a} = Y_N$,根据最小二乘法,有:

$$\hat{a} = (B^T B)^{-1} B^T Y_N \tag{5-26}$$

归纳起来,GM(1,1)模型有下述算式及关系:

(1)白化微分方程为:

$$\frac{dX^{(1)}}{dt} + aX^{(1)} = u \tag{5-27}$$

(2)背景变量形式：
$$a^{(1)}[X^{(1)}(k+1)] = -aZ^{(1)}(k+1) + u \tag{5-28}$$

(3)基本关系式：
$$a^{(1)}[X^{(1)}(k+1)] = X^{(0)}(k+1) \tag{5-29}$$

$$Z^{(1)}(k+1) = \frac{1}{2}[X^{(1)}(k+1) + X^{(1)}(k)] \tag{5-30}$$

(4)数列 $\hat{a}$ 为：
$$\hat{a} = \begin{bmatrix} a \\ u \end{bmatrix} \tag{5-31}$$

(5)参数算式：
$$\hat{a} = (B^{\mathrm{T}}B)^{-1}B^{\mathrm{T}}Y_N \tag{5-32}$$

$$B = \begin{bmatrix} -0.5[X^{(1)}(1) + X^{(1)}(2)] & 1 \\ -0.5[X^{(1)}(2) + X^{(1)}(3)] & 1 \\ \cdots & \\ -0.5[X^{(1)}(n-1) + X^{(1)}(n)] & 1 \end{bmatrix}, Y_N = \begin{bmatrix} X^{(0)}(2) \\ X^{(0)}(3) \\ \cdots \\ X^{(0)}(n) \end{bmatrix}$$

四、灰色系统理论在桥梁施工控制中的应用

现以大跨径连续刚构桥为例，说明灰色系统理论在桥梁施工控制中的应用。对于悬臂浇筑与悬臂拼装施工的连续刚构桥梁，用各阶段预留拱度调整量来建立 GM(1,1)模型，如图 5-2 所示。

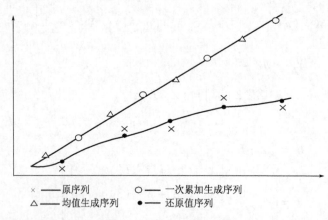

图 5-2　GM(1,1)模型示意图

设各阶段初预留拱度理论计算状态值序列：
$$X = [X(1), X(2), \cdots, X(n)] \tag{5-33}$$

对应 X 有实测值序列
$$Y = [Y(1), Y(2), \cdots, Y(n)] \tag{5-34}$$

根据 X, Y 建立误差序列
$$\delta = [\delta(1), \delta(2), \cdots, \delta(n)] \tag{5-35}$$

元素

$$\delta(k) = X(k) - Y(k) + c \quad (k=1,2,\cdots,n) \tag{5-36}$$

其中，c 为非负化常数，其值等于 $X(k) - Y(k)$ 的负数中绝对值最大者。

以 δ 作为数据序列 $X^{(0)}$，建立 GM(1,1) 模型，即 $X^{(0)}(k) + aZ^{(1)}(k) = u(k=2,3,\cdots,n)$，由 $\hat{X}^{(0)}$ 减去 c，即得到弱化随机误差以后的误差估计值：

$$\left. \begin{array}{l} \hat{\delta} = \hat{X}^{(0)} - c \\ \hat{\delta} = [\hat{\delta}(1),\hat{\delta}(2),\cdots,\hat{\delta}(n),\cdots,\hat{\delta}(m)] \quad (m>n) \end{array} \right\} \tag{5-37}$$

$\hat{\delta}(n+1),\cdots,\hat{\delta}(m)$ 为误差预测结果。若 $\hat{\delta}$ 带有明显的方向性，则存在系统误差，且其分布即为 $\hat{\delta}$。

根据 $\hat{\delta}$ 可进行参数识别与调整，来确定下阶段预留拱度调整量 $\delta^T(k)$。

下阶段立模时的预留拱度：

$$U(k) = X(k) + \delta^T(k) \tag{5-38}$$

式中：$X(k)$——原定理想状态在 k 阶段初的预留拱度计算值。

20 世纪 90 年代初期，灰色系统理论开始应用在大跨度连续刚构桥的施工控制中，在斜拉桥施工控制中的应用也有报道，但是，应用的效果如何还没有明确的结论。在国内，灰色系统理论在桥梁施工控制中的应用还处于研究的初期阶段。如何将灰色系统理论更好地应用于桥梁施工控制中，还需要开展大量的研究工作。

第五节　最小二乘法

最小二乘法始于 1795 年，在当时这种方法的发明者 K. F. Gauss 叙述了它的基本概念，并把它应用于天文计算的实践中。他指出，对于未知的但要求估计的参数的最适宜的值是最可能的值。他定义"未知量的最可能值是这样的一个值，它使得实践值与计算值的差的平方乘以测量精度后所求得的和最小"。后来，在控制系统的参数估计领域内也发现和采用了这种方法。以前，在稳态系统数学模型的回归分析方面用得比较成熟和广泛。在 20 世纪 60 年代，瑞典学者 K. J. Astrom 把最小二乘法用于动态系统的辨识中，并取得了许多成果。

最小二乘法在我国桥梁工程中的应用始于 20 世纪 80 年代后期，有许多知名学者将它应用于斜拉桥施工控制中，对桥梁系统参数进行估计，并取得了较好的效果。

在本章第二节中阐述了设计参数的误差对桥梁施工控制的影响，分析和修正设计参数误差是桥梁施工控制中的一项主要任务。现以悬臂施工的连续刚构桥为例，说明最小二乘法在修正设计参数误差方面的应用。

设在某一施工阶段测得主梁悬臂端 m 个节段的挠度为：

$$S = [S(1), S(2), \cdots, S(m)]^T \tag{5-39}$$

设原定理想状态的理论计算挠度：

$$U = [U(1), U(2), \cdots, U(m)]^T \tag{5-40}$$

则有误差向量

$$y = [y(1), y(2), \cdots, y(m)]^T$$
$$y = U - S \tag{5-41}$$

若记待识别的参数误差为:

$$\theta = [\theta(1), \theta(2), \cdots, \theta(n)]^T \quad (n \text{ 为参数误差识别的项数})$$

由 θ 引起的各节段挠度误差为:

$$y = [y(1), y(2), \cdots, y(m)]^T \tag{5-42}$$
$$y = \phi\theta \tag{5-43}$$

式中

$$\phi = \begin{bmatrix} \phi(1,1) & \phi(1,2) & \cdots & \phi(1,n) \\ \phi(2,1) & \phi(2,2) & \cdots & \phi(2,n) \\ \vdots & \vdots & \cdots & \vdots \\ \phi(m,1) & \phi(m,2) & \cdots & \phi(m,n) \end{bmatrix}$$

ϕ 为参数误差 θ 到 y 的线性变换矩阵,由结构性能给定。

残差

$$\varepsilon = Y - y = Y - \phi\theta \tag{5-44}$$
$$Y = \phi\theta + \varepsilon \tag{5-45}$$

方差

$$\begin{aligned} J &= \varepsilon^T \cdot \varepsilon \\ &= (Y - y)^T(Y - y) \\ &= (Y - \phi\theta)^T(Y - \phi\theta) \end{aligned} \tag{5-46}$$

当 $\dfrac{\partial J}{\partial \theta} = 0$,即 $\theta - (\phi^T\phi)^{-1}\phi^T Y = 0$ 时,J 达到最小,因此 θ 的最小二乘估计为:

$$\theta = (\phi^T\phi)^{-1}\phi^T Y \tag{5-47}$$

引入加权矩阵:

$$\rho = \begin{bmatrix} \rho_1 & 0 & \cdots & 0 \\ 0 & \rho_2 & \cdots & 0 \\ \vdots & \vdots & \cdots & \vdots \\ 0 & 0 & \cdots & \rho_n \end{bmatrix}$$

有

$$\theta = (\phi^T\rho\phi)^{-1}\phi^T\rho Y \tag{5-48}$$

在实际应用中,可预先计算 ϕ,定义 ρ,现场实测 S,由式(5-41)得到 y,最后由式(5-48)得到参数误差估计值。根据参数误差,就可以对参数进行调整,用调整后的参数对系统进行前进与倒退分析,可得到各阶段挠度的新的理想状态,即随后理想状态。随后理想状态与原定理想状态相比,具有更好的合理性。

最小二乘法源远流长,它是一种传统的优化方法,它的理论体系和计算方法都比较完善。在桥梁的施工控制中,最小二乘法主要用于设计参数的辨识和修正,在这方面的应用已有不少成功的报道。但是,如何保证设计参数的估计值收敛于它的真值,是最小二乘法成功应用的关键,在这方面还需做进一步的研究。

第六节 人工神经网络法

一、人工神经网络的发展

近20年来，由于神经科学、数理科学、信息科学、计算机科学的快速发展，人类认识自身、了解自身的可能性得到进一步提高，所以研究人类自身的科学领域有了进一步扩大。由于被称为"万物之灵"的人类具有高度发达的大脑，所以探索和揭示脑神经的奥秘是当代科学所面临的最重大的研究课题之一。

理解脑神经就是要揭示外界事物、知识、感觉等是如何在脑内存储、表达和加工的，以及脑神经又是怎样来解释接触和感觉到的世界的。揭示脑神经也就是揭示人类思维的本质，揭示人的本质。理解人的行为和脑的结构是人类长期关心的问题，这也是人类的一种真正的渴望。

借鉴对生物脑神经的研究成果，发展非生物的信息处理方式——人工神经网络成为20世纪80年代再度活跃起来的新的信息处理科学技术。这与人工神经网络以非线性处理为基础是分不开的，正是由于非线性作用才形成了大到大自然、人类社会，小到工程技术等系统的复杂性。

早在20世纪初，人们就已经发现人脑的工作方式与现在的计算机是不同的。人脑是由极大量基本单元（称之为神经元）经过复杂的相互连接而成的一种具有高度复杂的、非线性的、并行处理特点的信息处理系统。人脑在许多方面的性能上要优于现代计算机，因此人们自然会想到如果能从模仿人脑智能的角度出发，来探寻新的信息表示、存储和处理方式，设计全新的计算机处理结构模型，构造出一种更接近人类智能的信息处理系统，来解决实际工程和科学研究领域中用传统的冯·诺依曼计算机难以解决的问题，那么必将极大促进科学进步，并在人类生活的各领域引起巨大变革。

人工神经网络，又称为连接主义模式，是借鉴人脑的结构和特点，通过大量简单处理单元（神经元或节点）互连组成的大规模、并行分布式信息处理和非线性动力学系统。它具有巨量并行性、结构可变性、高度非线性、自学习性和自组织性等特点。因此，它能解决常规信息处理方法难以解决或无法解决的问题，尤其是那些属于思维（形象思维）、推理及意识方面的问题。人工神经网络可以说是从常规的信息处理到实现电子化的一种中间过渡。一方面，人工神经网络的基本机理是模拟人脑的部分认知原理；另一方面，又加入了对人脑的许多假设，并采用数学的、物理的方法达到信息处理目的。

人工神经网络具有以下功能：
(1)学习能力，通过实践进行学习；
(2)自适应能力，系统能适应外界的变化并保持良好的性能；
(3)自组织能力，依据外部环境的变化进行自组织，自适应是通过自组织实现的；
(4)输入输出能力；
(5)知识表达能力；
(6)模式存储、检索能力。

人工神经网络处理单元大体可以分为3类：输入单元、输出单元和隐单元。输入单元接收外部环境的信号和其他系统模型处理的数据,输出单元将系统处理后的信息进行输出,隐单元是位于输入和输出单元间外部系统不可见单元。神经元间相互连接,并存在一定的连接强度,信息的表示和处理体现在网络处理单元的连接机制中。人工神经网络的功能由处理单元的活动函数、模式和网络的相互连接机制确定。

人工神经网经历了几个发展阶段。1890 年,William James 在《心理学》一书中谈及人工神经网络的主要思想。到了 20 世纪 40 年代初,神经生物学家 Warren S. McCulloch 与青年数学家 Waiter Pitts 合作,从人脑信息处理观点出发,采用数理模型的方法研究了结构及其生物神经元的一些基本生理特性,他们提出了第一个神经计算模型,即神经元的阈值元件模型,简称 MP(MeCulloch-Pitts)模型为神经网络的研究奠定了基础。1949 年神经生物学家 Hebb 的论著 *The Organization of Behavior*,对大脑神经细胞、学习与条件反射做了大胆的假设,称为 Hebb 学习规则。Hebb 对神经网络的发展起到了重大的推动作用。

1958 年,计算机科学家 Rosenblatt 基于 MP 模型,增加了学习机制,推广了 MP 模型。他提出的感知器模型,首次把神经网络理论付诸工程实践。1960 年 Widrow 和 Hoff 提出了自适应线性元件 ADACINE 网络模型,这是第一个对实际问题起作用的神经网络。

1969 年,Minsky 和 Papert 出版了 *Perceptron* 一书,指出感知器不能解决高阶谓词问题,使人工神经网络的研究陷入了低潮。但在其间,一些人工神经网络的先驱仍然致力于这一研究,美国波士顿大学的 Grossberg 提出了自适应共谐振理论(ART 网),芬兰的 Kohonen 提出了自组织映射(SOM),Amari 致力于神经网络数学理论的研究。这些都为神经网络的进一步研究与发展奠定了基础。

1982 年,美国加州工学院 Hopfield 提出霍普菲尔特神经网络模型,开创了把神经网络用于联想记忆和优化计算的新途径,有力推动了神经网络的发展。1985 年,Hinton 和 Sejnowsky 等人提出了玻耳兹曼机(Boltzmann)模型,首次采用了多层网络的学习算法,在学习中采用统计热力学模拟退火技术,保证整个系统趋于全局稳定点。1986 年 Remelhart 和 Mcllelland 等人提出了并行分布处理理论,同时,Werbos 和 Parker 独立发展了多层网络的 BP 算法,这是目前最普通的网络,广泛应用于实际问题的求解。桥梁施工控制主要应用多层人工神经网络的 BP 算法。

二、BP 神经网络的基本原理

BP 神经网络(Backpropagation Neural Network)是一类前向无反馈的神经网络,也称为误差反向传播网络。它是一种反向传递并能修正误差的多层映射网络,是一种单向传播的多层前向网络。BP 网络的每一个节点都是 M-P 模型类型的神经元结构,它具有 n 个输入,每一个输入都通过一个适当的权值 w 与下一层相连。它可以通过对若干样本的自学习,建立网络输入变量与输出变量之间的全局非线性映射关系。下面给出一个 3 层的 BP 网络图(图 5-3)。

如上所述,BP 网络有四种实现功能,在这里只介绍应用函数逼近来实现的原理。

由连续函数表现定理,可选用如图 5-3 所示的 3 层网络模型,输入层和输出层有与网络输入变量 $I_l(l=1,2,\cdots,L)$ 及输出变量 $O_n(n=1,2,\cdots,N)$ 相对应的 L 和 N 个神经元,而隐含层取 $M(=2L+1)$ 个神经元。输入变量 I_l 将按下式分配到隐含层的第 m 个神经元,作为其输入 d_m:

$$d_m = \sum_{l=0}^{L} w_{lm}^1 I_l \quad (5-49)$$

式中：w_{lm}^1——第一层 l 单元到第二层 m 单元之间的权系数，而 $I_0 \equiv 1$，w_{0m}^1 为 m 神经元的触发门槛值。

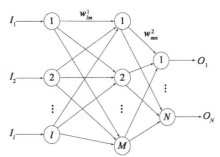

图 5-3　3 层 BP 网络图

m 单元的输出 C_m，是其输入 d_m 的函数，有：

$$C_m = F(d_m) \quad (5-50)$$

神经元的传递函数 F 通常选用 Sigmoid 函数，即：

$$F(x) = 1/(1 + e^{-x}) \quad (5-51)$$

同理，可定义第三层(输出层)的 n 单元输入 g_n 和输出 O_n 分别为：

$$g_n = \sum_{m=0}^{M} w_{mn}^2 C_n \qquad O_n = F(g_n) \quad (5-52)$$

由式(5-51)、式(5-52)可知，网络输出 O_n 的值域为(0,1)，故需对样本的期望输出 $\hat{O}_n$ 作归一化处理。通过一定数量样本的网络训练过程，实际上是确定最适宜的权系数 w_{lm}^1 和 w_{mn}^2，使其对全部 J 个样本的输入，按式(5-49)~式(5-52)的正向运算得到的输出 O_n 与期望输出 $\hat{O}_n$ 的 2 次残差 E 达到：

$$E(w_{lm}^1, w_{mn}^2) = \frac{1}{2} \sum_{j=1}^{J} \sum_{n=1}^{N} (O_{nj} - \hat{O}_{nj})^2 \rightarrow \min \quad (5-53)$$

选择合理的权系数 w_{lm}^1 和 w_{mn}^2 的最优化过程由 BP 算法完成，而且在满足下式

$$G_j(w_{lm}^1, w_{mn}^2) = \sum_{n=1}^{N} (\hat{O}_{nj} - O_{nj}) \leqslant \delta \qquad (j=1,\cdots,J) \quad (5-54)$$

时，得到最佳连接权值，网络自学习终止。其学习规则和误差反向传播法的计算公式可参考有关文献，在此不再赘述。

从上面的介绍可以看出，BP 网络学习算法包含以下基本步骤：
(1) 向网络提供训练样本，包括输入模式和期望输出模式；
(2) 确定网络的实际输出与期望输出之间允许的误差；
(3) 改变网络中所有连接权值，使网络产生的输出更接近与期望输出，直到满足确定的允许误差。

相应的，BP 算法的计算机实现可按以下步骤进行：
(1) 初始化，即对所有权值赋以随机任意小值，并对阈值设定初值；

(2)给定训练数据集,即提供输入向量 X 和期望输出 Y;

(3)计算实际输出 Y 和网络误差 e;

(4)调整权值,按误差反向传播方向,从输出层开始返回到隐层直至输入层,修正所有权值;

(5)重复步骤(2)~步骤(4),直至误差满足要求为止。

将以上步骤进行归纳,可画出应用 BP 神经网络预测法进行误差分析的计算流程图,如图 5-4 所示。

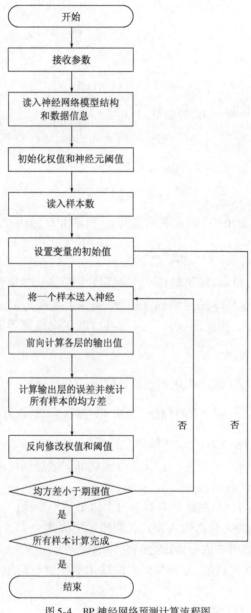

图 5-4　BP 神经网络预测计算流程图

三、BP 神经网络在桥梁施工控制中的应用

现以悬臂施工的大跨径连续梁桥为例,说明 BP 神经网络在桥梁施工控制中的应用。

1. 主梁高程理论值的计算

混凝土连续梁桥的成桥线形,只能通过悬臂现浇的各节段立模高程进行控制。其悬臂的理论立模高程,可以通过设定材料和箱梁结构,考虑挂篮、模板、节段混凝土重量作用引起的挠度,纵向预应力索张拉的反拱变形,混凝土收缩、徐变及桥面铺装的二期恒载等引起挠度的因素,用桥梁设计有限元分析软件计算;为指导施工,程序计算还应确定挂篮前移立模、混凝土浇筑和预应力张拉三种工况下各施工截面的高程变化理论值。这些计算结果可作为讨论高程偏差的依据。

2. 输入、输出参数的确定

连续梁桥施工每节段按挂篮前移立模、混凝土浇筑和预应力索张拉三个施工工序进行。实测表明,前两个工况时的高程偏差(与理论计算值比较)不大,仅为毫米量级。而预应力张拉后则出现较大的偏差,尤其是预应力索较长时其偏差十分显著,可达5cm以上。施工控制中必须对该工况下的高程偏差进行合理预测。

引起施工实测高程与理论计算值偏差的原因是多方面的,如果不加分析将所有因素均予以罗列,将可多达几十种参数,显然会增加分析的难度,不可取也不一定必要。由于前两种工况(挂篮前移立模、混凝土浇筑)下的高程偏差不大,可初步认定结构的几何特性及混凝土弹性模量偏离计算时的取值很小,不作为主要影响因素考虑。

为使分析简化,对引起高程偏差的主要因素做如下分析。

预应力损失显然与张拉索长以及讨论截面至张拉端的距离有关,预应力反拱大小也与各截面的几何特性相关,对于变截面连续箱梁,要计算各截面相对于预应力索作用的等效几何特性,由于等效原则难以确定,所以不易计算。而神经网络对输入变量具有非线性处理功能,箱梁的左右横向布置是相同的,为此以箱梁高度作为影响因素,结合前面已考虑的截面位置,网络有可能识别其变截面特性。同时测量时的温度也是影响实测高程值的重要参数,必须加以考虑。

根据以上分析,取影响高程偏差的因素(即神经网络的输入变量)为:测量时温度、理论计算的张拉后高程变化值、张拉截面、讨论截面的箱梁高度及各自到"T"构中心的距离,它们分别记作 T、W、H_1、H_2、L_1、L_2,共计6个参数。样本的期望输出取预测的高程偏差 $\Delta W(\mathrm{m})$。由此建立 BP 网络模型的输入层神经元数 $L=6$,而输出层 $N=1$,各变量汇总见表5-1。

输入输出参数表　　　　表5-1

参 数 名 称	参数变量	单　位	输入或输出
测量时温度	T	℃	输入
张拉截面的箱梁高度	H_1	m	输入

续上表

参 数 名 称	参 数 变 量	单 位	输入或输出
讨论截面的箱梁高度	H_2	m	输入
张拉截面到"T"构中心的距离	L_1	m	输入
讨论截面到"T"构中心的距离	L_2	m	输入
理论计算的张拉后高程变化值	W	m	输入
预测的高程偏差	ΔW	m	输出

3. 初始条件的确定

例如某连续梁桥1号"T"构1~13节段(14截面)张拉后工况测量数据,逐步积累测量的高程偏差样本(表5-2),以便能让神经网络对这些样本进行自学习,学习后的网络只需输入后续截面的有关信息,就可以输出该节段张拉后所有已施工截面高程偏差的预测值,从而能够预测现施工节段的预应力张拉对所有已施工节段高程偏差的影响,为后续节段的施工调整提供依据。

4. 计算结果

利用以上自学练习后的网络,只要输入第14、15号节段施工时的截面有关参数和测量温度,立即可得到各截面高程偏差预测值。第14、15号节段张拉后的实测值与预测值见表5-3及图5-5,其吻合程度良好。

从图5-5可知,第14、15号节段张拉后各截面高程偏差的神经网络预测值是一条光滑的连续曲线。用第1~13号节段的208个样本训练网络,得到的预测值在第1~15号截面处与实测值一致。

另外,网络还可以通过新添样本的学习而增加"聪明"程度,使映射的关系更加符合客观规律。

BP神经网络不仅用于桥梁结构的状态预测以及施工误差调整,而且还可用于设计参数识别。例如,将扣除温度影响、消除测量差错的各节段主梁高程误差作为输入量,主梁的弹性模量E和重度ρ作为输出量,建立神经网络训练样本,通过人工神经网络BP算法,对主梁的弹性模量E和重度ρ进行估计。

但是,由于人工神经网络尚未建立起完整的理论体系,又受限于脑科学已有研究成果不够深入,目前提出的众多人工神经网络模型都具有浓厚的策略色彩,即模型中有些处理措施的生理依据难以找到,导致了众多参数中存在经验成分,包括我们应用的BP算法的诸多改进,都带有明显的修补痕迹,如果系统运行时间过长,跟踪困难,由此可能引发系统的局部振荡,甚至表现为无解或错解。再加上人工神经网络技术与传统技术(数值运算及逻辑运算)的接口有待得到更好解决,因此,尽管在桥梁施工控制中,以神经网络算法为基础的参数识别和误差预测已逐步在实际工程中应用,但还处于初步研究应用阶段,需要在其控制理论体系进一步突破的基础上,更深入地探索其在桥梁施工控制领域中的应用。

1号T构1~13节段张拉后各截面预拱度学习样本

表5-2

施工节段号		1		2		3		4		5		6		7		8		9		10		11		12		13	
测量时温度(℃)		24.2		24		27.8		25		26		29		25.5		27		31		21.9		24		28		28	
截面号	距离(m)	计算值(mm)	实测值(mm)	计算值(mm)	实测值(mm)	计算值(mm)	实测值(mm)	计算值(mm)	实测值(mm)	计算值(mm)	实测值(mm)	计算值(mm)	实测值(mm)	计算值(mm)	实测值(mm)	计算值(mm)	实测值(mm)	计算值(mm)	实测值(mm)	计算值(mm)	实测值(mm)	计算值(mm)	实测值(mm)	计算值(mm)	实测值(mm)	计算值(mm)	实测值(mm)
S14	52																									55	44
S13	48																							49	34	55	33
S12	44																			40	41	45	33	54	33
S11	40																	33	47	37	42	42	36	54	33
S10	36															29	38	31	35	35	33	39	28	50	26
S9	32														27	44	27	39	30	36	34	33	37	29	41	26
S8	28											16	33	20	45	25	41	26	39	29	35	33	35	34	29	35	28
S7	24									13	30	14	28	19	32	22	28	24	26	25	24	27	21	28	18	30	17
S6	21							10	21	12	20	13	17	16	25	19	21	20	19	23	17	26	15	27	13	31	13
S5	18					7	13	8	14	11	12	11	10	14	18	15	14	17	13	20	12	24	10	26	8	30	8
S4	15	3	11	7	9	7	7	7	9	9	11	9	10	12	14	13	10	14	8	15	7	16	8	17	6	18	6
S3	12	1	5	4	11	4	7	6	11	7	13	7	10	10	14	10	10	8	10	11	11	12	11	12	13	14	11
S2	9	0	0	1	5	2	12	6	8	4	8	4	12	7	13	4	12	8	12	8	13	5	12	8	13	10	13
S1	6	0	0	0	-1	2	7	2	8	0	0	0	10	4	10	4	10	4	10	5	12	5	12	5	12	4	11
0	0	1	3	1	4	3	-1	3	6	4	6	0	1	0	2	0	2	0	2	0	3	0	3	0	4	0	4
N1	6	3		4		3	3	6		6		4	6	4	6	4	6	4	6	5	6	5	6	6	7	5	7

续上表

施工节段号		1		2		3		4		5		6		7		8		9		10		11		12		13	
测量时温度(℃)		24.2		24		27.8		25		26		29		25.5		27		31		21.9		24		28		28	
截面号	距离(m)	计算值(mm)	实测值(mm)	计算值(mm)	实测值(mm)	计算值(mm)	实测值(mm)	计算值(mm)	实测值(mm)	计算值(mm)	实测值(mm)	计算值(mm)	实测值(mm)	计算值(mm)	实测值(mm)	计算值(mm)	实测值(mm)	计算值(mm)	实测值(mm)	计算值(mm)	实测值(mm)	计算值(mm)	实测值(mm)	计算值(mm)	实测值(mm)	计算值(mm)	实测值(mm)
N2	9	1	9	3	9	3	9	4	10	5	8	5	7	5	8	5	8	5	7	5	9	6	11	6	11	6	11
N3	12			4	12	4	12	5	12	6	12	6	11	6	13	7	11	7	11	7	11	8	12	8	12	8	11
N4	15					5	12	6	11	7	11	7	11	7	13	7	11	8	10	8	11	8	11	9	11	9	11
N5	18							8	22	9	22	9	23	9	24	10	20	11	19	11	19	12	18	13	18	14	17
N6	21									10	21	10	21	10	21	11	17	11	17	12	14	12	14	14	11	15	10
N7	24											11	36	12	34	14	29	14	27	15	24	16	22	17	19	18	17
N8	28													13	34	14	29	15	26	16	22	17	20	18	17	19	14
N9	32															15	41	16	36	17	31	18	29	20	28	21	26
N10	36																	17	18	18	13	20	11	25	8	27	9
N11	40																			21	22	24	20	27	17	29	12
N12	44																					27	37	30	32	30	18
N13	48																							31	7	33	2
S14	52																									28	−15

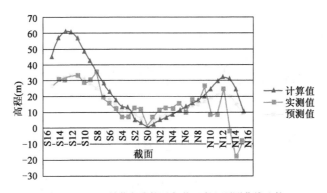

图 5-5　1～15 号节段张拉后各截面高程预测曲线比较

1～15 号节段张拉后各截面高程值(m)　　　　　表 5-3

截面	S1	S2	S3	S4	S5	S6	S7	S8	S9	S10	S11	S12	S13	S14	S15	S16
计算值	0	3	5	8	13	17	23	28	35	42	49	57	61	61	57	45
实测值	0	12	13	11	7	12	16	19	36	30	29	33	33	31	37	27
预测值	0	6	8	10	10	15	18	21	26	28	31	32	33	32	31	27
截面	N1	N2	N3	N4	N5	N6	N7	N8	N9	N10	N11	N12	N13	N14	N15	N16
计算值	0	3	5	7	8	11	13	15	17	20	25	30	32	31	24	10
实测值	0	7	12	13	12	16	10	18	15	27	8	9	25	−2	−18	−9
预测值	0	5	7	8	9	10	12	14	15	17	19	21	22	20	15	9

第六章 桥梁施工监测系统、方法与仪器

第一节 施工监测系统的建立

施工监测是大跨度桥梁施工控制的基础,这是因为大跨度桥梁施工过程复杂,影响其施工控制目标顺利实现的因素很多,如所用材料性能与设计取值之间的差异,先期形成结构(部件)的截面特性等与分析取值之间的误差,施工荷载与计算取值之间的差异,结构模拟分析模型与实际情况之间的差别,施工测量存在的误差,施工条件与工艺非理想化的影响以及结构设计参数和状态参数实测中存在的误差等。因此,在施工中必须对重要的结构设计参数、状态参数进行监测,以获取反映实际施工情况的数据和技术信息,根据实际情况不断修正原先确定的各施工阶段的理想状态,使施工状态处于控制范围之中。

另一方面,上述经修正后的理想状态是施工中期望实现的目标,这是由于桥梁结构施工过程是一个复杂的动态系统,随着工程的推进,主体结构逐渐增加,边界条件和结构体系在不断改变,使表征结构特征的参数发生变化。同时,理想状态的修正也没有从根本上克服整体误差影响。所以,在施工过程中运用反馈控制分析方法得出优化调控措施,消除误差影响,是确保施工的结构状态最大限度地接近理想状态的重要手段。反馈控制分析法建立在结构理想设计状态、实测结构状态和误差信息基础之上,因此进行施工过程中的跟踪监测在施工控制中必不可少。

施工监测系统是大跨度桥梁施工控制系统中的一个重要部分,各种桥梁施工控制中都必须根据实际施工情况与控制目标建立完善的施工监测系统。不论何种类型的桥梁,其施工监测系统中一般都包括结构设计参数监测、几何状态监测、应力监测、动力监测、温度监测及环境状况监测等。通过施工监测系统的建立,跟踪施工过程并获取结构的真实状态,可以修正理论设计参数,保证施工控制预测的可靠性;同时施工监测系统又是一个安全警报系统,通过该系统可及时发现和避免桥梁结构在施工过程中出现的超出设计范围的参数(如变形、截面应力等)以及结构的破坏。另外,施工监测系统还可在桥梁使用中对其安全状况进行监测,为桥梁的科学管理与维护提供数据资料。图6-1为施工监测系统示意图。

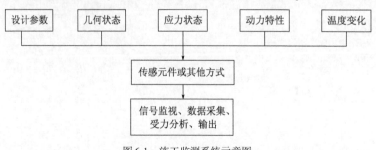

图6-1 施工监测系统示意图

第二节　施工监测方法

施工监测方法很多,具体应根据监测对象、监测目的、监测频度、监测时间长短等情况选定最方便实用、最可靠的监测方法。现根据监测内容的不同对施工监测方法分别说明如下。

一、几何形态监测

几何形态监测目的主要是获取(识别)已形成结构的实际几何形态,其内容包括高程、跨长、结构和缆索的线形、结构变形或位移等。它对施工控制、预报非常关键。

目前用于桥梁结构几何形态监测的主要仪器包括测距仪、水准仪、经纬仪、全站仪、光电图像式挠度仪等。通常采用测距和测角精度不低于规定值[如$\pm(2mm+2\times10^{-6})$和$\pm2''$]的全站仪并结合固定高亮度发光体照准目标,对需要全过程动态跟踪监测的三维几何形态参数[如悬索桥索塔位置、主索鞍位置、主缆索和加劲梁线形、索夹位置等,斜拉桥索塔位置、斜拉索锚固位置、加劲梁平面位置(线形)等,拱桥轴线线形、拱上结构位置等,连续刚构桥墩位、悬臂施工箱梁的平面位置等]进行监测;采用精密水准仪和铟钢水准尺水准联测、活动砧标视准线法观测和精密电子倾角仪倾角测量等作为高程、变形(位)等的监测手段。

对需要全过程跟踪监测结构几何形态参数,通过指定控制点的位置坐标监测加以体现。一般是在结构温度趋于恒定的时间区段内(一般为夜间0:00至次日6:00),利用桥址附近的施工平面和高程控制网,采用全站仪并以安装在各控制点的高亮度发光体和测距棱镜作为照准目标,进行多测回观测的极坐标或三角高程测量,获取控制测点三维大地坐标,并通过坐标变换求出控制测点的施工设计位置坐标。在进行控制点位置坐标监测时,应同时对结构温度进行监测,只有在结构温度趋于稳定后,所观测到的控制点位置坐标方可作为监测结果。结构温度监测详见本节后续内容。对于结构温度趋于稳定的标准问题,根据经验可定为:若以结构构件同一断面上的表面测点平均温度作为结构构件断面测试温度,则构件长度方向测试断面的最大温差$|\Delta t|$应不超过2℃,在同一测试断面上测点温度的最大温差$|\Delta t|$应不超过1℃。

某悬索桥主缆$L/4$点位置监测方法示意如图6-2所示。

对需定期监测的结构几何形态参数的监测,是指对那些需全过程监测的控制量进行定期复校性的监测,目的是为了解诸如桥墩(塔)、拱座、锚碇等有无超出设计范围的异常变形或变位,属于结构安全性监测。这些监测通常采用精密水准仪、精密倾角仪、位移传感器等进行量测。为了确保桥梁施工放样和几何控制的精度,施工现场一般都建立高精度的施工平面和高程控制网。在上述控制网的基础上,根据结构几何形态参数监测工作的可实现和现场操作便利性要求,在进行局部控制网优化处理后,便可形成一个形变监测控制网,并以此作为结构几何形态参数监测的基准。虎门大桥施工控制网和形变监测控制网分别如图6-3、图6-4所示。形变监测控制网的精度必须满足设计、规范及施工控制本身的要求。控制点点位坐标与高程见表6-1。

由于几何形态参数监测结果将直接反馈给施工控制系统,所以,不但要求其结果具有准确性,同时还要求及时整理数据,这可通过监测数据实时处理分析系统完成。对于定期监测的数据,按照不同等级水准测量的国家规范等有关标准规定的作业成果记录整理方法,采用手记录、现场外业手簿计算水准联测的闭合差、测量中误差以及观测点的变形或位移。对全过程动态跟踪的几何参数监测,首先对在现场手工记录的角度、距离等原始观测值进行100%的检查,在观测数据满足有关规范、标准规定的限差要求的前提下,对观测成果进行必要的修正(如仪器常数、气象条件等),然后进行观测点的三维坐标转换(一般需转换至施工设计位置坐标)。上述实时分析处理系统可通过计算机完成,并可将其结果直接与施工控制系统相连。

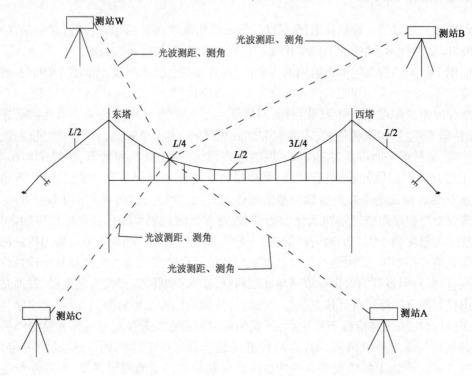

图 6-2　某悬索桥主缆 $L/4$ 点位置监测方法示意图

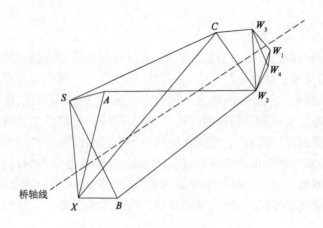

图 6-3　虎门大桥施工控制网

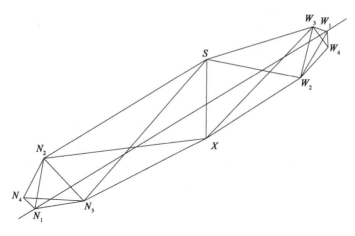

图 6-4 虎门大桥形变监测控制网

控制点点位坐标与高程表 表 6-1

编号	点名	X坐标（m）	Y坐标（m）	高程（m）	编号	点名	X坐标（m）	Y坐标（m）	高程（m）
1	N_2	2523576.3985	460857.4325	49.660	8	W_3	2525603.8519	463854.005	30.101
2	N_4	2523219.5343	460775.9756	3.576	9	S	2525046.3291	462435.7875	27.791
3	N_1	2523121.2795	460855.3982	3.541	10	X	2524297.1360	462625.4931	4.104
4	N_3	2523281.5138	461200.9766	7.336	11	A	2525487.3541	462675.6570	2.722
5	W_2	2525312.002	463921.1624	3.659	12	B	2525894.2511	463033.4210	2.407
6	W_4	2525459.9392	464017.718	54.830	13	C	2525685.9245	463634.7910	3.636
7	W_1	2525514.0243	464023.4434	55.805					

二、应力监测

结构截面的应力(包括混凝土应力、钢筋应力、钢结构应力等)监测是施工监测的主要内容之一,是施工过程的安全预警系统。无论拱桥、梁(刚构)桥,还是斜拉桥和悬索桥,其结构某指定点的应力也同其几何位置一样,随着施工的推进,其值是不断变化的。在某一时刻的应力值是否与分析(预测)值一样,是否处于安全范围是施工控制关心的问题。解决的办法就是进行监测。一旦监测发现异常情况,就立即停止施工,查找原因并及时进行处理。

由于桥梁施工的时间一般较长,所以应力监测是一个长时间、连续的量测过程。要实时、准确监测结构的应力情况,采用方便、可靠和耐久性好的传感器组件非常重要。目前应力监测主要是采用电阻应变片传感器、钢弦式传感器、光纤应变传感器等。电阻应变片传感器只能用于短暂的荷载增量下的应力测试,并且使用不便、耐久性差,所以,一般仅用于辅助应力测试与校核。对于适合于现场复杂情况、连续量测时间较长且量测过程始终要以初始零点作为起点的应力监测,目前基本上均采用钢弦式传感器。主要原因是钢弦式传感器具有较良好的稳定性和应变累计功能,抗干扰能力较强,数据采集方便。光纤应变传感器是一种更方便、更准确的结构应变(应力)监测仪器,目前,光纤应变传感器已从实验室走向了工程应用,随着技术的进一步成熟,今后光纤应变传感器必将成为桥梁应力监测的主要设备。

三、索力监测

大跨度桥梁采用斜拉桥、悬索桥等缆索承重结构越来越广泛,尤其跨径500m以上的桥梁基本上是斜拉桥、悬索桥。斜拉桥的斜拉索、悬索桥主缆及吊索索力是设计的重要参数,也是施工中需要监测与调整的施工控制参数之一。索力量测效果将直接对结构的施工质量和施工状态产生影响。要在施工过程中比较准确地了解索力实际状态,选择适当的量测方法和仪器,并设法消除现场量测中各种误差因素的影响非常关键。

目前可供现场进行索力量测的方法主要有以下三种。

(1)压力表量测法

目前,索结构通常使用液压千斤顶张拉,由于千斤顶的张拉液压缸中的液压和张力直接相关,所以,只要测定张拉液压缸的压力就可求得索力。使用0.3~0.5级的精密压力表,并事先通过标定,求得压力对应的液压和千斤顶拉力之间的关系,则利用压力表测定索力的精度可达到1%~2%。

千斤顶的液压可用液压传感器来测定。液压传感器受液压后输出相应电信号,显示仪表在接收信号后即显示压强或换算后直接显示张拉力。由于电信号可通过导线传输,能进行遥测,使用起来更加方便。

由于液压换算索力的方法简单易行,可直接借助施工中已有的千斤顶,因此是施工控制中索力量测实用的方法之一。

(2)压力传感器量测法

压力传感器量测法是指在悬索桥主缆索股或斜拉桥斜拉索等锚下安装压力传感器,通过二次仪表读取拉索索力。这种方法量测的准确性高,稳定性较好,易于长期监测。选择恰当的传感器除满足施工控制监测需要外,还可用于桥梁使用过程中的索力量测。

(3)振动频率量测法

振动频率量测法利用索力与索的振动频率之间存在对应关系的特点,在已知索的长度、两端约束情况、分布质量等参数时,通过测量索的振动频率,进而计算索的拉力。根据弦振动理论,当张紧索抗弯刚度可以忽略时(即柔性索),其动力平衡方程为:

$$\frac{m}{g}\frac{d^2y}{d^2t} - T\frac{d^2y}{d^2x} = 0 \tag{6-1}$$

式中:y——横向坐标(垂直于索的长度方向);

x——纵向坐标(沿索的长度方向);

m——单位索长的质量(线密度);

T——索的张力;

t——时间。

索的两端铰接时,解上述方程可以得:

$$T = \frac{4mL^2f_n^2}{n^2g} \tag{6-2}$$

式中:f_n——索的第 n 阶自振频率;
L——索的计算长度;
n——振动阶数。

当索的抗弯刚度不能忽略时并且索的两端是铰接的,同样可以根据其动力平衡方程得到:

$$T = \frac{4mL^2f_n^2}{n^2g} - \frac{m^2EIn^2}{L^2} \tag{6-3}$$

式中:EI——索的抗弯刚度。

上述频率忽略了索的垂度影响,其监测结果具有一定的近似性。对于倾角为 θ 的小垂度斜拉索,当两支撑端固定时,其无阻尼 n 阶角频率为:

$$w_n = \frac{n\pi}{L}\sqrt{\frac{\sigma^{(s)}}{\rho}(1+k_n)} \tag{6-4}$$

式中:n——振动阶数;
$\sigma^{(s)}$——索的静态轴向应力;
ρ——索的单位体积质量;
k_n——垂度对平面内模态频率的影响,且

$$k_n = \frac{2\lambda^2}{\pi^4 n^4}[1+(-1)^{(n+1)}]^2$$

由式(6-4)得:

$$\sigma^{(s)} = \frac{\rho}{1+k_n}\left(\frac{L\omega_n}{n\pi}\right)^2 \tag{6-5}$$

考虑到 $\sigma^{(s)} = \frac{T}{A}$,则:

$$T = \frac{A\rho}{1+k_n}\left(\frac{L\omega_n}{n\pi}\right)^2 \tag{6-6}$$

式中:A——索的截面面积;
T——索的张力。

将 $\omega_n = 2\pi f_n$ 带入式(6-6),则有:

$$T = \frac{A\rho}{1+k_n}\left(\frac{2Lf_n}{n}\right)^2 \tag{6-7}$$

可见,只有当 n 为偶数时,$k_n = 0$,此时

$$T = A\rho\left(\frac{2Lf_n}{n}\right)^2 \tag{6-8}$$

上式与式(6-2)等效。

从而可以看出:

①采用偶数阶模态的频率测算索力时,因索的垂度引起的误差为零;
②测量索力时尽量不要采用奇数阶模态的频率;若采用奇数阶模态的频率计算索力时应

进行修正,修正系数为 $\frac{1}{1+k}$。

桥梁结构中的索并不处于绝对静止状态,而是时刻发生环境随机振动,且各阶频率混在一起,要用精密的拾振器才能感受到,通过频谱分析,根据功率谱图上的峰值才能判断其各阶频率。频率得到后即可据此求算索力。现有的仪器及分析手段使频率测定精度可达 0.005Hz。当索力的端部约束不明显时,通常经现场试验确定相应的换算长度。振动频率法在实施中要求现场操作人员具有一定的经验。

在监测中应根据实际情况选用最为合适的测试方法。为确保监测的精度,最好是上述 2 种或 3 种方法同时并用,互为校验。在掌握了某种关系和规律后,也可采用以某种方法为主,以其他方法作为校核的方式进行大批量监测。以虎门悬索桥主缆锚跨索股张力为例,为既保证其量测精度,又能同时覆盖全部 440 束索股,采用了几种方法结合使用、互相校验的做法。根据主缆锚固端的结构特点,设计了专门的插入式压力传感器,埋设于部分索股锚下,其位置依据索股长度的不同,将一锚块的 110 束索股分为 5 个长度等级,每个长度等级的索股下安装 1~2 个压力传感器。在索股架设时主要采用油压表量测和压力传感器量测相结合进行测试与调整。所有索股张力采用张拉千斤顶液压表测读,对埋有插入式压力传感器的索股,通过压力感器量测值校正液压表的读数换算值,同时对埋有插入式压力传感器的索股采用振动频率法做校正量测,量测采用人工激振与环境激振相结合的方法。通过现场对比测试,对频率法进行率定并获得不同长度索股的修正值后,在加劲梁吊装阶段以振动频率法量测为主,同时辅以锚下压力传感器进行检验校正。

四、预应力监测

预应力水平是影响预应力桥梁(如连续梁、连续刚构桥等)施工控制目标实现的主要因素之一。预应力监测中主要对预应力筋的张拉真实应力、预应力管道摩阻损失及其永存预应力值进行测定。对于前者,通常在张拉时通过在张拉千斤顶与工作锚板之间设置压力传感器测得;对于后两者,可在指定截面的预应力筋上贴电阻应变片测其应力,张拉应力时测得的应力之差即为该截面的预应力管道摩阻损失值。

五、温度监测

对于大跨度桥,特别是斜拉桥、悬索桥等,其温度效应是十分明显的。如斜拉桥斜拉索在温度变化时其长度将相应伸长或缩短,直接影响主梁高程;悬索桥主缆高程将随温度的改变而变化,索塔也可能因温度变化而发生变位,这些都会对主缆的架设、吊杆料长度计算确定等产生很大影响;悬臂施工连续刚构(梁)桥高程也将随温度的变化发生上(下)挠。因此,在大跨度桥梁施工过程中对结构的温度进行监测,寻求合理的立模、架设等时间,修正实测的结构状态温度效应,对桥梁按目标施工和实施施工监控都是十分重要的。

目前,结构温度的测量方法较多,包括辐射测温法、电阻温度计测温法、热电偶测温法及各种温度传感器测温等。每种方法的测量范围、精度和测量仪器的体积及测量繁杂程度都有所不同,通常应选用体积小、附着性好、性能稳定、精度高且可进行长距离监测传输的测温组件。例如,以 BTS-400 型 P-N 结构温度传感器作为结构测温组件,用 DT-10 型数字测温仪进行定点接触测温,且可多点测量,操作方便,并可进行长距离监测传输。

对于悬索桥主缆架设期间的温度监测,其重点应放在基准索股和一般索股上。通常沿跨长方向选择多点(断面)进行测量,每一断面则沿索股周长上下和左右对称布置温度传感器,并使其紧贴于索股表面股丝之间,确保所测温度是索股表面丝的真实温度,在基准索股线形观测的同时对各断面温度进行监测。在一般索股架设时对基准索股和欲调一般索股同时进行温度监测,根据基准索股和欲调索股的相对温差计算其间的相对高差修正值。

对斜拉桥斜拉索、悬索桥主缆等成缆结构的温度状态确定正确与否将直接影响主梁立模高程的确定和加劲梁吊装架设的控制计算。由于钢丝间的空隙影响,缆索横截面内的温度场分布很不均匀,根据国内外经验,对直径较小的缆索,其平均温度可取主缆表面测点温度的平均值;但对于直径超过60cm的缆索,应对其表面测点的平均温度进行适当修正才能作为其平均温度(即计算温度取用值)。斜拉索索温修正的一般方法是制造一段同实索等粗的试验索,在其中心和内部以及外表均对称布置测点,吊挂于施工现场实索部位,使之处于同样的大气环境条件下,进行温度监测。对其他实索,每种型号选择1～2根,在其表面布设测点,测得表面温差,对照试验短索的测量结果,确定实索的内外温差。

对连续刚构梁体、斜拉桥和悬索桥索塔等混凝土结构的温度测量,包括表面温度测量和体内温度测量两方面。对结构表面温度采用表面温度点测计测量,点测计测量灵活性大,可对任意点处的表面温度进行测量;对体内温度测量通常将选好的温度传感器贴在钢筋上,在做防潮和防机械损伤处理后,埋入指定截面的混凝土体内并引出导线,通过温度测量显示仪读取测量值。

由于大跨度桥梁结构的结构温度是一个复杂随机变量,它与桥梁所处的地理位置、方位、自然条件(如环境气温、当时风速风向、日照辐射强度)、组成构件的材料等因素有着密切的关系,设计中很难预计施工期间的结构实际温度(只能根据施工进度安排和当地既有气候情况预估,若施工计划改变和气候变化则更难预估),因此,为保证桥梁施工达到设计要求的内力状态和线形,必须对桥梁结构实际温度进行实地监测。监测时要特别采用桥梁结构局部温度与整体温度相结合的测量方法,只有准确掌握了施工结构整体温度分布状态,才能有效克服温度对施工结构行为的影响,这就要求进一步开展对结构整体温度场监测方法的研究。

六、桥梁施工远程监测

桥梁施工监测是桥梁施工控制的主要内容之一。随着科学技术的发展,桥梁施工远程监测,桥梁施工监测信息的获取、传输和处理完全实现自动化和智能化是可行的,同时也是必要的。这是因为桥梁一般位于交通干线上,如果在每一座桥梁附近都建一个现代化的测试中心,这样会造成投资重复,同时也是我国的人力、物力、财力所难以承受的;另一方面,为了使桥梁旁边的测试中心正常运作,要为其长期配备大量的工程技术人员、测试专家、桥梁专家等,而这些专家不可能长期在测试现场,往往都在各大专院校、研究所工作。为了把有限的人力、物力、财力运用于桥梁监测系统,一个较好的方法是远程监测,即测试现场实现无人化操作。现场的传感器系统在现场控制系统的指挥协调下,进行数据的采集,然后借助于调制解调器经过目前发达的电话网络系统自动把数据传送到桥梁监测研究中心,一个桥梁监测研究中心就可以实现对众多桥梁的自动化监测。这样不仅方便、快捷,而且可以高效利用有限资源。随着科学技术的发展,网络化仪器已经出现,桥梁监测领域正在兴起远程监测的热潮。

图 6-5 即为桥梁远程监测系统示意图。其中,桥梁现场监测点的工控机是远程监测系统的远端核心,它不仅肩负通信功能,而且负责整个系统的数据采集、工作控制、命令接收、命令执行、报警和定时工作等功能。中心计算机则是远程监测系统的近端核心,它不仅肩负通信功能,而且负责命令发布、数据接收、数据分析整理等一系列功能。所以整个系统中的两台计算机构成了系统的骨架。

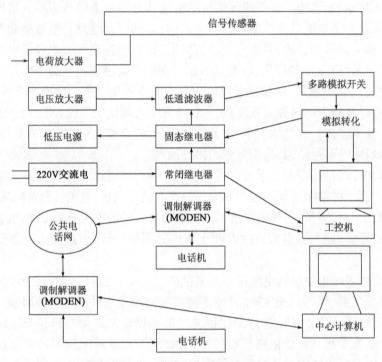

图 6-5 桥梁远程监测系统示意图

前端工控机在平时处于半工作状态,除了进行定时的数据采集之外,一直处于待机状态。这时如果有近端的中心计算机通过通信系统向远程的工控机发布命令,工控机才会根据命令的具体要求进行相应工作;或者工控机在采集的数据中发现异常,也可以主动向测试中心的计算机发出呼叫,建立链路,传送报警信息。所以整个系统中的计算机要保证长时间工作的可靠性和稳定性,这是整个桥梁远程监测系统正常运作的关键因素之一,也是采用工控机作为远程端计算机的原因之一。

整个系统中的电源由民用普通 220V 交流电提供。电源线首先经过一个常闭的继电器之后,才为整个远程端测试系统提供能源,一部分供给工控机,另一部分再次经过一个固态继电器为低压电源部分提供能源,然后低压电源为电荷放大器、电压放大器、低通滤波器提供能源。因此进行系统设计的目的在于,系统可以按照中心计算机发布的命令要求,随时控制前端数据采集部分的工作进程,在不需要进行信号采集时,可以通过固态电器切断低压部分的能源供给,使之处于休眠状态;在需要进行数据采集时,再通过固态继电器接通低压部分,开始正常的数据采集工作。这样做,一方面可以节约能源,另一方面可以延长数据采集部分的使用寿命,有利于整个系统长期、可靠、稳定、正常运行。紧接着设计了一个常闭继电器,主要用于工控机的定时重新启动。可以在工控机中设置需要进行重新启动的时间,时间一到,工控机控制继电器使之断开,于是整个系统的电源在此时全部切断。工控机由于突然掉电而重新启动,继电器也会由于突然掉电而由断开状态恢复至原来的闭合状态,重新对整个系统供电,于是整个系统就会重新初始化。这样做的目的在于,如果由于异常情况出现程序中断,系统可以重新恢复到正常工作状态。

上述远程监测系统具有相对的独立性,也就是说,该系统具有无限扩展能力。在该系统的前端可以加接多种传感系统,从而构成不同性质的远程监测系统。如接上光纤 FP 应变传感器就可以构成远程光纤应变监测系统;接上激光挠度计就可以构成远程挠度监测系统;按上压电片动态应变传感器就可以构成远程振动监测系统等。

第三节 施工监测的主要仪器

用于桥梁监控的仪器种类繁多,而按照它们的使用情况和功能可以分为:传感器、放大器、显示器、记录器、分析仪器、数据采集仪,或者一个完整的数据采集系统。仪器可以分为单件式和集成式:单件式仪器是指一个仪器只有一个单一的功能,集成仪器是指把多种功能集成在一起的仪器。在各类型的仪器中,传感器的主要功能是感受各种物理量(力、应力、应变),并把它们转换成电信号或者容易处理的信号。放大器的功能是把从传感器得到的信号进行放大,使信号可以被显示和记录。另外各种类型的仪器都要用到相应类型的传感器,现对传感器做如下介绍。

一、传感器的基本原理

传感器的作用是感受所需要测量的物理量(或信号),按一定规律把它们转换成可以直接测读的形式,然后直接显示,或者以电量的形式,传输给下一步骤的仪器。目前,结构试验中较多采用的是将被测非电量转换成电量的电测传感器。

1. 机械式传感器

机械式传感器利用机械原理进行工作,主要由以下 4 部分组成。
(1)感受机构:它直接感受被测量的变化。
(2)转换机械:把感受到的变化转换成长度或角度等的变化,并且加以放大或缩小以及转向等。
(3)显示装置:用来显示被测量参数的大小,通常由指针和度盘等组成。
(4)附属装置:如外壳、防护罩、耳环、装夹具,它使仪器成为一个整体,并便于安装使用。

机械式传感器通常都不能进行数据传输,都需要带有显示装置,所以,机械式传感器是带有显示器的传感器。

2. 电测传感器

电测传感器利用某种特殊材料的电学性能、或某种装置的电学原理,把所需测量的非电的物理量变化转换成电量变化,如把非电量的力、应变、位移以及速度、加速度等转换成与之对应的电流、电阻、电压、电感、电容等。电测传感器主要由以下 4 部分组成。

(1)感受部分:它直接感受被测量的变化,它可以是一个弹性钢筒、一个悬臂梁或是一个简单的滑杆等。

(2)转换部分:它把所感受到的物理量变化,转换成电量变化,如把应变转换成电阻变化的电阻应变计,把振动速度转换成电压变化的线圈磁钢组件,把力转换成电荷变化的压电晶体等。

(3)传输部分:是把电量变化的信号传输到放大器或者记录器和显示器的导线(或称为电缆)和相应的接插件等。

(4)附属装置:是指传感器的外壳、支架等。

电测传感器可以进一步按输出电量的形式分为:电阻应变式、磁电式、电容式、电感式、压电式等。

3. 其他传感器

其他传感器有红外线传感器、激光传感器、光纤维传感器、超声波传感器等,还有些传感器是利用两种或两种以上原理进行工作的复合式传感器,以及能对信号进行处理和判断的智能传感器。

通常,传感器输出的电信号很微弱,在有些情况下,还需要按传感器的种类配置放大器,对电信号进行放大处理,然后输送到记录器和显示器。放大器的主要功能是把信号放大,它必须与传感器、记录器和显示器相匹配。

一般在大型桥梁监测中,监测仪器应该满足以下使用要求:

(1)监测仪器不应该影响结构的正常工作,要求仪器自重轻、尺寸小;

(2)监测的仪器要有合适的灵敏度和量程;

(3)安装使用方便,稳定和重复性较好;

(4)价廉耐用,可重复使用,安全可靠,维修容易;

(5)在达到上述要求的条件之下,尽量采用多功能、多用途的监测仪器,以满足多方面的要求。

按照传感仪器的用途可分为测力传感器、位移传感器、应变计、倾角传感器、频率计、测振传感器。

二、常见几何状态监测仪器

下面对几种常见的几何状态监测仪器做一简介:

1. 电子经纬仪

经纬仪可以依据其刻度读数的方式不同进行分类。采用精度比较低的游标读数机构来读数的,称为游标经纬仪,现已基本淘汰;通过光学度盘的放大来读数的,则称为光学经纬仪;用电子学的原理来读数的,称为电子经纬仪。与光学经纬仪相比,因电子经纬仪采用电子学原理测量角度,所以具有很多光学经纬仪所没有的优点:

(1)主机上设有数码式操作键盘和液晶显示装置,照准目标后,垂直角和水平角能在显示器中同时被显示。测角时间一般为0.5s,在显示窗能清晰、正确、快速地读取数据,并可消除读数误差,提高效率。

(2)机内置有微型计算机,可对仪器进行全面自动检查,一旦发生异常或操作错误,即显示错码,以提示操作者。

(3)采用双轴倾斜传感器来检测仪器的倾斜。因仪器的倾斜所造成的垂直角和水平角的误差,可通过电子学的方法来补偿。

(4)内设照明装置,操作时按照明键,望远镜十字丝和显示器被照明,可方便地进行夜间测量。

(5)具有同轴型制动及微动手轮,可在垂直及水平方向上做最佳调整,能迅速而又正确地捕捉观测目标。

(6)一般都附有数据输出接口装置,能将观测数据从仪器中直接输入普通计算机,从而可避免手工记入手簿时的记录错误。

(7)与红外测距仪连接,即可组成一套简易型的全站仪,能简便快速地进行角度、斜距、水平距、高差、距离的放样测量和远距离测高等作业。如再配以野外电子手簿,则等于拥有了一个附加计算和自动转换的测量软件,而且结果可立即通过便携式打印机打印出来。

(8)利用键盘,可任意选择以下测量模式:

①水平角置零:即在任意位置均可使水平角为 $0°00'00''$。

②水平角锁定:按水平角固定键,水平角显示被固定,即使照准部水平旋转,其显示也不会改变,为从某一确定角度开始测量作业带来方便。

③水平角的右角、左角转换。

④垂直角的各种显示:可选择顶距 $0°$、盘左水平 $0°$、水平 $0°±90°$ 等方式显示,也可用坡度(%)方式显示。

2. 全站仪

全站仪是集测距仪和电子经纬仪为一体的测量仪器,具有两大特点:一是能同时测量水平角、垂直角和测距,观测的数据由电子手簿自动记录;二是望远镜的光轴(视准轴)和测距仪的光轴是同轴的,并可通过电子处理将测量数据输送给外围设备。

全站仪的广泛应用,使得极坐标法成为施工控制测量的主要方法,后方交会测量亦已成为可能。使用全站仪,不仅现场测量作业高效化,而且通过电子数据处理和计算机的各种计算及绘图等,实现了测量作业的全自动化,这是全站仪得以迅速普及的原因。利用全站仪的跟踪测量功能,可对测量目标进行连续跟踪测量,这正是昼夜实时监控大型桥梁(如悬索桥、斜拉桥等)施工过程中的几何状态所必需的。全站仪的基本结构见图6-6。

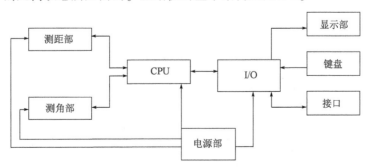

图 6-6 全站仪的基本结构示意图

全站仪几个主要部件的功能：

(1) 望远镜

目前的全站仪基本采用望远镜光轴(视准轴)和测距光轴完全同轴的光学系统,一次照准就能同时测出距离和角度;且望远镜能做360°自由纵转,观测不受限制,其操作同经纬仪。

(2) 控制面板

为适应测回观测,一般在主机的正反两侧均设控制面板。键盘与显示器一体化,使用时按显示器所显示的信息进行人机对话式操作。

(3) 接口的双向通信功能

在接口处连接计算机和电子手簿等外围设备,可通过外围设备对全站仪进行控制和数据交换。即全站仪可将测量数据传输给电子手簿和计算机;也可以接受手簿和外部计算机的指令和数据,这种传输系统有助于使用者独立开发专用监测程序系统。

(4) 存储器

存储器一般有机内存储器和存储(IC)卡两种形式。

机内存储器可预先存放一部分已知数据,供测量时调用,但其容量有限;存储卡则可不受容量的限制,因可使用多张存储卡,即使一张卡的容量满了,还可更换磁卡而不必中断测量作业。借助存储卡,能方便地在全站仪与计算机、电子手簿之间进行数据的传送和交换。

全站仪的各种控制测量功能：

(1) 角度测量

除能测量水平角和垂直角外,还具有零点检测、测量模式交换和各种补偿功能。

(2) 距离测量

除测量至反射棱镜的距离(斜距)外,还具有最大测程、测量模式交换、斜距归算、距离调阅以及各种改正等功能。距离测量的改正一般包括:反射棱镜常数的改正、气象(气温和气压)的改正、球差和折光差的改正等。

(3) 坐标值交换功能

全站仪的各种应用程序功能：

有的机种已采用MS-DOS操作系统,且大多数仪器的程序运行采用菜单式的操作方式。一般机内均设常用的测量计算程序,以供测量时选择使用。

(1) 方位角的自动设定程序

输入测站和已知点的坐标值,照准已知点,仪器即自动将水平度盘读数安置到计算得出的方位角数值上。

(2) 后方交会程序

该程序的功能是通过对几个已知点的观测进行后方交会,求出测站点的坐标值。

(3) 测站点转置程序

仪器首先存储测得的转点坐标,在转点上架设仪器后,调出存储的数据,后视前一测点,继续对下一个点进行坐标测量。

(4) 放样式程序

根据已有的点位及测站坐标可计算控制放样参数。用"水平角和距离"或者"坐标值"可求放样点位置。对不同的放样元素,可以有多种放样方法供选择,有的程序还可以同时做方位、高程放样。

(5) 间接测量程序

在不移动仪器的情况下,可测量得出其他两点的距离、高差、坡度和方位角等。

(6) 悬高测量程序

该程序可用来测量不能直接安置棱镜的高度,如大型桥梁和梁底部至地面的高度。通过测量目标点正下方某点的点位,即可自动求解出该点铅直线与向上任一点的高度。

(7) 偏心测量程序

用来测量不能安置棱镜的目标点,如测定桥墩中心位置。

(8) 间接水准测量程序

在以往的三角高程测量中,采用光学经纬仪来进行施测,精度相对较低。而采用全站仪进行间接水准测量,则其精度要高得多。

全站仪的内置程序因机型不同而各异,但对以上几种常用的测量程序,现有仪器基本上都已具备,而且各种系列全站仪的程序库还在不断发展,随着各种新软件的开发应用,将使桥梁施工控制测量作业更加灵活、迅速、方便。

3. 半站仪

由测距仪和光学经纬仪进行组合,既能测距又可同时测角的仪器,称之为半站仪,也称为测距经纬仪。这种组合在功能和方便上虽不及全站仪,但因其价格较低廉,且能满足一般工程测量放样的要求,所以仍是较受欢迎的仪器之一。

4. GPS 测量

GPS 是 Global Positioning System 的缩写,译为全球定位系统。该系统拥有 24 颗人造卫星,排列在 6 个近似圆形的轨道上,卫星高度约 2 万 km。这种设计方案保证地球上任何地方、任何时刻都能收到卫星发出的信号,通过设地在地球上任何地方的接收机,接收人造卫星发出的电波并进行解析,以测量出该处的位置,进行快速定位。

GPS 的应用是测量技术的一项革命性变革,它具有精度高(达 mm 级)、观测时间短、测站间不需要通视和全天候作业等优点,并使三维坐标的测定变得简单。GPS 已广泛应用到工程测量的各个领域,从一般的控制测量到精密工程测量,都显示了极大的潜力。在桥梁工程中,GPS 已用于三角控制网测量,并逐步扩展到特大规模桥梁的施工控制测量中。如湖北荆州长江大桥和江苏南京长江第二大桥施工中采用了 GPS 技术进行控制测量。其主要特点是经济、快速、精度均匀,不受天气、时间和通视条件限制。湖北荆州长江大桥施工 GPS 网如图 6-7 所示。

GPS 主要由卫星、控制机构和接收系统三大部分组成,而测量者使用的部分主要是接收系统。接收系统包括以下几项内容:

(1) 接收机

其主要功能是对采自卫星的复杂而大量的信号进行处理、解析和记录,内设有非常高级的电子线路。在接收机的前面板上有显示器和输入键,用于静态测量和动态测量的选择,卫星发射、接收状态和观测卫星的选择,观测条件的输入等,内设充电电池。

(2) 天线

天线的功能是接收从 GPS 卫星发来的微弱高频电波,并变换为低频波,放大后再送入接收机。根据天线组件形状的不同可分为微波带天线和地表带天线等类型,但其所有的功能是基本相同的。在固定点,天线设在三脚架上,它与常规测量仪器一样要进行整平、对中和测量天线高。动态测量用的移动式天线则安装在测杆上。天线的体积小、重量轻,因此安装和搬运均较方便。

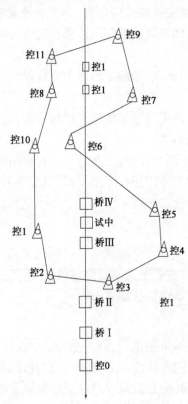

图 6-7　湖北荆州长江大桥施工 GPS 网

(3) 计算和解析程序

GPS 卫星绕轨道旋转时速度约为 4km/s,接收机从卫星传来的信号中接收大量的数据,并从这些复杂而大量的数据中计算出精度达 mm 级的距离,因此必须用高级的计算程序(基线解析程序)来进行解析计算,而且这种计算程序可用于普通计算机。

GPS 的测量方法大致可分为单点定位和相对定位两类方法。

(1) 单点定位法

使用一台接收机和天线求所在地的位置,精度是从数十米至 100m,因此不宜用于工程测量定位。

(2) 相对定位法

使用两组以上的接收机和天线,以求得观测点的相对位置。目前大多采用干涉定位法,但要通过计算程序对数据处理后才能得到观测点的位置,因此要在观测现场接收卫星电波并存储观测数据,待外业观测结束后再计算并得出结果。

接收机和天线安置在测点上的测量称为静态法。在已知点和未知点上各自设置接收机和天线,要同一时刻接收同一卫星发射的电波,观测数据经专用计算程序处理后,可求得距离和方向。

缩短静态法是利用两点接收的电波进行计算,此法比一点测量的时间要缩短 10min,且能确保精度。快速静态法一般应用 4 个卫星的电波进行计算;模拟动态法则是在 1h 内进行两次同一点的测量。

移动未知点的测量方法称为动态法。将一组接收机和天线设在未知点作为固定点,其他的接收机和天线安置在未知点(流动点),在一个未知点上所需的测量时间为数分钟,然后移至下一个未知点继续测量。与静态法相比虽能高效率地测量多个未知点,但精度较差。

实时 GPS 测量系统:

以上所述的 GPS 测量属于后处理定位技术,即记录下各测站的数据要在微型计算机上做数据后处理,其结果只能在作业观测结束之后才能得到。

实时 GPS 测量系统则可在测量过程中将参考站(已知点)的观测数据通过无线电调制解调器连续地传输给流动站(未知点),在流动站的接收机内也连续对参考和流动站组合起来的数据进行加工处理。由于采用高速电子计算机处理数据,因此几乎在外业观测的同时就得到了点位的测量成果。

实时 GPS 测量系统在工程控制测量领域极具优越性,它可以适用于各种工程测量、三维放样、找点定点以及测量工作。由于 GPS 测量不需通视,使得在控制点十分匮乏的地区(如海峡)也能进行精密工程测量。

以徕卡(Leica)的 WILD300 实时 GPS 测量系统为例,其硬件、软件环境,以及参考站、流动站介绍如下:

(1)实时 GPS 测量的硬件和软件

主要有 SR399(E)GPS 传感器(天线)、CR344aP3 控制器、无线电调制解调器(数据链)。

(2)参考站

其装备包括 SR399(E)GPS 传感器、安装了 RT-SKI 软件的 CR344 GPS 控制器、无线电调制解调器及电缆电源。

(3)流动站

其装备除必须采用带测杆的移动式天线外,其余基本上与参考站相同。同时,流动站的全部装备可安置在一个小型背包里。

(4)单人操作系统

在完成参考站的设置并可以正常发送数据之后,仅需一人即能完成整个实时测量工作。操作者身背背包,手持天线和控制器,对待测点进行测量(定位),操作者可以从控制器的小光屏上看出所需要移动的距离和方向,定点后即可实时得出该点的各项点位数据。由于测点的定位结果在测量现场实时提供,如果操作者感到有必要,随时都可以对定位数据进行校对和检验,从而保证测量的质量和准确性。

5. 特殊测量仪器

1)激光测量仪器

(1)自动安平激光扫平仪

它是一种旋转发射式的激光水准仪,可应用于桥面铺设等大面积的水平面扫平,工作效率很高。这种仪器采用红外激光器,300r/min 以上,扫出 360°、半径 100~150m 的水平基准面。

(2)激光铅直仪

激光铅直仪一般设有上下两台视准线同轴的望远镜,加之纵横设置的高度水准器,故能迅速、精确地进行铅直瞄准作业。在高桥墩的滑模及悬索桥的加劲梁吊装等施工中,要求测量人员快速、频繁地给出桥墩的中心位置,在这种情况下,原有的挂垂球或用经纬仪交会控制垂直度的测量方法已不能满足快速测量的要求,而激光铅直仪是一种较理想的仪器,有的激光铅直仪垂直精度已达 1/40000。

(3)激光电子经纬仪

将激光器安装在数字式电子经纬仪上,以激光发射的可见方向作为基准线。它是一台控制方向的封闭式的高效测量仪器,望远镜的视准轴与激光光轴同轴,望远镜对焦在目标上,使激光的光点最小。RS-232C 装有串行接口,测量数据通过外围设备输出。

激光电子经纬仪测角的功能和使用方法与一般的电子经纬仪基本相同。

激光电子经纬仪可用于交会法放样点测设,使设置的交会方向成为可见的激光,这样可以缩短放样时间,保证及时施工;也可用于桥梁架设施工中的安装管理,照射激光使望远镜沿铅直方向上下移动,对梁体进行铅直调整。

(4)激光挠度计

激光器挠度计是直接反映挠度变化的指示器,必须保证待测点挠度准确投射到接收器上,具有高强度、准直性好、价格不太高的特点。

主要技术指标:测量范围大于 250mm;测量精度为 0.1mm;分辨率为 0.05mm;电源为 $-5V$、$-12V$;外形尺寸为 $300mm \times 50mm \times 40mm$;质量小于 2kg。

2)三维空间测量系统

对于桥梁的尺寸和形状,以往都是采用钢尺、水准仪和经纬仪等来进行三维测量。但是传统的方法仅在钢尺能直接到达的地方才能进行测量,对一些特大型、形状复杂的测量对象已不能满足精度要求,且高空测量作业时也不安全。

为实现高精度测量,各生产厂家都在致力于研究相应的测量仪器。如索佳公司在对全站仪做进一步改进后,已开发一种"三维全站仪(NET 2A)",它具有一般全站仪的功能并有轻便打印机的控制终端等,通过外围系统很容易实现高精度测量,是一种新的三维空间测量系统。该系统主要由 NET 2A 反射片、控制终端 SDR4C 和解析软件等组成。实际测量时,设置 NET 2A 全站仪,将反射片(微棱镜标板,厚度 0.4mm)贴在测点上,首先测量任意两个点以设定三维坐标系,然后以此坐标系为基准进行所需各点的测量。坐标系设定、测量的开始、测量数据的记录、编辑及各种计算都通过控制终端 SDR4C 执行。根据控制终端所存储的三维坐标数据可进行两点间距离、两直线的夹角、三点的夹角和三点所围面积等运算。NET 2A 的测距精度为 $(\pm 8.8 + 1.0 \times 10^{-6}D)$ mm,其中,D 是测量距离,最小分辨率为 0.1mm。

以特大型钢梁桥为例,采用三维空间测量系统可进行钢梁结构施工的构件制造管理、安装控制管理和形变测量等。它不仅能对钢梁的成品进行测量,而且还能在制造过程中进行测量控制,同时可获得钢梁全长、台阶高度、连接长度和连续对角线长度等的长度数据,连接部的角度、法兰盘的倾斜等的角度数据,弯曲和扭转量、平面度等的三维数据;以往只能用计算方法求出的柱芯尺数据,现在可简单测得。测量数据均输入计算机与设计值做比较,制成检查表和直方图等，再进行输出。

如今悬索桥和斜拉桥结构物日趋大型化，其形状也相当复杂，对它的安装精度要求也越来越高。对钢桥的测量大致可分为：在现场安装前临时试拼，以检查设计是否正确，基准是否合适；确认在现场架设作业中基准值是否满意和能否建造。以往进行这些测量所采用的设备和工具是钢尺、钢丝、水准仪、水准尺和经纬仪等，而采用三维空间测量系统，则能高效率地测出桥梁长度、对角线、支点间距、梁的水平度、柱的倾斜和桥的拱度等指标。通过掌握以上数据来高精度地控制几何尺寸，并进行竣工后的形变测量。

3) BJQN-Ⅳ 型光电图像式桥梁挠度检测仪

(1) 仪器原理

BJQN-Ⅳ 及 BJQN-Ⅲ 型光电图像式桥梁挠度检测仪，是继 BJQN-Ⅱ 型之后设计出的新型桥检仪器；采用图像法测量，大幅度提高了量程，能够满足各种桥梁包括军用浮桥和吊桥低频大位移的挠度测量；同时，还可以用来测量大跨度结构物的柱、梁的变形，高层楼房、电视塔、钻井平台等的振动位移。BJQN-Ⅳ 型检测仪在 BJQN-Ⅲ 型的基础上，增加了桥梁横向位移的测试，使测量者更加全面地了解桥梁在施工中及成桥后的动态指标。

图像法的基本原理：在桥梁的测试点上安装一个测试靶，在靶上制作一个光学标志点，通过光学系统把标志点成像在 CCD 的接收面上，当桥梁结构产生振动时，测试靶也跟着发生振动，通过测出靶上标志点在 CCD 接收面上图像位置的变化值，就可以得到桥梁振动的位移值，其最小可测动态范围由 CCD 器件像元的分辨率决定，最大测量范围由镜头的视场角、光学系统放大率和 CCD 有效像元阵列长度决定。

由于桥梁的振动可能为空间三维运动，通过光学解析系统把靶标的横向和纵向分量分别检测出，传动线阵 CCQ⊥ 和 CCQ∥ 上。系统的 K 值（k_x、k_y），即 CCD 上每个像素代表的实际位移值，可在测量之前进行标定。CCD 为电荷耦合固体成像器件，它是用大规模硅集成电路工艺制成的模拟集成电路芯片，具有光电转换，电荷储存、传输和读出功能。在驱动电路的作用下，通过光电转换、电荷存储传输、输出后，对初始信号进行预处理，获得幅度正比于各像素所接收图像光强的电压信号，用作测量的图像信号经过量化编码后，传输到单片机进行运算处理，通过接口把数据传输给便携式微机。该微机首先把从每一个测点传输来的纵向和横向位移信号储存起来，在一个试验过程结束后，通过专用软件进行数据计算，给出被测桥梁的纵向和横向位移及其对时间的响应曲线，结果可由屏幕显示、打印机输出。在此基础上，使用者可以进一步通过频谱分析给出桥梁的强迫振动频率的固有频率。通过计算分析给出桥梁试验的冲击系数、横向转角等参数，通过对软件进一步开发还可对桥梁进行动态分析以及相关分析。

测试系统组成框图如图 6-8 所示。

该仪器由以下几个部分组成：

①测试头包括望远成像系统、分束系统、成像系统、CCD 器件、驱动电路、安平三脚基座，以及垂直和水平微调、高精度两维机械轴系等部件。

②控制器包括微处理接口电路、单片机、面板控制键。

③电源部件包括控制器直流供电源及充电电源。

④靶标部分包括靶标、靶标电源、靶标支架等。

⑤标定器:在现场对被测量点进行测量标定的专用标定装置。根据距离的远近,也即测量范围的大小选择标定数值的大小;专用标定器装有特定的计量用数字百分表,每次标定后的位移数值由百分表上读出。

⑥聚焦镜头:每台仪器均配有专门设计的靶标聚光镜头,以便在测量距离远时将其加在靶标的前面,会聚靶的光束,使其达到最好的测量效果。

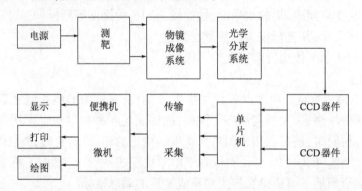

图 6-8 测试系统组成框图

(2)技术指标

测量范围:垂直不小于 0~0.80m,水平不小于 0~0.3m(最大测量距离处)。

测量距离:5~500m。

频率响应:0~20Hz。

可分辨率:测量范围的 3%。

不确定度:测量范围×1%。

采样时间:5ms、7.5ms、12.5ms 等八挡可预置。

记录时间:≤300s(如有其他要求,也可专门调整)。

工作温度:0~40℃;相对湿度≤80%。

抗振性能:在三级公路运输试验 16h 后,正常工作。

电池供电:充足电池,可连续供电 2h 以上。

4) JMSM-64 沉降挠度自动观测系统

该系统是一种便捷式全自动测量路基、桥梁等结构垂直水平方向形变的智能设备。采用连通管和电感调频测量方式,精密测量被测点之间相对水平面的纵向位移。

三、常见应力测试仪器

测试结构应变、应力的方法有很多,常用的有应变传感器、电阻式应变计、振弦式应变计。近年来光纤应变计技术得到发展,在桥梁中也有一定的应用。一般来说,电阻应变计由于自身特点,在混凝土桥梁中使用时,容易损坏,寿命短;而振弦式应变计相对来说耐久性要好些。

作为新兴的应用技术,光纤传感器在许多领域中已是最有效的探测工具,它们可以安装在有限的空间里,并能在极限温度、腐蚀、真空和危险中正常工作,为诸多棘手的监测、监控难题的解决提供了新的技术手段。光纤传感器有许多独特的优点:①抗电磁干扰强、电绝缘、耐腐蚀、本身安全,适合于智能结构的长期健康监测;②重量轻、体积小、外形可变;③对被测介质影响小;④具有极高的灵敏度和分辨率;⑤便于复用,便于成网,有利于与现有光纤通信技术组成遥测网和光纤传感网络;⑥使用期限内维护费用低;⑦传输频带较宽,便于实现时分或者频分多路复用,可进行大容量的实时测量,使大型结构的健康监测成为可能。

压电式传感器是以某些物质的压电效应为基础的一种自生电传感器。压电效应是Jacques Curie和Pierre Curie在1800年发现的。压电效应是可逆的,分为正压电效应和逆压电效应两类。正压电效应是指沿着一定方向对某些电介质施加力而使其产生变形时,会在电解质的某些表面上产生电荷,当外力拆除后,其表面上的电荷又会消失,重新回到不带电的状态。这是由于压电材料内部的电偶极子的正负电荷中心发生相对移动而产生电极化,在材料的各表面上出现束缚电荷,从而产生极化电场的缘故。逆压电效应是指当在电介质的极化方向施加电场,这些电介质就会在某些方向上产生机械变形或机械应力,当外加电场拆除后,上述机械变形或机械应力就会随之消失。这是因为压电材料的内部电偶极子的正负电荷中心在外电场作用下产生偏移。可见压电式传感器是一种典型的双向传感器。近年来压电式传感器受到了广泛重视,相信压电式传感器将是未来桥梁施工状态(以及服役状态)应变(应力)与动态响应监测的主要传感设备。PVDF传感器和PZT传感器就属于压电式传感器。

①PVDF传感器。

PVDF传感器是采用压电材料聚偏二氟乙烯(Polyvinylidene Fluoride,简称PVDF)做成的传感器。PVDF薄膜具有强压电性,由PVDF做成的压电薄膜柔性好、强度大、耐力学冲击、耐腐蚀,可以任意分割,目前已成为最具潜力的聚合物压电材料。目前已有PVDF压电薄膜供应市场,膜厚50~200μm,使用时根据需要可以直接分割成任意尺寸与形状,用导电胶黏结或采用电镀方法生成电极引出,然后用聚酯胶黏结在被测物表面,或植入构件内部(如钢筋混凝土构件的钢筋、斜拉桥的拉索内部钢丝、悬索桥的主缆和吊索内部钢丝等)即可。PVDF传感器除用于监测结构静应变(应力)外,在监测结构动应变(应力)时更具有优越性。

②PZT传感器。

PZT传感器是锆钛酸铅系压电陶瓷,它是由$PbTiO_3$和$PbZrO_3$按47:53的摩尔分子比来组成的,居里点在300度以上,性能稳定,具有较高的介电常数和压电常数。同时,压电陶瓷具有明显的热释点效应,即除机械应力外,温度变化也可产生电极化,在温度变化十分迅速情况下要特别注意。

四、常见温度监测仪器

温度可以通过振弦式温度计或光纤传感器进行测试。振弦式温度计较为成熟;光纤传感器较为稳定,且寿命较长。

五、动力特性监测

桥梁结构动力特性和振动水平测试系统由低频测振传感器、信号器、放大器、UPS电源和数据采集系统等组成。

低频测振传感器按材料分为压电式、磁电式和电阻式等;按测量的物理量分为位移传感器、速度传感器以及加速度传感器等。在桥梁振动测试中需要考虑传感器的灵敏度、测试范围、稳定性等因素。在大型桥梁的监测中,由于其固有频率多为低频,因此一般主要选用低频性能较好的传感器;由于绝对式位移传感器较少,且在实际操作中存在一定问题,而磁电式速度传感器稳定性稍差,因此多选择压电式加速度传感器。

第七章 梁式桥施工控制

第一节 概 述

简支梁桥、连续梁桥、连续刚构桥等均属于梁式桥。梁式桥桥用材料可以是钢筋混凝土、预应力混凝土或钢结构,结构形式有 T 形梁、箱梁或桁架梁之分,施工方法包括支架施工、预制吊装、先简支后连续、顶推、悬臂浇筑(拼装)等。因此,各种梁式桥的施工控制内容、方法也各不相同,其中悬臂施工预应力混凝土连续梁桥、连续刚构桥的施工控制尤为关键,本章主要介绍预应力混凝土连续刚构桥的施工控制。

对于预应力混凝土连续刚构桥来说,采用悬臂施工法施工虽然有许多优点,但是,这类桥梁的形成要经过一个复杂的过程,当跨数增多、跨径进一步增大时,新的问题也接踵而至。例如:如何保证合龙前两悬臂端竖向挠度的偏差和主梁轴线的横向偏移不超过容许范围,如何保证合龙后的桥面线形良好,如何避免施工中主梁截面出现过大的应力,这些问题若处理不当,不仅会对结构的受力不利,而且可能会使主梁梁底曲线不顺畅,形成永久性缺陷而影响外形美观。为了解决好这些问题,唯一的办法就是对施工过程实施控制。

大跨径预应力混凝土连续刚构桥的施工采用分阶段逐步完成的悬臂施工方法时,结构的最终形成必须经历一个漫长而又复杂的施工过程。对施工过程中每个阶段进行详细的变形计算和受力分析,是施工控制中最基本的内容之一。为了达到施工控制的目的,首先必须通过施工控制来确定桥梁结构施工过程中每个阶段在受力和变形方面的理想状态(施工阶段理想状态),以此为依据来控制施工过程中每个阶段的结构行为,使其最终成桥线形和受力状态满足设计要求。

一、施工控制结构计算的一般原则

预应力混凝土连续刚构桥的施工控制计算除了必须满足与实际施工方法相符合的基本要求外,还要考虑诸多相关的其他因素。

(1)施工方案:由于连续刚构桥的恒载内力与施工方法和架设程序密切相关,施工控制计算前应首先对施工方法和架设程序做一番较为深入的研究,并对主梁架设期间的施工荷载给出一个较为精确的数值。

(2)计算图示:连续刚构桥需经过悬臂施工和数次合龙,在施工过程中结构体系不断发生变化,因此在各施工阶段应根据符合实际状况的结构体系和荷载状况,选择正确的计算图示进行分析、计算。

(3)结构分析程度:采用平面结构分析方法基本可以满足对总体线形、内力控制的需要,但对于构造复杂、箱形梁悬臂长度较大的桥梁,还需辅以必要的空间或局部分析。

(4)非线性影响:非线性对中小跨连续刚构桥的影响可以忽略不计,但对大跨径连续刚构桥则有必要考虑非线性的影响。

（5）预加应力影响：预加应力直接影响结构的受力与变形，施工控制中应在设计要求的基础上，充分考虑预应力的实际施加程度。

（6）混凝土收缩、徐变的影响：必须计入混凝土收缩、徐变对变形的影响。

（7）温度：温度对结构的影响是复杂的，通常的做法是对季节性温差在计算中予以考虑，对日照温差则在观测中采取一些措施，予以消除或减小其影响。

（8）施工进度：施工控制计算需按实际的施工进度以及确切的预计合龙时间分别考虑各部分的混凝土徐变变形。

二、施工控制的结构计算方法

第四章中已讲到，桥梁施工控制中的结构分析方法包括正装计算法、倒装计算法以及无应力状态计算法。对于分节段悬臂浇筑施工的预应力混凝土连续梁桥、连续刚构桥，施工控制结构计算的计算方法也采用正装计算法和倒装计算法。

1. 正装计算法

为了计算桥梁结构在成桥后的受力状态，只有根据实际结构的配筋情况和既定施工方案逐个阶段进行计算，最终才能得到成桥结构的受力状态和变形情况。这种计算方法的特点：随着施工阶段的推进，结构形式、边界约束、荷载形式在不断改变，前期结构将发生徐变，其几何位置也在改变，因此，前一阶段的结构状态将是本次施工阶段结构分析的基础。我们将这种按施工阶段前后次序进行的结构分析方法称为正装计算法。正装计算法能够较好模拟桥梁结构的实际施工历程。

（1）确定结构初始状态。主要包括：中跨、边跨（次边跨）的大小、桥面线形、桥墩的高度、横截面信息、材料信息、约束信息、预应力索信息、混凝土徐变信息、施工临时荷载信息、二期恒载信息、体系转换信息等。

（2）基础、桥墩和 0 号块浇筑完成。计算已浇筑部分在自重和外加荷载作用下的变形和内力。

（3）在每一个桥墩上对称、依次悬臂浇筑各块件，直到悬臂浇筑完成，挂篮拆除。计算每一次悬臂浇筑时结构的变形和内力。每一阶段计算均以上一阶段结束时结构变形后的几何形状为基础。

（4）进行边跨合龙（次边跨合龙）、中跨合龙，计算这几个主要阶段结构的内力和变形。

（5）桥面铺装。计算二期恒载作用下结构的内力与变形。

通过以上分析，我们可以看出正装计算法具有以下特点。

（1）桥梁结构在做正装计算之前，必须先制订详细的施工方案，只有按照施工方案中确定的施工加载顺序进行结构分析，才能得到结构的各中间阶段或最终成桥阶段的实际变形和受力状态。

（2）在结构分析之初先要确定结构最初的实际状态，即以符合设计的实际施工结果（如跨径、高程等）倒退到施工的第一阶段作为结构正装计算的初始状态。

（3）本阶段的结构分析必须以前一阶段的计算结果为基础，前一阶段的结构位移是本阶段确定结构线形的基础,以前各施工阶段结构受力状态是本阶段受力分析的基础。

(4)对于混凝土徐变、收缩等时间效应在各施工阶段中逐步计入。

(5)在施工分析过程中严格计入结构几何非线性效应,本阶段结束时结构受力状态用本阶段荷载作用下结构受力与以前各阶段结构受力平衡而求得。正装计算法在一个施工阶段中,新拼装的杆件用激活两个结点间的新单元进行模拟。计算时在施工阶段循环进行,循环结束时分析结果可以是成桥若干年后结构的受力状态。正装计算法程序流程见图7-1。

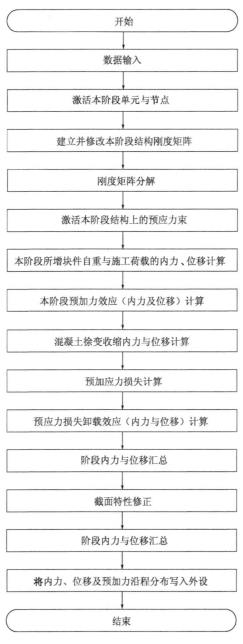

图7-1 正装计算法程序流程图

正装计算法不仅可以为成桥结构的受力提供较为精确的结果,为结构强度、刚度验算提供依据,而且可以为施工阶段理想状态的确定、完成桥梁结构施工控制奠定基础。

2. 倒装计算法

正装计算法可以严格按照设计好的施工步骤进行各阶段内力分析,但由于分析中结构节点坐标的改变,最终结构线形不可能完全满足设计线形。

实际施工中桥梁结构线形的控制与强度控制同样重要,线形误差将造成桥梁结构的合龙困难,影响桥梁建成后的美观和运营质量。为了使竣工后的结构保持设计线形,在施工过程中用设置预拱度的方法来实现。而对于分阶段施工的连续刚构桥,一般要求给出各施工阶段结构物控制点的高程(预抛高),以便最终使结构物满足设计要求,这个问题用正装计算法是难以解决的。

倒装计算法可以解决这一问题,它的基本思想是,假定 $t = t_0$ 时刻结构内力分布满足前进分析 t_0 时刻的结果,线形满足设计轴线。在此初始状态下按照前进分析的逆过程,对结构进行倒拆,分析每次拆除一个施工节段对剩余结构的影响。在一个阶段内分析得到的结构位移、内力状态便是该阶段结构理想的施工状态。结构施工理想状态就是在施工各阶段结构应有的位置和受力状态,每个阶段的施工理想状态都将控制着全桥最终形态和受力特性。

倒装计算法具有以下几个特点:

(1)倒装计算时的初始状态必须由前进分析来确定,但初始状态中的各杆件的轴线位置可取设计轴线位置。

(2)拆除单元的等效荷载,用被拆单元接缝处的内力反向作用在剩余主体结构接缝处加以模拟,这些值可由前进分析计算来得到。

(3)拆除杆件后的结构状态为拆除杆件前的结构状态与被拆除杆件等效荷载作用状态的叠加。换言之,本阶段结束时,结构的受力状态用本阶段荷载作用下结构受力与前一阶段结构受力状态相叠加而得,即认为在这种情况下线性叠加原理成立。

(4)被拆构件满足零应力条件,剩余主体结构新出现接缝面应力等于此阶段对该接缝面施加的预加应力,这是正确进行桥梁结构倒退分析的必要条件。

混凝土的收缩、徐变与结构的形成历程有着密切的关系,徐变应变不仅与混凝土的龄期有关,而且与作用在混凝土构件上的应力、应变有关。因而结构在进行倒装计算时,一般无法直接进行徐变计算。为了解决这一问题,一般应用下述的方法:在进行正装计算时,先不计入混凝土收缩、徐变的影响,计算出结构的内力与变形值,然后再计算出结构计入混凝土收缩徐变后的内力与变形值,两者相减则可以得到每一阶段混凝土收缩徐变产生的内力与位移值,将其保存起来。接着进行倒装计算,按阶段扣除正装计算时相应阶段混凝土时效影响。倒装计算法程序流程如图7-2所示。

三、立模高程的确定

在主梁的悬臂浇筑过程中,梁段立模高程的合理确定,是关系到主梁的线形是否平顺、是否符合设计的与一个重要问题。如果在确定立模高程时考虑的因素比较符合实际,而且加以正确控制,则最终桥面线形较为良好;如果考虑的因素与实际情况不符合,控制不力,则最终桥面线形会与设计线形有较大的偏差。

众所周知,立模高程并不等于设计中桥梁建成后的高程,总要设一定的预拱度,以抵消施工中产生的各种变形(挠度)。其计算公式如下:

$$H_{lmi} = H_{sji} + \sum f_{1i} + \sum f_{2i} + \sum f_{3i} + \sum f_{4i} + \sum f_{5i} + \sum f_{gli}$$
(7-1)

式中:H_{lmi}——i 节段立模高程;

H_{sji}——i 节段设计高程;

$\sum f_{1i}$——由各梁段自重在 i 节段产生的挠度总和;

$\sum f_{2i}$——由张拉各节段预应力在 i 节段产生的挠度总和;

f_{3i}——混凝土收缩、徐变在 i 节段引起的挠度;

f_{4i}——施工临时荷载在 i 节段引起的挠度;

f_{5i}——使用荷载在 i 节段引起的挠度;

f_{gli}——挂篮变形值。

其中挂篮变形值是根据挂篮加载试验,综合各项测试结果,最后绘制出挂篮荷载-挠度曲线,进行内插而得。而 $\sum f_{1i}$、$\sum f_{2i}$、$\sum f_{3i}$、$\sum f_{4i}$、$\sum f_{5i}$ 五项在正装计算和倒装计算中已经加以考虑,倒装计算输出结果中的预抛高值 H_{ypgi} 就是这五项挠度的总和。那么,式(7-1)可改写为:

$$H_{lmi} = H_{sji} + H_{ypgi} + f_{gli} \quad (7\text{-}2)$$

预计高程的计算公式为:

$$H_{yji} = H_{lmi} - f_{gli} - f_i \quad (7\text{-}3)$$

式中:H_{yji}——i 节段预计高程;

f_i——块件浇筑完后 i 节段的下挠值。

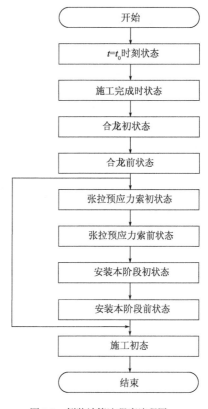

图 7-2 倒装计算法程序流程图

第二节 梁式桥施工控制的目的、内容及方法

连续刚构桥是施工→量测→识别→修正→预告→施工的循环过程,其实质是使施工按照预定的理想状态(主要是施工高程)顺利推进。而实际上不论是理论分析得到的理想状态,还是实际施工都存在误差,所以,施工控制的核心任务就是对各种误差进行分析、识别、调整,对结构未来状态做出预测。

与斜拉桥不同,连续刚构桥在梁段浇筑完成后出现的误差除张拉预备预应力索外,基本没有调整的余地,而只能针对已有误差在下一未浇梁段的立模高程上做出必要的调整。所以,要保证控制目标的实现,最根本的就是对立模高程做出尽可能准确的预测,即主要依靠预测控制。无论施工过程如何,总是以最终桥梁成型状态作为目标状态,以此来控制各施工块件的预抛高值(立模高程)。

连续刚构桥的施工本身就是一个系统工程,对线形的控制可采用带有卡尔曼滤波器的最优控制系统进行。由于梁段的观测值只能在完成梁段浇筑后得到,故只能用前一阶段的观测值来预测后一阶段的状态值。鉴于连续刚构桥已完成节段的不可调整特点以及施工中对线形误差的纠正措施有限,控制误差的发生就显得极为重要,所以,采用自适应控制法对其进行控制是很有效的。自适应控制法的基本思路是当结构的实测状态与模型计算结果不符时,通过将误差输入参数辨识算法中去调节计算模型的参数,使模型的输出结果与实测结果一致,得到修正的计算模型参数后,重新计算各施工阶段的理想状态。经过几个阶段的反复辨识后,计算模型基本与实际结构一致,实现对施工过程有效控制。连续刚构桥施工控制流程如图 7-3 所示。

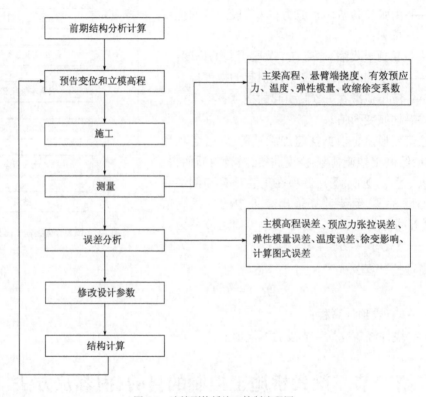

图 7-3　连续刚构桥施工控制流程图

一、施工监测的目的

施工监测是施工监控的重要组成部分。大跨径预应力混凝土连续刚构桥施工监测的目的是在悬臂施工过程中,通过监测主墩和主梁结构在各施工阶段的应力和变形,来达到及时了解结构实际行为的目的。根据监测所获得的数据,首先确保结构的安全和稳定,其次保证结构的受力合理和线形平顺,为大桥安全、顺利建成提供技术保障。

二、施工监测的内容及方法

大跨径预应力混凝土连续刚构桥的主梁在每一节段的施工过程中,都需要观测箱梁顶面、底面的挠度,为控制分析提供实测数据;同时,在节段立模、混凝土浇筑、预应力张拉前后,也需要观测主梁挠度变化和相应的应力变化,以便与分析预测值做比较,并状态修正提供依据。在进行这些观测的同时,还需要对梁体的温度进行观测,对混凝土的弹性模量、徐变收缩系数进行测试;对于预应力钢绞线,还需测定预应力管道的摩阻损失。施工监测的具体内容如下。

1. 主梁结构部分设计参数的测定

在进行结构设计时,结构设计参数主要是按规范取用,不过由于部分设计参数的取值一般小于实测值,因此,大多数情况下,采用规范设计参数计算的结构内力及位移均比实测值大,这对设计是偏于安全的,但对于结构施工控制来说是不容忽视的偏差,因为它将直接影响到成桥后结构线形及内力是否符合设计要求。因此,应对部分主要设计参数提前进行测定,以便在施工前对部分结构设计参数进行一次修正,从而进一步修正原设计线形,为桥梁成桥后满足设计要求奠定基础。

影响结构线形及内力的基本技术参数众多,就其对结构行为影响程度大小而言,可将基本技术参数分为两大类:主要技术参数与次要技术参数。主要技术参数对结构行为影响较大,次要技术参数对结构行为影响相对较小。在这些基本技术参数中,有些参数是可以测定的,而另一些则是难以用试验来确定的。在此只考虑主要的,而且可测定的参数。具体测定工作的进行,应根据该桥所在的自然环境情况、所用材料情况、施工工艺及工序情况来确定。

需测定的参数有混凝土弹性模量、预应力钢绞线弹性模量、混凝土重度、混凝土收缩徐变系数、材料热胀系数、施工临时荷载。

2. 主梁结构变形监测

主梁结构变形监测主要包括:①在每一节段施工完成后(挂篮行走就位后)与下一阶段底模高程定位前的桥面高程观测;②混凝土浇筑前后,预应力张拉前后,挂篮行走前后的挠度观测。为了尽量减少温度对观测的影响,观测时间安排在早晨太阳出来之前。在施工过程中,对每一节段需进行数次(至少一次)的观测,以便观察各点的挠度及箱梁曲线的变化历程,以保证箱梁悬臂端的合龙精度及桥面的线形。

3. 主梁应力监测

主要测试大桥的桥墩和箱梁截面的应力。一般来说,桥墩上测点布置在墩底、横系梁及墩顶截面处。主梁上,测点布置在悬臂根部、$L/4$、$L/2$ 等关键截面上。测试仪器有各种应变仪(应变片)、测力计、应变式测力传感器、钢弦式应力计等。

4. 温度观测

温度是影响主梁挠度的主要因素之一。温度变化包括季节温度变化和日照温度变化两部分。在季节温度变化和日照温度变化两种因素中,日照温度变化最为复杂,尤其是日照作用会引起主梁顶、底板的温度差,使主梁发生挠曲,同时,也会引起墩身两侧的温度差,使墩身产生偏移。而季节温差对主梁挠度的影响比较简单,由于其变化的均匀性,既不会使主梁发生挠曲,也不会使墩发生偏转,而是通过使墩身产生轴向伸缩而对主梁的挠度产生影响。由于日照温度变化的复杂性,在挠度理想状态计算时难以考虑日照温度的影响,日照温度的影响只能通过实时观测来加以修正。日照温差测试一般采用测点埋设铂电阻,引出测试导钱,再用温度测试显示仪进行适当观测,摸清箱梁日照温变的情况。季节温差可采集各节段在各施工阶段的温度,输入计算机中分析其对挠度的影响。

5. 混凝土弹性模量、重度及收缩、徐变系数的测试

混凝土的收缩、徐变对主梁的内力与挠度均有较大影响,应专门进行混凝土 7d、14d、28d、90d 四个加载龄期的徐变、收缩试验,得出相应的收缩、徐变系数和弹性模量值。同时,采用现场取样的方法分别测定混凝土在 3d、7d、14d、28d、60d 龄期的弹性模量值,以得到完整 E-t 曲线,为主梁预拱度修正提供数据。混凝土重度的测定也应现场取样,在试验室用常规方法测定。

6. 管道预应力摩阻损失的测定

本测试目的是定量测定长钢绞线的摩阻损失,以确定实际有效的预应力荷载和预应力筋的延伸量。如果张拉千斤顶不宜回缩,可采用将波纹管开孔、在钢绞线上贴电阻片的方式来进行测量。一般情况下,选择竖弯索和平、竖弯空间索各一组进行。

三、现场主要测试内容

1. 现场测试主要程序

1)主墩施工阶段

根据施工工序,本阶段对主墩的应力和变形进行测量,主要以观测应力为主,掌握应力状态及其变化,同时了解主墩在施工过程中的沉降及墩顶变位情况,为后续主梁施工监控做准备。主要工作内容是埋设应变计截面的应力观测和桥墩沉降观测点沉降观测。

2)主梁 0 号块施工阶段

由于主梁 0 号块采用支架现浇的施工工艺,因此监控的主要内容为落架前后主梁的高程及控制截面应力(应变)变化。

3)主梁悬臂施工阶段

主梁悬臂施工过程中主要对主梁的结构变形和控制截面的应力(应变)进行监测,包括:梁段平面轴线偏位、混凝土浇筑前立模高程测量、混凝土浇筑过程中主梁位移测量、节段施工完成后几何状态测量。主梁应力(应变)主要测试内容包括主梁边、主跨的控制截面的应力(应变)。

主梁采用悬臂浇筑,每个梁段作为一个阶段,每一阶段又分为四个工况。

(1)挂篮立模、轴线定位

施工单位按监控指令中的立模高程进行挂篮定位,并复核其轴向定位,然后由监控单位监测其高程值。本工况测试内容如下。

①主梁高程:针对已完成梁段(包括挂篮上的测点)。其中,必须确保空挂篮处于悬臂支承状态,检测时间应避开局部温差影响,立模高程误差要求小于 ±10mm,测量精度为 ±1mm。

②主梁轴线。其中,桥轴线误差小于 ±10mm,测距精度为 $\pm(1\text{mm} + 1 \times 10^{-6}\text{mm})$,测角精度 ±1″。

(2)浇筑节段混凝土的 1/2

主梁高程:针对本梁段需控制好 1/2 混凝土的质量。

(3)浇筑完成混凝土

主梁高程:针对前3个梁段,进行主梁及墩身应力测试、墩顶偏位测试。其中,需回避或修正温度影响,高程误差控制在±20mm。

(4)主梁预应力张拉完成

主梁高程:已完成梁段、墩顶偏位、控制截面应力应变、预应力钢束的预应力效率测试。其中,每幅纵向预应力筋取至少1束进行预应力效率测试;每幅竖向预应力筋(精轧螺纹钢筋)至少取两根进行预应力效率测试。需回避温度影响,高程误差控制在±20mm。

2.合龙段施工阶段

合龙段施工是全桥的关键阶段,主要内容为主梁的高程和控制截面应力应变的变化,故分为以下四个工况:①安装合龙段平衡重;②合龙段劲性骨架锁定并连续观测24h;③浇筑合龙段混凝土(同步拆除平衡重);④张拉完毕合龙段预应力束。

(1)安装合龙段及平衡重

合龙吊架及平衡重的质量、合龙时挂篮的位置对主梁高程及控制截面的应力影响很大,最终的合龙方案须符合控制分析要求。本工况测试内容包括:①立模高程(复检立模高程准确性);②合龙段两端各3段梁高程。其中,立模高程误差要求小于±5mm;注意回避或修正局部温差影响。

(2)浇筑合龙段混凝土

本工况测试内容:合龙段两端各3段梁高程。其中,挂篮上底模高程误差控制在±20mm以内;以高程控制为主;需考虑日照温差影响并对温度影响进行修正。

3.拆除合龙吊架后

本工况测试内容:①合龙段两端各3段梁高程;②温度。其中,挂篮上底模高程误差控制在±20mm以内;需考虑日照温差影响并对温度影响进行修正。

4.二期恒载施工阶段

本阶段主桥施工已基本完成,主要工作是监测结构的变化与理论计算是否相符,分为以下3个工况:①拆除支架、挂篮;②桥面铺装、护栏、照明等荷载施加完成;③竣工后对全桥进行全面复测。

①、②工况的主要测试内容为:梁底高程、梁顶高程及实际铺装厚度、控制截面应力、墩顶偏位及桥墩垂直度测试、墩台沉降观测、温度场测试。

③工况测试内容为:梁底高程、梁顶高程及实际铺装厚度、控制截面应力、墩顶偏位及桥墩垂直度测试、墩台沉降观测、温度场测试。

四、现场测试方法

1.几何监测及误差控制

1)主梁施工轴线控制

(1)精度指标:测距精度±(1mm+1×10^{-6}mm),测角精度±1″。

(2)主梁轴线由固定控制点直接控制,采用全站仪极坐标测量直接监测每段梁体的轴线和细部结构。

(3)在主梁 0 号块上设置控制点,并纳入平面控制网做整体平差,作为主梁施工测量及检测的固定控制点。

(4)平面控制测量采用不显著影响原则,平面测量中误差应不大于 ±6.5mm。

(5)根据误差分析,全站仪极坐标测量精度在较短距离内主要由控制点相对精度、仪器精度、观测距离、竖角大小、仪器安置精度、测量标志对点精度决定。对于固定测站,同一跨各梁段的轴线控制不受控制点本身误差影响。

(6)采用高精度全站仪。

2)主梁施工挠度控制

(1)精度指标:1mm。

(2)挠度测量采用几何水准或三角高程,在 0 号块上布设基点由高程控制网定期复测。

(3)采用高精度水准仪做往返闭合观测,并考虑风力、温度等因素对桥梁的影响,高差测量中最大误差约为 ±1.0mm(数字水准仪)或 ±2.0mm(光学水准仪)。

(4)受风力等因素影响,悬臂端可能产生抖动,导致水准仪补偿器无法正常工作,此时采用全站仪由 0 号块作单向三角高程测量,观测距离超过 300m 做实时差分处理(后视相近方向的远距离高程控制点实时确定大气垂直折光系数,或后视相同距离的高程控制点削弱折光影响)。

(5)主梁施工过程中,日照温差影响显著:日照引起主梁上缘温度高于下缘,使主梁产生向下弯曲变形。由于日照引起的结构体中的温度场变化非常复杂,与季节、日照情况、结构形式、时间等许多因素相关,为回避其影响,对每一梁段施工的关键性控制工序——挂篮立模高程,混凝土浇筑过程中主梁位移、节段施工完成后几何状态进行测量,挠度测量一般选择在夜晚 23:00 至早晨 7:00 进行,尽量消除温度对施工控制的影响。

(6)每一梁段悬臂端截面梁顶设立 5~7 个高程观测点。其中,当箱梁悬臂板长度较小时,箱顶对应腹板处以及箱梁中线各设 1 个,箱内靠近腹板处各设一个;当箱形梁悬臂板长度较大时,箱顶对应腹板处、悬臂板端以及箱形梁中线各设 1 个,箱内靠近腹板处各设一个。

由于施工过程中主梁顶面不平整,故施工过程中一般只能控制梁底高程,为此,必须在浇筑梁段混凝土后、底模拆除之前测出该梁段梁顶测点至梁底间的垂直距离,以便根据梁段顶面测点的高程换算出该位置处的梁底高程,此值可在张拉梁段纵向预应力筋时予以测定。梁顶测点处必须布置钢筋头编号,并涂红油漆,予以可靠保护。

3)墩台沉降监测

(1)精度指标:沉降精度 1mm,测距精度 $\pm(1mm + 1 \times 10^{-6}mm)$,测角精度 $\pm 1''$。

(2)主墩承台四个角点各设置一个沉降观测点,测点先布置在承台便于观测的可靠位置处;另外在桥墩顶部桥面中心线、左右腹板各设一个测点,测点位置选在墩顶、墩底便于观测的可靠位置处。墩顶、墩底观测点应测出相对坐标,以便监测墩身压缩量。选择附近的高程控制点作为工作基点(点位应坚固),由高程控制网定期复测。观测方法视现场条件采用几何水准或三角高程测量。

(3)几何水准按二等水准标准做往返闭合观测,并采取以下措施:设置固定的置仪点和立

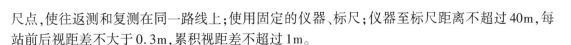

尺点,使往返测和复测在同一路线上;使用固定的仪器、标尺;仪器至标尺距离不超过40m,每站前后视距差不大于0.3m,累积视距差不超过1m。

(4) 采用高精度水准仪。

(5) 三角高程采用差分原理修正大气垂直折光影响,以后视相近方向的远距离高程控制点实时确定大气垂直折光系数,或后视相同距离的高程控制点抵消折光影响。

(6) 一般情况下只选择一个工作基点作为监测基准,以保证监测精度不受基准误差影响。水准基点应远离施工区,并尽可能埋设在基岩上,同时必须保证能长久保存。

2. 应变测试

在每一施工循环各主要工况前后,观测主墩、主梁各控制截面的应力变化,进而确定相应的内力值。结构内的应变通过预埋的应变传感元件测试。

测试断面及位置由计算决定。其中,箱形梁根部截面的应变元件主要用于监测施工过程中、二期恒载施加后以及成桥运营过程中梁内的受力情况;合龙处截面上的应变元件主要用于监测后期预应力张拉、二期恒载施加后及成桥运营过程中梁内的受力情况;主墩截面的应变元件用于监测施工过程中墩的受力情况。

3. 挂篮变形观测

挂篮拼装后、正式使用以前需进行预压,以确认挂篮安全、消除挂篮的非弹性变形和得出荷载-变形曲线,为施工控制中立模高程的调整提供依据。同时,需对混凝土浇筑前后挂篮变形进行观测,以掌握挂篮工作状态。挂篮变形用精密水准仪进行测试。

4. 温度影响测试

观测不同时刻结构典型的温度场和已施工完成的结构在一昼夜内结构变形、应力及应变随温度变化的规律,为施工控制中温度影响的设计,为日照温差下箱梁温差计算模式的确定提供依据。主梁内的温度测试通过主梁内预埋的温度传感器作为传感元件采用相应的温度测试仪进行测试,构件表面温度直接采用相应的温度测试仪进行测试。

通常在每幅桥主跨根部附近选择一个截面作为温度场测点。测点沿顶板及腹板厚度方向布置。在主梁施工期间选择有代表性的天气进行24h连续观测,例如,每个季节选择一个晴天、一个多云天和一个阴雨天。

温度对结构变形和受力影响测试内容包括:主梁高程、墩顶偏位以及相关截面应力应变。测试时间与温度场观测同步。

5. 结构几何及物理参数的检测

测试主梁断面各部分的几何尺寸及混凝土材料的重度、强度和弹性模量,预应力钢绞线的弹性模量、管道摩阻损失,挂篮支点反力及其他施工荷载在桥上布置位置与数值等参数,为结构分析与计算提供更加符合实际的结构几何及物理参数,以使结构的分析结果能真实反映结构的实际受力性能。对挂篮进行加载试验以确定其受力变形性能。混凝土弹性模量的测试主要是为了测定混凝土弹性模量 E 随时间的变化规律,现场取样通过万能试验机,分别测定混凝土在 7d、14d、28d、60d、90d 龄期的 E 值,以得到完整的 E-t 曲线。

6. 裂缝检测

每完成一个悬浇过程,对已浇筑混凝土箱梁段进行表面观测,以确保在出现裂缝的情况下能及时分析其形成原因,采取相应的处理对策。

7. 预应力损失测定

对竖向预应力以及纵向预应力损失进行测定。在预应力钢绞线锚固端安装压力传感器或埋设应力测试原件,以检测张拉全过程中的预应力损失情况,并以此指导校正预应力的张拉。

五、施工控制精度

1. 主墩允许误差

(1) 轴线偏位:10mm;

(2) 墩顶高程:±10mm;

(3) 墩柱垂直度或斜度:0.3%H(墩柱高)且不大于20mm。

2. 节段施工允许误差

1) 节段现浇

(1) 节段浇筑立模高程:±5mm;

(2) 高程:±10mm;

(3) 轴线偏位:5mm;

(4) 局部线形控制精度:相邻节段相对高程误差不超过0.3%(附加纵坡);

(5) 悬臂合龙误差:±20mm。

2) 节段拼装

(1) 基准梁块四角高差的允许误差:±2mm;

(2) 湿接缝第一块箱梁中线允许误差:2mm;

(3) 湿接缝第一块箱梁顶面高程允许误差:±2mm;

(4) 悬臂合龙时箱梁中线允许误差:30mm;

(5) 悬臂合龙时箱梁相对高程允许误差:±30mm。

3) 预应力施工

(1) 有效预应力误差控制范围:(−5%,+5%);

(2) 同断面各束锚下有效预应力偏差:(−2%,+2%)。

3. 成桥控制目标

1) 悬浇施工

(1) 轴线偏位:跨径$L \leqslant 100m$,10mm;跨径$L > 100m$,$L/1000$mm。

(2) 顶面高程:跨径$L \leqslant 100m$,±20mm;跨径$L > 100m$,±$L/5000$mm。

(3) 同跨对称点高程差:跨径$L \leqslant 100m$,20mm;跨径$L > 100m$,$L/5000$mm。

2) 悬拼施工

(1) 轴线偏位:跨径$L \leqslant 10m$,10mm;跨径$L > 100m$,$L/10000$mm。

(2) 顶面高程:跨径$L \leqslant 100m$,±20mm;跨径$L > 100m$,±$L/5000$mm;相邻节段高差,10mm。

(3) 同跨对称点高程差:跨径$L \leqslant 100m$,20mm;跨径$L > 100m$,$L/5000$mm。

六、施工控制预警

在实际施工中,由于各种因素的影响,控制参数实测值与理论值会产生差异,通过有效监控,这种差异不会很大,但考虑到某些非确定因素的影响,确定差值的上限,对保证全桥结构安全、控制效果及监控的顺利进行是十分必要的。监控参数及其在各施工阶段误差限值可按表 7-1 取用。

监控参数误差限值　　　　　　　　　表 7-1

结构部位	控制参数	单　位	上　限
主梁	控制截面正应力	MPa	±1.5
	梁段高程	mm	±20
	同一断面左右高程差	mm	±20
	轴线偏差	mm	±10
	纵向位移	mm	±20
主墩	水平变位	mm	±30
	高程	mm	±20
	控制截面正应力	MPa	±1.5
承台	沉降	mm	5

在施工过程中,监控参数实测值与理论值偏差如大于表 7-1 中上限值时,应查明原因,必要时应暂停施工,参建各方共同研究解决方案。

第三节　梁桥施工控制实例

工程实例一:重庆黄花园大桥施工控制

1. 工程概况

重庆黄花园大桥位于重庆市区,它南起渝中区,北至江北区,是连接重庆南北交通的重要枢纽。其主桥上部结构为 137.16m + 3×250m + 137.16m 五跨预应力混凝土连续刚构,全长 1024.32m。桥面纵坡以主桥中点为变坡点,南侧 2.5% 升坡,北侧 1.1% 升坡。主桥桥面宽 31m,分两幅修建,共六车道。每幅桥箱梁设计采用单箱单室断面,箱梁顶面宽 15m、底面宽 7m,为满足桥面横向布置和减小自重力,箱梁顶面翼缘板设置成 1.5% 向外侧的单向横坡。各墩与箱梁相接的根部断面梁高为 13.8m,各跨跨中和边跨现浇梁段高为 4.3m,其间梁底下缘按抛物线变化。设计荷载为汽车—超 20 级,挂车—120。黄花园大桥总体布置如图 7-4 所示。

单幅桥五跨连续刚构在 4 个主墩上按"T 构"用挂篮分段对称悬臂浇筑,合龙段在吊架上现浇,边跨现浇段在落地支架上浇筑。全桥按对称悬臂浇筑—边跨合龙—边中跨合龙—中跨合龙顺序进行施工。主要施工工序如图 7-5 所示。

2. 施工控制的目的与意义

施工控制的最基本要求是确保施工中结构的安全和确保结构形成后的外形和内力状态符

合设计要求。黄花园大桥采用悬臂浇筑施工,其跨径大,连续孔数多,最终成桥必须经历一个漫长而又复杂的施工与体系转换过程。各施工阶段的模板理论高程值可以通过理论计算得到,但在施工中存在许多误差,这些误差均将不同程度地对成桥目标的实现产生干扰,并可能导致桥梁合龙困难、成桥线形及内力状态与设计要求不符等问题。因此,为确保黄花园大桥施工安全、成桥线形与内力状态符合设计要求,在施工中必须实施有效的施工控制。

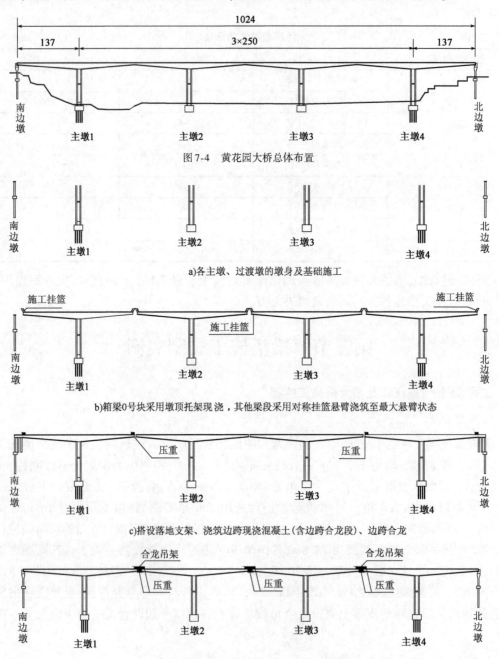

图 7-4 黄花园大桥总体布置

a)各主墩、过渡墩的墩身及基础施工

b)箱梁0号块采用墩顶托架现浇,其他梁段采用对称挂篮悬臂浇筑至最大悬臂状态

c)搭设落地支架、浇筑边跨现浇混凝土(含边跨合龙段)、边跨合龙

d)利用合龙吊架浇筑两个边中跨合龙段、边中跨合龙

图 7-5

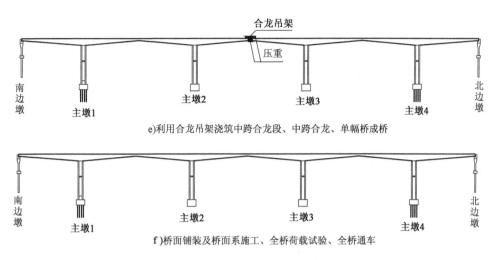

e)利用合龙吊架浇筑中跨合龙段、中跨合龙、单幅桥成桥

f)桥面铺装及桥面系施工、全桥荷载试验、全桥通车

图 7-5　黄花园大桥主要施工工序

3. 施工控制方法与最优控制计算

大跨径连续刚构桥的施工控制是一个施工—量测—识别—修正—预告—施工的循环过程。在施工控制中,需从受到或多或少噪声污染的结构状态中估计出真实的结构状态;同时,为了达到施工控制的最基本要求,即它的最优性能指标,可针对施工过程组成随机最优控制系统,对结构状态理论值与实测值之间的误差进行分析、调整、预测。

黄花园大桥运用工程控制论的思想,采用最优控制理论与计算机相结合的技术,将大桥成桥线形和施工期间结构变化状态,作为线性离散、确定性动态系统最优控制的对象,通过卡尔曼滤波法,建立随机的数学模型和性能指标,用递推滤波的思想,从被噪声污染的状态中估计出真实的状态,并用估计出来的状态变量,按确定性的最优控制规律构成闭环状态反馈系统,求出最优控制变量值,不断对各阶段进行调整、控制、最终达到随机最优控制的目的。

4. 施工控制分析

1)施工控制结构计算模型的建立

在对黄花园大桥各施工阶段实施控制时,将其简化为平面结构,各节段离散为梁单元,四个主墩墩基接合部视为固定支座,两边跨端视为活动铰支座,其成桥结构计算简图如图 7-6 所示。由于主桥合龙前后结构体系将发生转变,即由对称的单"T"静定结构转变为对称的超静定结构,故在合龙前调整时,只需取单"T"分别进行调整。

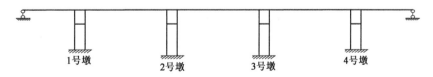

图 7-6　成桥结构计算简图

2)施工控制中的结构分析

对于悬臂施工的连续刚构桥,其后一块件是通过预应力筋与混凝土与前一块件相接而成,因此,各施工阶段都是密切相关的。分析各施工阶段及成桥结构的外形和受力特性必不可少。

为了使结构在最终成桥状态时达到设计要求的各项性能指标,确定各施工阶段结构的线形是桥梁悬臂施工中最重要的任务之一,而预拱度的设置决定了上部结构每一待浇块件线形。预拱度的设置主要基于以下两个原因:①合龙前,一个单跨的两个悬臂端部应该尽可能在同一水平上;②桥梁在施工和运营状态下,上部结构频繁发生上挠或下挠。因此,在上部结构各截面的施工中应该预留容许偏差,以保证在"无限长时间"(15~20年)后结构高程仍然在设计所规定的范围内。

由于建桥材料的特性,施工误差等是随机变化的,因而施工条件不可能是理想状态。为解决上述问题,在黄花园大桥施工中,我们从前进分析、倒退分析、反馈控制的实时跟踪分析三方面入手,相互结合,实现成桥结构在线形、内力各方面满足设计要求的目标。

5. 现场测试与参数识别

为了确保施工控制的顺利实施,施工过程中各项技术参数的准确测定至关重要,它是进行施工控制的必要初始参数,它为施工计算提供了实测依据,是最终实现施工控制目标的关键步骤。下面介绍黄花园大桥现场测试的内容及结果。

1) 应力观测

在大桥上部结构(箱梁)的控制截面布置应力测点,以观察在施工过程中这些截面的应力变化与应力分布情况。结合反馈控制的实时跟踪分析系统(即随机最优控制系统),由反馈控制子系统提供最优可调变量的调整方案,由实时跟踪分析系统分析在计入误差和变量调整之后每阶段乃至竣工后结构的实际状态(这将有利于桥梁结构可靠度的后评估),同时可根据当前施工阶段向后计算至竣工,预告今后施工可能出现的状态并预报下一阶段当前已安装构件或即安装的构件是否出现不满足强度要求的状态,以确定是否在本施工阶段对可调变量实施调整。

(1) 测试仪器的选择

在黄花园大桥上,根据对多种应力测试仪器的性能比较,考虑适合长期观测并能保证足够的精度,选用丹东市电器厂生产的钢弦式应力计和配套的频率接收仪作为应力观测仪器。该应力计的温度误差小、性能稳定、抗干扰能力强,适用于应力长期观测。

(2) 测点布置

应力计按预定的测试方向固定在主筋上,测试导线引至混凝土表面。

上部结构(箱梁)共布置74个应力量测点。拟选择下游靠市中区两侧的两个T构作为箱梁应力观察对象。两个T构的4个根部截面各布置8个测点,除侧板2个测点与水平呈45°方向布置外(测主应力),其余6个测点均为顺桥向布置;其他每个截面各布置6个测点,均为顺桥向布置,具体位置见图7-7。

(3) 应力观测结果

在各测点位置用应力计可测得实际施工状态时箱梁内的应力,并以此来对结构安全进行校

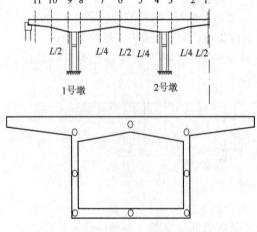

图7-7 上部结构(箱梁)应力测点布置示意图

核。表7-2列出1号墩下游箱梁根部在施工6号块件时的应力观测结果。

应力观测结果　　　　　　　　　表 7-2

测点位置	张拉前应力(MPa)	张拉后应力(MPa)
南底板上游	0.584	0.633
南底板中点	2.361	2.223
南底板下游	0.706	0.659
南上游腹板	0.521	0.738
南下游腹板		
南顶板上游		
南顶板中点	6.641	7.726
南顶板下游	1.455	2.456
北底板上游	3.161	2.862
北底板中点		
北底板下游	1.821	1.675
北上游腹板		
北下游腹板		
北顶板上游	0.952	1.865
北底板中点	5.563	6.859
北底板下游	3.131	4.233

注：1. 弹性模量通过现场取样测得，$E = 3.34 \times 10^4 \text{MPa}$。
　　2. 测得的应变未扣除可能存在的非力学应变。
　　3. 应力结果中正值表示压应力，负值表示拉应力。

2）挠度观测

挠度观测资料是控制成桥线形最主要的依据。根据以往经验，在每个施工块件上布置 2 个对称的高程观测点，这样不仅可以测量箱梁的挠度，同时可以观察箱梁是否发生扭转变形。在施工过程中，对每一截面需进行立模、混凝土浇筑前、混凝土浇筑后、钢筋张拉前、钢筋张拉后的高程观测，以便观察各点的挠度及箱梁曲线的变化历程，以保证箱梁悬臂端的合龙精度及桥面线形。高程控制点布置在距块件前端 10cm 处，采用 φ16 钢筋在垂直方向与顶板的上下层钢筋点焊牢固，并要求竖直。测点（钢筋）露出箱梁混凝土表面 5cm，测头磨平并用红油漆标记。

（1）测点布置

①0 号块件高程测点布置。

布置 0 号块件高程观测点是为了控制顶板的设计高程，同时该观测点也作为以后各悬浇节段高程观测的基准点。每个 0 号块件的顶板各布置 11 个高程观测点，测点位置见图 7-8。

②各悬浇节段的高程观测点布置。

每个节段各设 2 个测点，对称布置在悬臂板与承托的交接点，距离块件前端 10cm 处，在下游幅桥上，上游测点长 56cm，下游测点长 54cm，如图 7-9 所示。

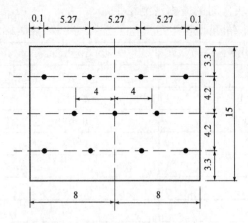 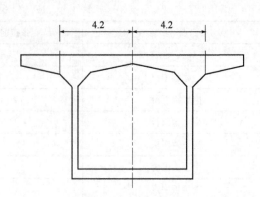

图7-8　0号块件高程测点布置示意图(尺寸单位:m)　　图7-9　悬臂节段高程测点布置示意图(尺寸单位:m)

(2)观测时间与项目

为尽量减少温度的影响,挠度的观测及应力测试应安排在凌晨进行。在整个施工过程中,挠度主要观测内容包括:立模、混凝土浇筑前后、预加力张拉前后以及拆除挂篮后、边(中)跨合龙前、最终成桥前的各项高程值。以这些观测值为依据,进行有效的施工控制。

(3)观测结果

观测结果的正确性是进行最优控制的先决条件。对于每一段施工阶段的挠度及高程的量测,都需经过详细分析。现将挂篮拆除后1号墩各节点高程观测值列于表7-3。

挂篮拆除后1号墩各节点高程(m)观测表　　表7-3

节 段	南 岸		北 岸	
	外侧	内侧	外侧	内侧
1	217.024	216.913	217.516	217.402
2	216.947	216.821	217.609	217.493
3	216.843	216.740	217.701	217.583
4	216.798	216.662	217.746	217.620
5	216.714	216.581	217.837	217.726
6	216.627	216.521	217.945	217.824
7	216.532	216.419	218.017	217.896
8	216.456	216.367	218.097	217.997
9	216.415	216.678	218.197	218.063
10	216.275	216.168	218.257	218.165
11	216.195	216.082	218.366	218.240
12	216.111	215.999	218.472	218.335
13	216.006	215.935	218.550	218.441
14	215.922	215.813	218.641	218.512
15	215.824	215.710	218.725	218.594
16	215.703	215.577	218.815	218.692

续上表

节 段	南 岸		北 岸	
	外侧	内侧	外侧	内侧
17	215.607	215.499	218.888	218.761
18	215.521	215.406	218.960	218.858
19	215.432	215.291	219.041	218.918
20	215.330	215.198	219.146	219.024
21	215.220	215.092	219.235	219.125
22	215.123	214.989	219.341	219.227
23	214.974	214.836	219.439	219.297
24	214.846	214.722	219.531	219.403
25	214.788	214.655	219.660	219.517
26	214.622	214.483	219.705	219.569
27	214.533	214.427	219.803	219.684
28	214.458	214.319	219.892	219.746
29	214.363	214.255	220.000	219.827

3)温度观测

(1)测试仪器

温度观测采用德国进口的 Pt100 薄膜铂电阻,其主要性能指标如下:

①量程: -70 ~ 600℃;

②冰点电阻:100Ω;

③温度系数:1.3850 ± 0.0005;

④精度: ±(0.15 + 0.002t)。

温度测试显示仪器采用美国进口的 FLUKE45 型 5 位数字万用表,其主要性能指标如下:

①分辨率:0.01Ω(折算温度为 0.026℃);

②精度:(0.05% + 0.02)Ω。

温度换算公式为:

$$t = \frac{R_t - 100 - R'}{0.385}$$

式中:R_t——铂电阻阻值;

R'——测试导线阻值。

除采用铂电阻测量混凝土体内温度外,还可采用上海自动化仪表三厂生产的铂电阻表面温度点温计(分辨率为 0.1℃)测量箱梁混凝土的表面温度。用点温计测量具有较大的灵活性,可对任意处的混凝土表面温度进行测量。

(2)测点布置

考虑到各"T"的温度大致相同,故选择一个"T"的一个悬臂(定为1号墩靠岸侧的悬臂)作为温度测试对象。共设2个观测截面,每个截面各布置12个温度观测点。先将测温铂电阻贴在钢筋上,做防潮和防机械损伤处理后埋入混凝土体内,测试导线引到混凝土表面。测点布置见图 7-10。

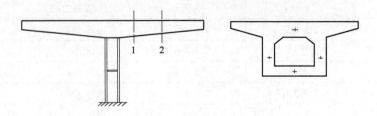

图 7-10 箱梁温度测点布置示意图

4) 混凝土弹性模量及重度的测定

(1) 弹性模量的测定

混凝土弹性模量的测试主要是为了测定混凝土弹性模量(E)随时间(t)的变化过程,即 E-t 曲线。现场取样,通过万能实验机试压,分别测定混凝土在 3d、7d、14d、28d、60d 龄期的值,以得到完整的 E-t 曲线。黄花园大桥分两次现场取样,结果分别见表 7-4、表 7-5。

黄花园大桥 50 号混凝土弹性模量测试记录表　　　表 7-4

编号	加载龄期(d)	抗压强度(MPa)	弹性模量(MPa)	轴心抗压强度(MPa)	徐变加载应力(MPa)	初始变形(μm)
1	7	54.0	4.06×10^4	45.6	18.2	4.74
2	14	59.0	4.00×10^4	48.0	18.2	4.74
3	28	69.5	4.34×10^4	57.5	18.2	4.64
4	90	78.7	4.30×10^4	64.8	18.2	4.40

混凝土弹性模量测试表　　　表 7-5

龄期(d)	混凝土弹性模量测试值(MPa)	
	1 号墩 8 号块件(室内养护)	1 号墩 9 号块件(现场养护)
3	3.40×10^4	
7	3.84×10^4	4.03×10^4
14	4.16×10^4	

(2) 重度的测定

混凝土重度的测定是在现场取样,采用实验室的常规方法进行测定。其测试记录见表 7-6。

混凝土重度测试表　　　表 7-6

测次	容重筒质量(kg)	总质量(kg)	混凝土净质量(kg)	混凝土重度(kN/m³)
1	1.7	13.9	12.2	24.2
2	1.7	14.0	12.3	24.6
3	1.7	13.8	12.1	24.2
混凝土重度平均值(kN/m³)				24.4

5)钢绞线管道摩阻损失的测定

在进行钢绞线张拉时,由于管道摩阻会造成预应力不同程度的损失。本测试项目旨在定量测定钢绞线管道摩阻损失,以确定有效的预应力。

(1)测试仪器

采用电阻应变片和电阻应变仪进行测量。

(2)测点布置

在实际施工过程中,对 1 号墩 10 号块件的 N19、N20 两根钢索的张拉过程进行了测试。N19、N20 钢索分别有 22 根钢绞线,各选取其中 2 根,在南端、$L/4$、$L/2$、北端 4 个截面上布置测点。在预定的测点位置将波纹开孔,然后在钢绞线上布片,每测点位置视操作空间的大小布置 1~2 个应变片。选 2~3 种典型长度的钢绞线作为测试对象,每种钢绞线沿长度方向设 4~5 个测点。本次测试共布置应变测点 32 个,即每次钢绞线在 1 个截面布置 2 个测点。

(3)测试结果

在 100% 张拉及 105% 超张拉荷载下,N19、N20 两根钢索的各测点位置的应力结果见表 7-7。

钢绞线管道摩阻损失测定表　　表 7-7

张拉荷载(kN)	测点编号	南端(MPa)	平均值(MPa)	$L/4$(MPa)	平均值(MPa)	北端(MPa)	平均值(MPa)	$L/2$(MPa)	平均值(MPa)
4301	N19-1	1005	898	664	672	760	745	873	873
	N19-2	787		680		731		873	
4516	N19-1	1092	1092	701	711	814	802	951	951
	N19-2			721		791			
4301	N20-1		875	695	722	725	762	827	869
	N20-2	875		749		800		911	
4516	N20-1		928	727	758	767	802	882	926
	N20-2	928		786		837		969	

注:应力计算取实测弹性模量。

从上表可以看出,$L/4$ 处应力最小,故选用该值计算摩阻系数。因此,N19 钢索摩阻系数:

$$\mu_1 = \frac{896 - 672}{896} = 0.25;$$

$$\mu_2 = \frac{1092 - 711}{1092} = 0.349。$$

N20 钢索摩阻系数:

$$\mu_1 = \frac{875 - 722}{875} = 0.175;$$

$$\mu_2 = \frac{928 - 758}{928} = 0.183。$$

6)施工控制的实现与结果

在建立了正确的模型和性能指标后,就要依据设计参数和控制参数,结合桥梁结构的结构状态、施工工况、施工荷载、二期恒载、活载等,输入正装计算系统中。从正装计算系统中可获得结构各施工阶段的内力和挠度及最终成桥状态的内力和挠度。然后,假设成桥时达到理想状态的各阶段预抛高值,得出各施工阶段的立模高程以及混凝土浇筑前、混凝土浇筑后,钢筋张拉前、钢筋张拉后的预计高程。

立模高程为:

$$H_{lm} = H_{sj} + H_{ypg} + f_{gl} \tag{7-4}$$

式中:H_{lm}——立模高程;

H_{sj}——设计高程;

H_{ypg}——计算所得预抛高值;

f_{gl}——挂篮变形值。

预计高程为:

$$H_{yj} = H_{lm} - f_i - f_{gl} \tag{7-5}$$

式中:f_i——浇筑当前块件的下挠值或张拉钢筋后的总下挠值。

但是,实际施工状态与理想的施工状态是有差别的,这就是说如果按照计算的预抛高值施工,最终成桥状态不一定是理想的状态。这时,具有反馈控制的实时跟踪分析系统就是实现桥梁结构施工控制的关键。通过卡尔曼滤波器预告各阶段的实际状态值,再由最后的最优控制,结合实际观测值,得出最优调整方案,最终完成整个控制过程。其整个施工控制流程如图 7-11 所示。

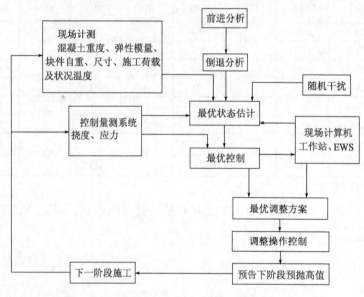

图 7-11 黄花园大桥施工控制流程图

(1)输入数据

输入文件包括两部分数据:一是结构计算数据,二是控制数据。

①结构计算数据。

成桥结构计算简图如图 7-6 所示。将黄花园大桥下游桥分成 328 个节点、325 个单元。4 个主墩墩底成桥采用固定支座,2 个边跨的连接采用链杆支座。截面抗弯惯性矩、截面面积及截面高度均采用设计方案提供的资料,并以此来划分材料的类型。其中,混凝土的弹性模量取

值为 4.04×10^4 MPa;预应力索信息根据预应力索的几何要素及计入预应力索的摩阻损失来获得;徐变收缩信息主要是依据《公路钢筋混凝土及预应力混凝土桥涵设计规范》(JTJ 023—1985)中的公式并考虑环境温度、理论厚度和收缩应变终值,并结合黄花园大桥的实际施工条件而取定的;在结构计算中,荷载主要考虑自重荷载。依据上述因素输入数据,便可计算出结构静力部分的挠度和内力,为将要进行的施工控制计算提供结构部分的数据。

②控制数据。

控制数据是按大桥施工阶段顺序来输入的。在每一施工阶段,输入相应的新增单元、张拉的预应力索、新增的约束信息、施工阶段荷载控制信息及徐变单元的信息。对于温度,由于测量选在早晨太阳出来之前进行,消除了日照温差的影响,故暂不考虑温度的影响。根据上述数据,可进行正装计算与倒装计算分析,计算每一施工阶段的理想预抛高值。

然而,实际的施工状态与理想的施工状态是有差别的,因此需要用"滤去噪声污染"的思想来对实桥进行控制。对于黄花园大桥,当2号墩26号块施工完成时,发现在2号墩26号块南岸高程的实际测量值与设计值之差为14.4cm,而北岸实际测量值与设计值之差为12.1cm,故考虑从27号块开始调整立模高程值,设 $k=27$。相应地,1号墩26号块北岸高程的实测值与设计值之差为10.6cm,3号墩26号块南岸实测值与设计值之差为5.4cm。预计浇完29号块后,2号墩26号块北岸将下挠7.4cm,3号墩26号块南岸将下挠7.0cm,而2号墩26号块南岸将下挠7.0cm,北岸将下挠8.2cm,所以在成桥时,预计2号墩26号块垂直位移 $Z_{26} = (Z_{26}^1 \quad Z_{26}^2)^T = (0.074 \quad 0.039)^T$,1号墩26号块北岸实测值为3.2cm,3号墩26号块南岸实测值为 -1.6cm。在合龙点处,第二跨相差5.3cm,第三跨相差1.15cm,即最终终点调控值 $\delta_0 = (-0.053 \quad -0.012)^T$。立模误差或高程放样误差的均方差为 δ^2。可预计立模高程与实际立模高程的值,利用极大似然法进行求解。本次调整收集了所浇筑块的实际立模高程,用极大似然法得出 $\sigma_1^2 = 0.00084\text{m}^2$。同理,可用同样的步骤计算出测量误差矩阵 R,其中,$\sigma_2^2 = \sigma_3^2 = 0.00064\text{m}^2$。程序中的输入数据 W''_k 和 ϕ_{k-1} 均可事先由结构计算得出。由于 Λ_k 的求解是逆序的,所以需输入 W^U_{N-1}、W^U_{N-2}、$\cdots$、W^U_k 及 ϕ_{N-1}、ϕ_{N-2}、$\cdots$、ϕ_{k-1} 数据。这里,$N=30$,表明共有30个阶段,可调阶段为29个阶段,当达到 $N=30$ 时,终点状态应满足理想值。根据控制规律,还需输入 Z_{k-1} 阶段的观测值,便可计算出 k 阶段的调整值及 k 阶段的最优估计值。同样的,可对大桥施工过程中的任一阶段进行跟踪,当发现实测值与设计值偏差太大时,便可对其进行调整。在整个大桥的施工过程中,分别对1、2、3、4号墩的某些偏离理想状态的浇筑块进行了调整,部分运用随机最优控制理论进行计算,具体结果如下。

(2)输出结果

将上述输入数据填入输入文件中,便可计算出2号墩从27号块开始的立模高程的调整值和垂直位移的最优估计值,其输出结果见表7-8。

2号墩27~29号块立模高程调整值和垂直位移最优估计值计算结果　　表7-8

块件号	观测值(m)		预抛高调整值(m)		控制点-控制方向的垂直位移(m)	
	南岸	北岸	南岸	北岸	南岸	北岸
27	0.074	0.039	-0.062	-0.017	0.051	0.027
28	0.060	0.030	-0.029	-0.010	-0.005	0.013

续上表

块件号	观测值(m)		预抛高调整值(m)		控制点-控制方向的垂直位移(m)	
	南岸	北岸	南岸	北岸	南岸	北岸
29	0.005	−0.008	−0.016	−0.0003	−0.027	−0.011

上表中控制点-控制方向的垂直位移为预计在成桥状态时当前块件的垂直位移,若要计算当前施工阶段完成后的垂直位移,需运用结构计算部分进行换算。

同理,可对其他发生偏离设计高程较大的块进行调控。表7-9为对3号墩17号块开始调整的结果,此时,$k=17$,$\delta_0 = (-0.064 \quad -0.073)^T$,$W_k^U$需从$k$为17~29输入13个数据,而$\phi_k$的$k$为16~29。

3号墩17~20号块件立模高程调整值和垂直位移最优估计值计算结果　　表7-9

块件号	观测值(m)		预抛高调整值(m)		控制点-控制方向的垂直位移(m)	
	南岸	北岸	南岸	北岸	南岸	北岸
17	0.044	0.079	−0.010	−0.023	0.031	0.055
18	0.023	0.051	−0.008	−0.018	0.016	0.029
19	0.023	0.034	−0.008	−0.016	0.012	0.014
20	0.009	0.021	−0.007	−0.014	0.002	0.003

依照此方法,可对各墩各块进行实时调整,图7-12、图7-13示出了3号墩经调整后的设计高程、实际高程及预测高程的曲线对比情况。

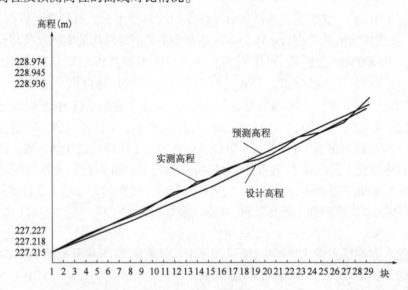

图7-12　3号墩北岸高程曲线图

从图中可以看出,各号块的实际高程与预测高程和设计高程的变化趋势是大致相同的,实际高程是围绕着预测高程和设计高程上下波动的,当施工到最大悬臂状态时(即施工完29号块),实际高程总是与设计高程和预测高程趋于一致。但由于全桥尚未合龙,高程值还会有一定的变化。现将挂篮拆除后各跨在合龙处的相对高程列于表7-10。

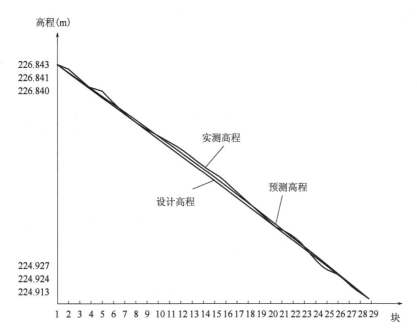

图 7-13 3号墩南岸高程曲线图

挂篮拆除后各跨在合龙处的相对高程(m)　　　　表 7-10

位置		高程	1T29 号块北岸	2T29 号块南岸	相对值	差值
第二跨	外侧	测点实测高程	219.862	220.017	-0.155	-0.090
		测点设计高程	219.863	219.928	-0.065	
	内侧	测点实测高程	220.020	220.148	-0.128	-0.064
		测点设计高程	219.990	220.054	-0.064	

根据最后合龙的资料,边跨合龙时,1号墩南岸悬臂实测高程与设计高程相差7.8cm(1号墩南岸悬臂上还将作用一个4000kN的特殊梁段重力),4号墩北岸悬臂实测高程与设计高程相差2.0cm;边中跨合龙时,1号墩北岸悬臂与2号墩南岸悬臂实测高程与设计高程相差1.1cm,3号墩北岸悬臂与4号墩南岸悬臂实测高程与设计高程相差0.8cm;中跨合龙时,2号墩北岸悬臂与3号墩南岸悬臂实测高程与设计高程相差2.3cm。从黄花园大桥下游幅的施工控制可看出,最终合龙时高程与成桥线形均在设计允许误差范围内,且最终线形良好。

工程实例二:重庆万州大桥施工控制

1. 工程概况

重庆万州大桥地处三峡库区移民开发区的万州区境内,桥跨布置为:4×25m简支预应力空心板+(75.4m+3×120m+75.4m)钢管混凝土组合空间桁架连续刚构+3×25m简支空心板,全桥长709.80m。桥面全宽:净—15m(行车道)+2×2.5m(人行道)+2×0.25m(栏杆),全桥宽21.5m。桥面板厚22cm,为单向连续板。桥面铺装为40号钢纤维防水混凝土。荷载标准:汽车超—20级,挂车—120,人群—3.5kN/m²。桁架节点间距6m,上弦为$\phi 450\times 10$和$\phi 450\times 16$钢管,下弦为$\phi 500\times 13$和$\phi 500\times 16$钢管。钢材材质均为Q345c。主桥墩为双肋柔性薄壁墩,宽11.5m、厚1.0m、双肢间距6.0m,墩高44.9~67.9m不等,引桥及交界墩为双柱式薄壁空心墩。主墩旁设置的钢管混凝土空间三角形托架与全焊钢管混凝土空间桁架形成变截面连续刚构桥,如图7-14所示。

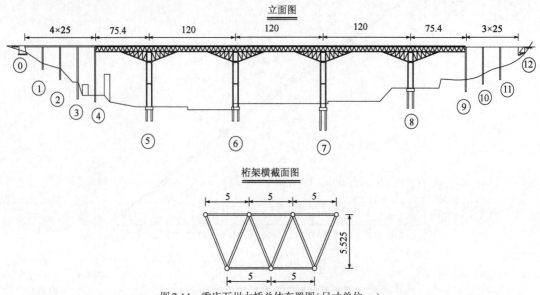

图7-14 重庆万州大桥总体布置图(尺寸单位:m)

重庆万州大桥设计采用以下总体构思:①以钢管混凝土空间桁架组合结构取代实体箱形结构,以减轻自重。②施工借鉴组合梁常用方法:先平移钢管空间桁架就位,然后灌管内混凝土,再施工桥面系,使全桥截面逐渐完成。

2. 重庆万州大桥全焊钢管空间桁架的顶推施工工艺

由于此种桥型比较新颖,目前尚无十分成熟的施工工艺,所以施工中借鉴预应力混凝土箱梁顶推施工工艺和国内类似的紫洞大桥工程经验,制定了重庆万州大桥钢管空间桁架的顶推施工工艺。

1) 多点自动连续顶推施工工艺

重庆万州大桥主桁顶推的最大的难点在于,其主墩为薄壁柔性高墩,所以在施工中采用了多点自动连续顶推施工工艺。多点自动连续顶推施工技术关键:要求每个墩上水平千斤顶施力的大小应根据桥墩所受滑动摩擦力大小来确定,即千斤顶施力与摩擦阻力基本平衡,柔性桥墩基本不受水平力或水平力尽可能小。其数学表达式为:

$$|F_i - (\mu_i + k_i)N_i| \leq [F_{许}] \tag{7-6}$$

式中:F_i——各墩上的水平千斤顶所施加的力;

μ_i——摩擦系数;

k_i——上坡阻力系数;

N_i——由桁架自重及施工荷载引起的桥墩上的垂直荷载;

$F_{许}$——各墩允许承受的水平力。

重庆万州大桥多点自动连续顶推施工工艺总结为:多点顶推、实时调压、差值限定、集中控制。

多点顶推:即施力点是分散的,多个顶推点。

实时调压:各墩上液压站可根据需要随时调整压力。

差值限定:一方面限定总顶推力和总阻力之间的差值,既限定

$$0 \leqslant \sum F_i - \sum (\mu_i + k_i) N_i \leqslant |F_{许}| \tag{7-7}$$

以减少对桥墩的反复冲击,也限定每个墩上的顶推力和阻力的差值[式(7-7)应用于每一个墩]。

集中控制:相对于以往顶推连续梁的多点顶推施工中控制每个墩的施力而言,所谓集中控制是在满足差值限定的前提下,顶推过程中集中控制顶推力变化最大的两个墩(导梁要上墩及导梁刚过墩),其余墩均按一定的摩擦系数和一定的支反力考虑施力大小,即 $F_i = (\mu_i + k_i) N_i$,过程中不再调整。

该工艺有以下优点:

(1)应用多点自动连续顶推系统进行顶推施工,只在启动时克服静摩擦力,启动后仅克服动摩擦力,而匀速运动。每次顶推时,只在启动时使桥墩产生一次正(负)弯矩变化,减少了间断式顶推中由于正(负)弯矩反复变化而使桥墩及支墩反复摆动的现象,使施工的安全性、可靠性得到提高。

(2)大大加快了顶推速度。间段式顶推中在千斤顶活塞回程时,顶推即停止;而自动连续顶推系统当一个活塞回程时,另一个活塞正好前进,这样顶推可连续进行,其顶推速度可明显得到提高。

(3)简化了操作程序,改善了劳动条件。自动连续顶推可由主控台集中控制,放好滑块后可自动连续进行顶推。

2)顶推施工方案

(1)概述

重庆万州大桥钢管桁架总长 510.54m,分 43 段组拼(除第一和最后一段长度为 9.27m 外,其余均为 12m)。桁架在磨刀梁引道大样平台上焊成 12m 基本段,然后由门式起重机吊运至组拼平台组拼。由于受高差影响,组拼平台设在 0 号台和 2 号墩之间,长 60m。除桁架组拼平台外,3 号墩、4 号墩旁设万能杆件临时墩,主孔范围内设置 5 个临时支墩。顶推总体布置如图 7-15 所示。

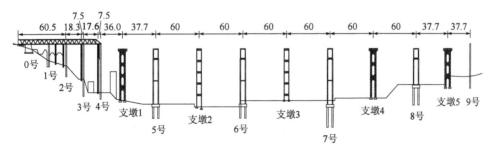

图 7-15 重庆万州大桥顶推总体布置图(尺寸单位:m)

通过设在控制室的一个主控顶推点控制 2 号墩、4 号墩、支墩 1、5 号墩、支墩 2、6 号墩、支墩 3、7 号墩、支墩 4、8 号墩、支墩 5 的上下游共 22 点,按最多时使用 20 台水平千斤顶考虑。

顶推桁架总重17260kN，若摩擦系数以0.1考虑，水平牵引力需1730kN；桁架最大悬臂时单个支点反力为1850kN，摩擦系数取0.1，则摩擦力为185kN。选用YDCLT200连续顶推水平千斤顶，其顶推力200kN。这种千斤顶是由两个分别装有夹紧装置的穿心式千斤顶纵向串联而成，可以交替顶推，周而复始动作，可以使被顶推的桁架一直匀速向前运动。

"顶进"按钮能控制20台千斤顶工作，使其自动连续顶推。但只要有一个顶推点发生故障，操作人员按"急停"按钮，主控台的电路装置就能自动使全桥停顶。

安装在每个墩上桁架两侧的控向器，通过控制下弦管的位置，以大致控制桁架的中心位置，使桁架在运行中不至于偏离桥轴线太大，并控制桁架在达到顶推前方墩时能进入正常运行区域。

轴线偏移过大时，就启动控向千斤顶将桁架顶回。

为使桁架顺利安装到前方墩上，在桁架的前端安装导梁。导梁端头设有支点，通过手动千斤顶可方便地垫起导梁，使桁架端头顺利上滑道。

每个墩上设两条滑道，通过滑道与垫在桁架下弦边管节点下的滑块之间相对滑动实现桁架的前移。

顶推张拉索使用270级$\phi^s15.24mm$高强度低松弛钢绞线。每组拉索用1根钢绞线，锚固端用P型锚具，张拉端千斤顶自锚。

为增强墩的稳定性，使其水平偏位控制在允许范围内，还用6根$\phi^s15.24mm$钢绞线预张400kN，把主墩、临时墩、临时支墩与两岸地锚串联起来。

（2）桁架顶推平移施工的阶段划分

考虑到尽量缩短桁架大悬臂时间，将桁架顶推施工分为13个阶段，见图7-16。

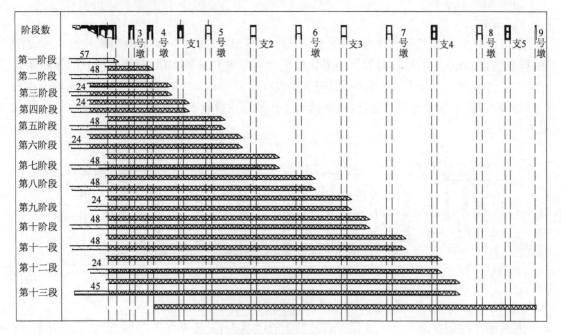

图7-16　重庆万州大桥主桁顶推阶段图

3)顶推施工控制

根据重庆万州大桥空间桁架顶推施工中的主要特点(柔性高墩、钢管桁架刚度小、顶推跨度大),确立顶推施工控制的主要目的:①控制顶推力,使每个主墩上的水平力较小,并监测主墩的水平偏位,确保主墩在顶推过程中的安全;②监测主桁挠度和轴线偏离,保证顶推顺利进行;③监控桁架最大悬臂端部的杆件应力。本桥施工控制采用开环控制的方法。

(1)顶推力的确定

根据顶推工艺"差值限定"的原则,首先用空间结构计算软件建立桁架空间模型,计算各走板位置每前进6m(一个节间)的支反力,然后按照实测的走板与滑道之间的静摩擦系数,计算走板下的摩阻力,再根据摩阻力确定各千斤顶需施加的顶推力。摩擦系数根据施工中的实际情况逐步调整。

以第四次顶推施工为例,具体介绍千斤顶施力方案。本次顶推总长153m,顶出48m,理论计算的每顶推6m各墩支反力见表7-11。

各 墩 支 反 力　　　　　　表7-11

千斤顶位置	顶推分段(m)								
	0~6	6~12	12~18	18~24	24~30	导梁上5号墩	30~36	36~42	42~48
	桥墩支反力(kN)								
1号墩	630	620	580	—	—	—	—	—	—
2号墩	730	620	580	1050	970	930	830	730	640
4号墩	640	610	570	510	420	590	590	590	580
支墩1	400	520	660	810	980	700	720	720	700
5号墩						140	230	330	460

静摩擦系数按上次顶推实测值0.085考虑,滑动摩擦系数按上次实测值0.064考虑,计算对应于表7-11的摩阻力,即各千斤顶应施加的力,见表7-12。

各千斤顶每段施加的力　　　　　　表7-12

千斤顶位置	顶推分段(m)								
	0~6	6~12	12~18	18~24	24~30	导梁上5号墩	30~36	36~42	42~48
	施加的力(kN)								
1号墩	54	40	37	—	—	—	—	—	—
2号墩	62	40	37	67	62	60	53	47	40
4号墩	55	40	37	33	27	38	38	38	38
支墩1	34	33	42	52	63	45	45	45	45
5号墩						15	20	30	

按此表中数值即可确定千斤顶液压泵站的理论油压。

(2)柔性墩水平偏位监控

对柔性墩顶推而言,墩顶水平偏位监测最重要,偏位过大时必须调整顶推力。测量仪器采用精密经纬仪。重庆万州大桥桥墩水平偏位控制值见表7-13。

各桥墩水平偏位控制值　　　　　　　　表 7-13

墩名	4号墩	支墩1	5号墩	支墩2	6号墩	支墩3	7号墩	支墩4	8号墩	支墩5	9号墩
控制值(cm)	±5	±12	±5	±12	±5	±12	±5	±10	±5	±9	±5

通过理论计算确定的千斤顶施力大小,在实际顶推时根据实测墩偏位情况进行调整,以确保柔性墩的安全性。

(3) 主桁挠度监控和偏位

①挠度。

悬臂端挠度可表现桁架的线弹性情况。挠度过大或突然增大过快都是危险信号,所以在顶推过程中,特别在第一次跨越最大悬臂时,需监测桁架的挠度。实际监测桁架的挠度略小于理论计算挠度,说明实际刚度略大于理论计算刚度。

②桁架轴线偏位。

由于桁架刚度较小、重量较轻,且顶推时存在其他不可预料的因素,顶推过程中轴线较易偏位。所以,顶推过程中始终有一台精密经纬仪用于测量桁架的偏位,随时通知主控台调整轴线,轴线的调整在行进中实现。

(4) 主桁悬臂根部应力监测

主桁悬臂根部应力监测主要监测最大悬臂时钢管桁架悬臂根部各杆件的应力。由于现场长期测试应力误差较大,不易控制,所以在实际监控中一方面选择测试效果较好的钢弦应变计,另一方面在监测过程中尽可能消除读数漂移和其他影响。

为了消除或减少读数漂移和其他影响,实测时均在顶推前测得初读数,实际计算中再扣除初读数和前一顶推阶段完毕后的差值,而且测量时尽可能避开日照温度较高的时段。对实测应力和理论计算的应力进行比较,判断桁架受力是否合理。表 7-14 为第六次顶推至最大悬臂时的桁架悬臂根部应力情况。

第六次顶推至最大悬臂时的桁架悬臂根部应力　　　　　　　　表 7-14

杆号	上弦9-1底	上弦9-1侧	上弦9-2侧	上弦9-3上	上弦9-3底	上弦9-3侧	上弦9-4上	上弦9-4侧
应变(με)	286	259	354	290	315	411	576	306
应力(MPa)	58.9	53.4	72.9	59.7	64.9	84.7	119	63.0
理论应力(MPa)	73.1	73.1	79.2	79.2	79.2	79.2	73.1	73.1
杆号	腹杆18-1	腹杆18-4	腹杆19-2	腹杆19-3	下弦8-2	下弦9-2		
应变(με)	−237	−5	97	35	−422	−339		
应力(MPa)	−48.8	−1.0	20.0	7.2	−86.9	−69.8		
理论应力(MPa)	−42.4	1.6	26.9	17	−68.9	−64.3		

注:表中杆件编号连接线前为桁架立面自前端开始的编号,连接线后为桁架横断面上自左向右的编号。受拉为正。

通过先进的施工工艺和周密的监控系统,重庆万州大桥全焊空间钢管桁架架设得以顺利安全完成,为这种新颖的结构形式的推广提供了有力的技术支持。

第八章 拱式桥施工控制

第一节 概　　述

在各种桥梁中，拱式桥梁结构形式与施工方法均为最多。在不同的施工方法下，其施工控制也各具特点。总体来讲，拱式桥梁施工控制分为两个阶段：一是主拱圈形成阶段；二是拱上结构形成阶段。

在主拱圈形成阶段的施工控制中，影响施工控制的因素主要是主拱圈形成方式。主拱圈的形成方式主要包括以下几种。

(1) 主拱圈在支架上形成，其又分为常见的、大量的外置式拱架上形成和大跨径钢筋混凝土拱桥采用的埋置式拱架(劲性骨架)上形成两种。

(2) 主拱圈通过预制吊装方式形成。

(3) 主拱圈通过悬臂浇筑(拼装)方式形成。

(4) 主拱圈通过转体方式形成等。

对于外置式拱架施工，拱架一经形成，在施工中就基本上不允许人为改变(主要是指拱架顶面线形与高程)，所以，要求对拱架预拱度及其设置方式做出较为准确预测。拱架形成后的施工过程控制重点在于，拱架与先期形成的拱环结构行为监测与控制。对于埋置式(劲性骨架)施工，其骨架是拱圈形成的基准，所以，必须对骨架的无应力加工和形成后的状态(特别是几何状态)做出正确预测，把好控制的第一关。在骨架形成后进行的施工采取的是自架设方式，拱轴线形成与内力状态随着拱圈的逐渐形成而不断变化，考虑到在拱圈形成后的调整余地很小，所以，对施工过程中的跟踪控制就显得非常重要。对于预制吊装施工，包括上述劲性骨架的形成，由于预制拱段形成后，在吊装过程中，拱段几何状态(轴线长度)难以改变，同样需对拱段无应力加工状态做出正确预测，考虑到预制吊装施工通过多段拱肋在空中组装而完成，在什么样的状态下进行拱段接头处理以及处理到什么程度(固结还是临结)将直接影响成拱状态。若考虑拱圈一次成形，则必须把握好接头连接时机与结构状态，若考虑在成拱前做一定的调整，则应使其具备调整的余地。另外，拱肋在吊装过程中的稳定性控制是不可忽视的。对于悬臂施工这种自架设方式，其特点与悬臂施工梁桥一样，已成结构具有不可调整性，所以，对其进行预测控制是必不可少的。对于转体施工，在成拱前拱圈结构已形成，结构脱离支架时的状态要特别注意，在转动期则主要在于状态监测，合龙时机以及是否需做技术处理对成拱以后的受力状态影响较大，所以须做好控制。

以上所述内容适用于所有具有外部推力的上、中、下承式简单体系拱和桁架拱，对于无外部推力的系杆拱圈的形成，随着系杆拉力的逐渐增大，在某个特定状态下该拉力必须恰到好处，从而使之成为施工控制的另一个重点，且将一直延续到桥梁的形成。

在拱上结构形成阶段无论哪种形式拱桥，其拱的最终受力与变形状态一般是确定的，但拱圈在施工过程中的受力、变形及稳定性将直接取决于拱上结构的施工程序,稍有不慎就可能使拱圈破坏,所以,拱上结构形成阶段施工控制的实质就是被动监测与调整。

第二节 拱式桥梁的施工控制内容与方法

一、外置式拱架施工的拱桥

外置式拱架施工法的特点是施工简便,但由于拱架结构物构造复杂(特别在大跨径时),对施工过程的模拟理论分析较难反映实际情况,所以,对施工过程的监测与控制极为重要。

外置式拱架施工的拱桥施工控制目标如下:

(1)确保拱圈形成过程中拱架的受力与变形在容许范围内,从而保证其安全。

(2)确保拱圈在形成过程中先期形成部分(主要对分环形成而言)以及模架过程中拱的受力、变形、稳定状态在控制范围内,避免结构出现开裂等。

(3)保证拱圈(落架以后)在拱上结构形成过程中的受力、变形与稳定满足要求。

由上述可知,主要控制内容包括拱架线形受力、稳定、拱圈的受力状态和稳定性。控制的一般方法是在设计的拱圈及拱上结构形成方式(程序)下,结合实际情况对拱架的受力、变形及拱圈在拱上结构施工时的受力、变形及稳定性做出正确预测,然后对跟踪监测与理论计算进行比较、误差分析,通过对后续施工程序的适时调整,使上述各项控制指标处于允许值以内。

二、劲性骨架混凝土拱桥施工

劲性骨架混凝土拱桥的显著特点是施工中的自架设,属于埋置(内置)式拱架施工,施工方法与步骤影响和决定结构的最终应力与变形。劲性骨架混凝土拱桥施工技术与大跨悬索桥的空中架线法一样,也是一个自我架设体系(Self-erecting System),整个桥梁结构的最终形成是以先期形成的桥梁组成部分为支撑,承受后期施工荷载和进行桥梁后期部分的施工,如此循环来形成全部结构。正是这种自我架设的思想,使得劲性骨架混凝土拱桥比传统的施工方法更进一步,其主要优势如下:

(1)吊装架设钢筋混凝土(RC)预制拱箱变为吊装轻型拱桁架。

(2)一次形成拱箱改为分环分段多次形成拱箱,并使先期浇筑的混凝土层参与钢管混凝土拱桁架共同作用,承受后期施工荷载。

(3)拱架变为轻型拱式支架,并使之成为营运阶段的受力钢材。

这些优点解决了长期制约钢筋混凝土拱桥向超大跨发展的难题,降低了施工危险性,使得修建跨度200m以上,乃至400~500m的超大跨拱桥得以实现;同时,这些"改变"也使得这种桥型具有以下主要设计、施工技术难点。

(1)劲性混凝土拱桥的施工步骤(即使不考虑材料、几何非线性)对桥梁最终构成的应力分布和变形影响很大。因此,这类施工体系除了要求严格按指定的步骤施工外,最好要有理论分析,以及施工技术上可行的控制体系。然而在施工中,要进行较大的内力、挠度调整通常是很困难的,这不同于斜拉桥可以通过索力调整而容易实现。

(2)劲性骨架混凝土拱桥中混凝土受时间、施工温度效应影响较大。拱圈是由各个截面逐步形成的,通常经较短的混凝土养护龄期后就要进行下一步骤施工,徐变收缩对挠度和内力分布的影响也大。而且施工过程长,各环混凝土浇筑在已成结构上,日照温差、温度随工期的变化过程均反映在结构的内力分布和挠度变化上,并影响以后结构的施工和最终结构的性能。

(3)劲性骨架混凝土拱桥施工受几何非线性和材料非线性因素影响较大。从骨架形成到拱圈完成时的拱轴线不断变化,其几何非线性问题属于大位移、小应变,结构的平衡方程必须考虑结构变形影响。从经济合理性考虑,先施工部分往往在一定施工步骤后可能在材料非线性范围内工作,故材料非线性对桥梁施工及成桥的强度、刚度和稳定性产生影响。

对劲性骨架混凝土拱桥而言,施工控制十分重要,它是施工成败、施工质量和经济效益的关键所在。劲性骨架混凝土拱桥在施工中要进行多次体系转化,单元数量、截面组成逐步变化,是一种复杂的高次超静定结构。在施工架设中,结构挠度和应力变化幅度大,要使竣工后的拱轴线和各截面内力符合设计要求是既重要又困难的任务。在拱桥施工过程中,先架设部分要承受后继部分的质量,故先架设部分常常受力大,又由于施工仅仅是一个相对短暂的过程,通常取比运营阶段更小的安全度;而且施工过程结构受力体系不固定,构件刚度小,往往造成施工阶段应力与安全性低于运营阶段,最不利状态常出现于施工过程中。如某些局部杆件处于高应力水平,局部和整体稳定安全系数较低,在已竣工的几座拱桥的施工中,由于稳定问题没解决好就出现过险情。"凡事预则立,不预则废",在施工过程中,应该有一个科学合理的施工控制系统来指导施工,综合考虑各种因素影响,严格监控结构的变形、应力。首先确保结构施工安全,其次尽量使设计值与实际值一致。

劲性骨架混凝土拱桥拱圈施工的控制方法在措施上分为两类:一类是外荷载平衡浇筑法,是指在施工中借助外加荷载的作用来使拱圈受力与变形得到调整、改善,其中主要包括锚索加载法、水箱加载法和斜拉扣挂法等;另一类是无外力平衡法,是指在施工中通过合理安排拱圈形成过程以及通过其施工过程的调整来实现施工控制,多点平衡浇筑法就属于此类。下面对它们做简要介绍。

1. 锚索加载法

所谓锚索加载法是采用钢索将加载点和地锚连接起来,中间设拉力紧固器,按计算加载量加载,这就等于预加载于拱架,把变形调整在施工前。这种方法最早应用于1980年的辽宁蚂蚁沙桥(60m),如图8-1所示。其基本方法是在钢骨架反弯点以上部分设置拉索,系于河床地锚上,施工时对锚索施加拉力,拉力大小为拱肋相应节段重的60%~90%,箱肋分底板、腹板、顶板三层浇筑。

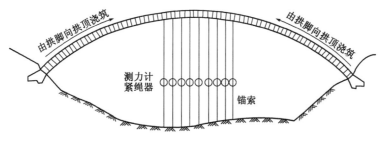

图8-1 锚索加载法

这种地锚加载易受到地形的限制,仅适合在旱地、干涸河床进行。在辽宁丹东河口桥(净跨156m)的建设中采取悬重物加载的方法,其原理同辽宁蚂蚁沙桥一样,将钢丝绳拴于加载点上,下挂木排水罐,按容积加水。悬重加载从跨中向两侧进行,共采用11根索加载,主要加载阶段为浇筑底板混凝土,该阶段产生的挠度最大,约为总挠度的65%。底板混凝土强度和刚度贡献最大。

2. 水箱加载法

水箱加载法曾用于宜宾南门金沙江大桥施工中,它的具体方法是在浇筑拱肋混凝土时,在拱肋顶部布置水箱,随着混凝土浇筑面的推进,根据拱肋特征、断面变形的观测值,结合应力(应变)监测情况,通过对水箱加载和放水卸载实现对拱轴线竖向变形的控制,施工时在拱顶布置7~11个水箱,见图8-2。水箱压载在拱肋骨架上弦,拱弧处用木枋支垫,使水箱处于水平状态。水箱用型钢和钢板焊制,注水量13.5t,水箱侧壁上刻有质量标尺(包括箱重1.5t),注水采用高压水泵,水箱侧壁底设泄水阀放水。

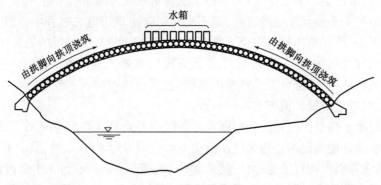

图8-2 水箱加载示意图

该桥水箱加载的一般规律是混凝土浇筑到6~8号截面,拱顶高程开始上升,此阶段以水箱自重平衡,浇筑到16号截面后,水箱开始加水压载。当混凝土浇筑至40~50号区时,拱肋$L/4$截面高程下降,拱顶上升,两者分别逐渐达到最大值,同时水箱加载也达到最大值。混凝土浇筑到72号截面后拱肋$L/4$截面开始回升,拱顶高程开始下降,此时水箱开始放水减载,减载的质量与浇筑混凝土的质量大致相等。

该桥以水箱加载来控制浇筑过程,应用优化控制分析原理控制应力和变形。用集中荷载P_1、$\cdots$、P_n表示的水箱或锚索的作用位置及应力(σ_x、Δx)等参数,构成进行优化选择的目标函数。优化控制方程如下。

应力控制方程:

$$\sigma_x(P_1、\cdots、P_n) \leq 1.25[\sigma]$$

变形控制方程:

$$\Delta x(P_1、\cdots、P_n) \leq 1.25[\Delta]$$

求出满足上述控制条件的P_1、$\cdots$、P_n值,用以指导施工。采用水箱加载时,可计算出水箱加泄水量。

3. 斜拉扣挂法

斜拉索扣挂法是邕江大桥在施工中进行施工应力控制的一种新方法,如图8-3所示。它的基本原理是在拱肋适当位置选取扣点,将钢丝绳作为扣索(斜拉索),两岸设置临时搭架。在混凝土浇筑过程中,根据各断面的应力情况进行张拉,实现从拱脚到拱顶连续浇筑混凝土。

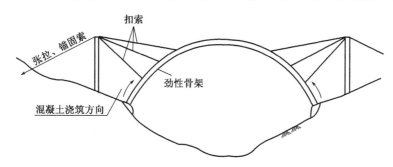

图 8-3 斜拉索扣挂示意图

斜拉扣挂法在国外很早就用于大跨径钢筋混凝土拱桥的无支架施工。例如,前南斯拉夫 Dubrovnik 桥(跨径 320m)、Shibenik 桥(跨径 246.4m)、Pag 桥(跨径 193.2m)皆采用此法建成。它主要是靠斜拉扣拉索拉住拱圈节段,逐节向河中悬臂浇筑混凝土,通过在拱顶设置千斤顶调整拱圈内力。将此法用于施工调整在我国还是第一次。其构思源自想借助架设钢骨架阶段吊装的扣索来调整混凝土浇筑阶段内力。通过对扣索的张放,给拱肋施工提供一定量的拉力,以减少各浇筑阶段混凝土所产生的弯矩,将施工应力控制在允许范围内。

4. 多点平衡浇筑法

多点平衡浇筑法,即多工作面同时进行混凝土的方法。在我国传统的双曲拱桥拱板混凝土浇筑中常用此法,在大跨径劲性骨架拱桥——重庆万州长江大桥属首次采用。该方法是将拱圈横向分块、径向分环、纵向分段,施工时,按确定的方案,进行多点均衡浇筑,保证劲性骨架及已形成的拱圈结构受力、变形及稳定状态在允许范围内。

以上方法均利用了在骨架或由骨架和已浇混凝土组成的结构上不同位置施工不同大小的外力或自重,即可使其结构受力、变形、稳定状态不同的原理。在拱圈施工过程中,随着调整结构应力、变形、稳定状态,避免混凝土产生裂缝,保证先期形成的混凝土和劲性骨架共同承载,顺利形成线拱圈。比较起来,它们各具特点。

锚索加载法、水箱加载法和斜拉扣挂法均属于外加载平衡浇筑法,可用于工作面较少情况下的混凝土浇筑,一次连续浇筑混凝土量大,工期相对来说短一些,但需要增加外加荷载(锚索、扣索、水箱、木排等)和调力等繁杂程序。多点均衡浇筑法,依靠多工作浇筑的混凝土保持自身平衡,它对施工要求比较严格,各工作面的进度须严格控制,一次浇筑的混凝土量少,工序转换较多,工期较长,但其不需外加载而增加劲性骨架负担,故其稳定性得到保证,变形和应力变化比较均匀。

在外荷载平衡浇筑法中,以斜拉扣挂法为最好。从力学原理上考虑,斜拉扣挂法施工外加荷载的竖直分量与混凝土自重可部分抵消,这就使施工中劲性骨架和先期混凝土的受力得到改善,特别是所受轴力减小,可提高其稳定性。由于拱式桥梁刚度比斜拉桥主梁大,要调整的余地要小得多。因此在实际施工过程中,斜拉扣挂法也要分环分段来浇筑,只不过分环分段时,环要少一些,段要长一些,也不可能"一环到顶"浇筑混凝土,但可以出现环段交错,即一环未完成而进行下一环某一段的混凝土浇筑。

劲性骨架混凝土拱桥施工法施工拱圈的控制方法从手段上来看,仍然是采用施工过程仿真结构分析、施工应力、变形、监测与误差调整相结合的方法来进行。

根据劲性骨架混凝土拱桥的特点,其施工控制的总目标是确保结构在施工中的受力、变形与稳定状态在允许范围,其原则是内力、变形与稳定控制综合考虑,而稳定为第一位。

三、预制吊装拱桥施工

预制吊装拱桥施工的要点是在预制拱肋(箱)段和拱上结构构件时,通过缆索吊机将预制拱段吊运至安装位置,利用扣索对各拱段做临时固定,直至合龙段,对各拱段进行轴线调整后实施全拱合龙,最后安装拱上结构。采用本施工方法的特点:①成拱后的拱轴状态(包括轴线长度、高程等)主要取决于预制构件的状况。②在拱肋形成前,结构呈多铰状态,所以,其纵、横向稳定性很差。即使拱肋(可以是单肋或双肋)形成后,常常由于其刚度较小,也可能存在稳定问题(主要是横向稳定)。鉴于上述情况,预制吊装拱桥施工控制的主要内容如下。

(1)预制拱段无应力几何状态的控制。
(2)吊装过程中的稳定控制。
(3)拱肋吊装和合龙前各接头的高程、拱肋轴线控制。
(4)拱上结构吊装过程中拱圈受力、变形和稳定控制。

控制方法主要有:
(1)通过改变扣索的张力来实现对拱段接头高程的调整。
(2)通过设置足够的浪风来调整和控制边段就位时的中线位置;约束拱肋(箱)合龙时的接头横向偏移;减少成拱的自由长度,增大其横向稳定性;约束外力作用下拱肋(箱)的横向位移。
(3)通过设置下拉索或通过多点下锚张拉索控制拱肋(箱)的纵向稳定性。下拉索布置如图8-4所示。

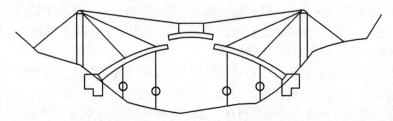

图8-4　下拉索布置示意图

考虑到拱肋接头可能引发骨架变形,所以,可在其下方设置拉索并通过改变拉索索力的大小来控制拱轴变形。对大跨径且拱轴系数 m 较大的情况,该拉索有时需保留至成桥。图8-4给出了多点下锚索张拉情况,它通过在拱上等距布置下锚索,并多点张拉,控制拱的变形来控制其稳定性。

控制手段主要是施工过程中针对确定的吊装方案的结构受力、变形和稳定性模拟分析为基础,通过对施工中索力、塔架位移、拱肋(箱)中线、高程、应力等的跟踪监测,理论计算与实测值的比较、误差分析、调整,来对结构状态甚至施工方案进行必要的调整,使施工及结构状态处于控制中。

根据吊装施工的特点,施工控制在开始吊装至成拱阶段,主要控制项目包括拱轴形、中线位置及稳定性,其中稳定性是关键和前提。在拱上结构吊装阶段,需控制的重点是拱圈变形、应力与稳定。

四、悬臂施工拱桥

钢筋混凝土拱桥也可采用悬臂施工法施工。拱的悬臂施工主要有两种方式:一是斜拉扣挂方式,即在拱桥墩台处设立临时塔架,用斜拉索系吊已通过挂篮浇成的拱圈段,这样,浇一段落系吊一段,直至合龙;二是桁架式,即将拱圈、拱上立柱和预应力混凝土桥面板作为桁架,借助专用挂篮,结合使用斜吊钢棒(筋)边浇筑拱圈边构成桁架,直至合龙。采用前者施工时,需特别注意对斜拉索力、拱圈受力、高程的监测与控制;采用后者施工时,鉴于其属于自架设施工方式,除需注意对施工中结构的受力、稳定性进行监控外,特别要加强对施工高程的控制。

1. 施工中的控制计算

结合悬臂现浇施工过程、拱桥的架设顺序和体系转换情况,施工中的控制计算分以下四个阶段。

(1)悬臂架设阶段:对施工中每一节段进行结构分析,控制最危险断面的应力和变位。

(2)拱圈合龙阶段:体系转换后对拱顶、1/4断面和拱脚的内力分析。

(3)拆除斜吊预应力混凝土钢棒和后拉杆阶段:确定拆除顺序,一般根据架设顺序,但必须先拆除斜吊预应力混凝土钢棒,待拱顶预应力张拉后再拆除后拉杆。

(4)拱脚反力调整阶段:拱脚反力调整其目的是使结构在架设完成后,各控制断面的内力同用支架施工时的状态一致。

2. 结构分析中应注意的问题

采用悬臂挂篮现浇架设大跨径拱桥,除进行桥完成状态、施工状态的结构分析和强度计算外,对以下几个问题应予以注意。

(1)斜吊预应力混凝土钢棒与混凝土之间的温度差造成的影响。

(2)拱轴线施工误差对结构的影响。

(3)斜吊预应力混凝土钢棒、后拉杆拆除顺序对拱结构的影响。

(4)基础沉降的影响。

(5)结构体系中对破坏安全构件的分析。

(6)斜吊预应力混凝土钢棒锚固位置的强度分析。

3. 拱肋分析中的两个重要问题

采用悬臂现浇施工,特别是采用桁架式悬臂法施工大跨径拱桥,拱肋的长细比都比较大(一般在70~200),根据日本DIN1075规范规定,当长细比大于20时就应进行压屈分析,因此,在采用悬臂现浇施工架设拱桥时,必须进行拱圈压屈分析。在日本DIN1075规范中推荐了考虑弯矩时的面内压屈安全度的计算方法:

$$V = \frac{V_0[(I \times m + 2)/I_m]}{1 + 1.7 \times m} \tag{8-1}$$

式中：V——考虑弯曲时的压屈安全度；
V_0——不考虑弯曲时的压屈安全度；
I——上部结构断面二次弯矩平均值；
I_m——拱肋断面二次弯矩平均值；
m——(拱肋弯矩×拱肋断面面积)/(轴向力/拱肋断面系数)。

$$M_r \geq M_u$$
$$M_u = 1.75 \times N \times (e + e_0) \tag{8-2}$$

式中：M_r——破坏抵抗弯矩；
N——最大轴力；
e——可按有效压屈长度/300 计算得到；
e_0——使用荷载下 1/4 截面的最大偏心；
M_u——破坏弯矩。

4. 徐变分析应特别注意的问题

混凝土徐变分析是确保施工中预拱度的设置精度，即正确确定每一施工阶段的模板高度、斜吊预应力混凝土钢棒张力等重要参数，其计算比较复杂。根据日本资料，关于拱肋混凝土徐变计算可按图 8-5 所示流程进行，同时，对于钢筋混凝土拱桥，除通常的徐变影响因素要考虑外，还应特别注意以下几点。

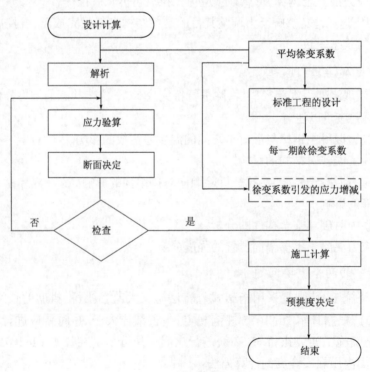

图 8-5 徐变计算流程图

(1)必须考虑由于拱肋(圈)与立柱、桥面之间存在徐变变形差,而形成的约束力对拱圈的影响。

(2)由于是否考虑拱圈中的钢筋,对计算出的混凝土压力的差异影响较大,因此,拱桥徐变分析中,必须考虑拱圈中钢筋的影响。

(3)由混凝土徐变和干燥收缩引起的挠度,在考虑钢筋影响后,要减少20%左右。

(4)架设完成时由自重引起的截面力,在考虑钢筋徐变影响时,可采用下式计算。

$$M = M_s \times (M_c - M_s) \times e^{-\phi} \tag{8-3}$$

式中:M——架设完成时考虑徐变影响时的自重作用下的截面内力;

M_s——支架施工状态下自重引起的截面内力;

M_c——悬臂施工状态下自重引起的截面内力;

ϕ——徐变系数。

5.预应力混凝土钢棒张力调整

斜吊预应力混凝土钢棒张力调整是悬臂现浇施工大跨径拱桥施工管理中重要的项目之一,它直接影响结构工程质量和安全。

(1)桁架式悬臂施工的斜吊预应力混凝土钢棒张力调整

桁架式悬臂施工的斜吊预应力混凝土钢棒的张力,在每一框架施工中一般进行2次(或3次)调整:一次是在浇完拱肋节段混凝土,为控制高程和修正拱轴线。张力调整大小是根据悬臂施工状态下拱肋的断面力与支架施工状态下拱肋的断面力基本相等的原则决定。二次是在立柱施工完后,为修正拱肋挠度,张力调整大小根据悬臂施工状态下桥面板的断面力与支架施工状态下的断面力相等的原则来确定。三次是形成框架后,立柱顶桥面板将产生较大的负弯矩,为缓和这一内力而对斜吊预应力混凝土钢棒张力进行调整,此项需根据具体情况决定是否有调整的必要。

(2)塔架式悬臂施工中斜吊预应力混凝土钢棒张力调整

塔架式悬臂施工法的斜吊预应力混凝土钢棒张力调整次数,是根据施工架设的节段数(3段或5段)来确定的。调整基本原则:最初调整是保证拱脚下侧混凝土不产生拉应力,以后调整均是放松前一斜吊预应力混凝土钢棒的部分张力,其大小以使拱脚产生负弯矩为宜,目的是保证拱圈混凝土不会因拱肋闭合后的体系转换而造成拱脚拉应力过大,引起混凝土开裂。对于塔架与米兰拱架并用施工法,则还能保证拱圈合龙后米兰拱架承受的应力最小。

6.施工中的测量与管理

随着拱桥的每一阶段的施工,荷重、结构体系都在变化,各种误差影响结构的强度,因此,施工中需对误差进行控制。施工中应控制的误差有:荷载强度误差、斜吊预应力混凝土钢棒张力误差、断面刚度误差、温度误差和支点沉降误差等。为控制这些误差,施工过程中一般进行以下几项测量,即:

(1)拱桥基础沉降和转动。

(2)后拉杆的张力。

(3)斜吊预应力混凝土钢棒的张力及温度。

(4)拱圈高程。

(5) 由风引起的斜吊预应力混凝土钢棒的振动频率。

(6) 米兰拱架的高度与横方向变位。

上述误差中,斜吊预应力混凝土钢棒张力误差和断面刚度误差,对拱体系的结构强度影响很大,在拱桥悬臂施工中这两项较为关键控制点,其允许的误差范围小于5%。

第三节　拱桥施工控制实例

【工程实例一:重庆万州长江大桥】

一、工程概况

重庆万州长江大桥位于重庆市万州区上游7km,是国道318线跨越长江的一座特大型公路桥梁,全跨采用420m钢筋混凝土上承式拱桥(图8-6),在同类桥梁中其跨度居世界第一。该桥设计荷载统一为超20级、挂—120,人群荷载$3.5kN/m^2$;桥面净空为$2×7.5m$(行车道) + $2×3.0m$(人行道),总宽24m。主拱圈采用单箱三室截面,通过在钢管混凝土劲性骨架上外包混凝土而形成,其净空径为420m,矢跨比为1/5,拱轴系数为1.822,拱箱桥高7m、宽16m,见图8-7。拱上结构采用跨径为30.668m的简支T梁。万州长江大桥于1994年5月1日开工,1997年6月28日建成通车。

二、施工方案与程序

重庆万州长江大桥的总体施工方案经过多种设计比较,最后确定采用钢管混凝土劲性骨架法施工,其程序为架设钢管骨架拱→压注管内混凝土→浇筑骨架外包混凝土→施工拱上建筑。

1. 劲性骨架的架设

劲性骨架的架设与控制对后续拱圈混凝土施工乃至整个施工过程都十分重要,这是因为劲性骨架设后的几何形状、储备的初应力水平和分布是随时后拱圈混凝土施工的基础,如果劲性骨架调控失误,造成高程不准确,几何线形与设计相差较大,必将造成最终拱轴线形调整困难,导致受力"先天不足"。所以,必须重视劲性骨架的架设,选择方便施工与调控的架设方法,确保其质量、线形符合设计要求。

劲性骨架架设方法有缆索吊装法、转体法等。重庆万州长江大桥采用缆索吊装法架设,同时利用扣挂斜索进行内架的线形调控,如图8-8所示。全桥劲性骨架吊装分类36节段,每段质量61.25t,吊装时共分12个扣段,每3个吊段组成一个扣段,其中第一段悬拼,第二段"临扣",第三节"正扣",这样全桥12组"正扣",2组"临扣"。为便于拱顶合龙,拱顶设置20cm空隙,用嵌填管及抱箍抱夹钢管来联结合龙骨架。

2. 劲性骨架钢管内混凝土压注

为确保管内混凝土(C60)压注质量,采用两级泵送、倒灌顶升法,自拱脚一次对称压注至拱顶。

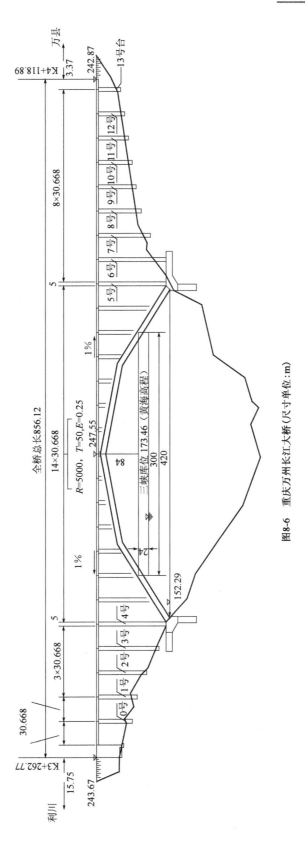

图8-6 重庆万州长江大桥（尺寸单位：m）

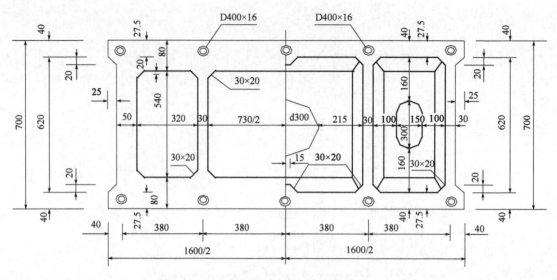

图 8-7 重庆万州长江大桥主拱断面(尺寸单位:cm)

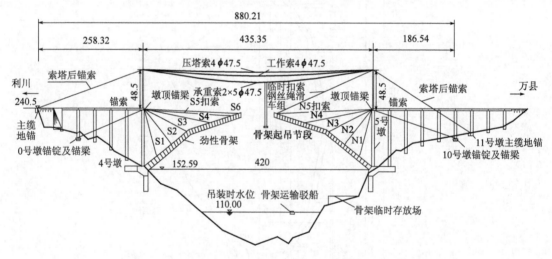

图 8-8 劲性骨架架设(尺寸单位:m;高程单位:m)

3. 拱圈浇筑

劲性骨架上下弦钢管内混凝土压注完成后即进行拱圈混凝土浇筑。最理想的浇筑是一次性浇筑完成整个拱圈,但这在实际上是无法实现的,主要原因是无法一次浇筑如此多的混凝土,再就是按经济要求设计的劲性骨架无法一次承受这样大的荷载。因此,拱圈混凝土的浇筑必须分步进行。通常采用横向分环、纵向分段的方法。横向分环是将拱圈箱室的顶板、底板、腹板或其一部分作为一环,按先后顺序分别均衡对称浇筑。各环经过龄期间隔,骨架与已成环混凝土共同整体受力,逐步增大拱圈的断面及刚度,直至形成全拱圈;在纵向每环混凝土分成"多个工作面(段)",对称同步浇筑。

根据拱的受力特性,要求在浇筑过程中需采取一定措施来控制结构的变形、内力和稳定性,否则结构就无安全保证。

在大跨径劲性骨架拱上施工还是首次。多点平衡浇筑法中的分环分段(工作面)的划分必须以满足施工中结构稳定性的要求、应力限制的条件和方便施工的要求为原则。通过分析计算,重庆万州长江大桥横向浇筑本着"先中箱,后边箱,先底板,后腹板,再顶板"的原则,分为 8 个浇筑环(工况),如图 8-9 所示;纵向采用"六工作面"法对称均衡浇筑,每个工作面分为 12 工作段,如图 8-10 所示。

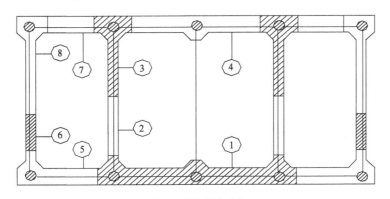

图 8-9 横向浇筑顺序

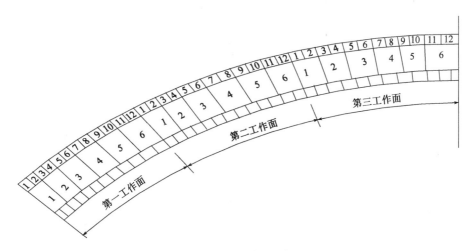

图 8-10 纵向浇筑顺序

考虑到多点平衡浇筑法强调的是多点(工作面)对称同步浇筑,而实际上因受到具体浇筑设备、条件的制约,往往难以真正实现。当采用吊罐浇筑混凝土并以缆索吊机运送时,容易实现多工作面对称、同步施工,但缆索吊运速度慢,达不到预期进度要求;当采用泵送混凝土时,则要求泵的数量和输送管道多,且场地难以满足要求,同时混凝土毕竟不像水那样的液态能控制自如,所以,在重庆万州长江大桥上对每个工作面范围又分成 12 次浇筑完成。当一个工作面内第 i 段浇筑后,随即进行下个工作面的第 $i+1$ 段的浇筑,虽然如此跳跃式的浇筑会使内力呈锯齿形变化,但不影响骨架挠度、内力变化曲线的大趋势和结构安全,是可行的。该桥最终采用了分段一次泵送法,每次浇筑一个工段的混凝土,泵送程序依次为:第三工作面第 i 段混凝土、第二工作面 i 段混凝土、第一作面 i 段混凝土。如此循环泵送浇筑可使混凝土损失最少,效果甚佳。通过控制分析可知,只是拱挠曲曲线会有小的起伏变化,但内力增值不大,不会影响拱圈安全。正是这种细化方法,使得断续的混凝土浇筑基本上达到了"多工作面对称同步"的效果。

为了便于施工操作,确保工期要求,通过控制分析,在结构应力、变形格安全(稳定)得到控制的前提下,对施工程序进行局部调整,主要调整内容包括:将中箱下承托以及该处30cm腹板混凝土与底板混凝土一同浇筑,以方便腹板模板安装;为进一步提高稳定性,对横向分块(工况)做了调整,图8-9所示即为调整的横向浇筑程序;在纵向浇筑程序上,对稳定安全系数较低的中箱底板和腹板阶段工况严格按照"六工作面"浇筑,其中,中箱底板每个工作面分12次(段)浇筑完成。

中箱上、下腹板每个工作面分6次(段)浇筑完成;对其余工况分为8个工作面进行,每个工作面分4次(段)完成,详见表8-1。

重庆万州长江大桥主拱浇筑顺序　　　　　表8-1

累计工期 (d)	温度 (℃)	对应日期			施工内容
		年	月	日	
0	5	1996	1	1	骨架形成
1	8	1996	1	2	浇筑钢管混凝土(4根)
7	8	1996	1	8	浇筑钢管混凝土(4根)
14	7	1996	1	15	浇筑钢管混凝土(4根)
23	6	1996	1	24	完成钢管混凝土
25	11	1996	1	26	浇筑拱脚底板
30	12	1996	1	31	浇筑中箱底板①
58	11	1996	2	27	浇筑中箱底板②
60	12	1996	3	1	浇筑中箱底板③
69	6	1996	3	10	浇筑中箱底板④
71	10	1996	3	12	浇筑中箱底板⑤
74	14	1996	3	15	浇筑中箱底板⑥
81	11	1996	3	22	浇筑中箱底板⑦
88	18	1996	3	29	浇筑中箱底板⑧
91	15	1996	4	1	浇筑中箱底板⑨
94	22	1996	4	4	浇筑中箱底板⑩
95	22	1996	4	5	浇筑中箱底板⑪
100	15	1996	4	10	浇筑中箱底板⑫
107	20	1996	4	17	
108	22	1996	4	18	
113	21	1996	4	23	浇筑中箱下侧板①
128	21	1996	5	8	浇筑中箱下侧板②
132	20	1996	5	12	浇筑中箱下侧板③
138	21	1996	5	18	浇筑中箱下侧板④
142	27	1996	5	22	浇筑中箱下侧板⑤

续上表

累计工期(d)	温度(℃)	对应日期 年	月	日	施工内容
147	28	1996	5	27	浇筑中箱下侧板⑥
148	96	1996	5	28	
150	27	1996	5	30	浇筑中箱上侧板①
156	23	1996	6	5	浇筑中箱上侧板②
162	30	1996	6	11	浇筑中箱上侧板③
168	28	1996	6	17	浇筑中箱上侧板④
174	26	1996	6	23	浇筑中箱上侧板⑤
190	29	1996	7	9	浇筑中箱上侧板⑥
195	25	1996	7	14	
200	31	1996	7	19	
205	32	1996	7	24	浇筑中箱顶板①
210	30	1996	7	29	浇筑中箱顶板②
215	28	1996	8	3	浇筑中箱顶板③
250	28	1996	9	7	浇筑中箱顶板④
254	27	1996	9	11	浇筑中箱顶板①
259	27	1996	9	16	浇筑边箱底板②
265	24	1996	9	22	浇筑边箱底板③
270	24	1996	9	27	浇筑边箱底板④
278	24	1996	10	5	
280	25	1996	10	7	浇筑边箱下腹板①
284	26	1996	10	11	浇筑边箱下腹板②
287	21	1996	10	14	浇筑边箱下腹板③
290	21	1996	10	17	浇筑边箱下腹板④
297	20	1996	10	24	
298	19	1996	10	25	浇筑边箱上腹板①
305	18	1996	11	1	浇筑边箱上腹板②
312	15	1996	11	8	浇筑边箱上腹板③
319	13	1996	11	15	浇筑边箱上腹板④
321	13	1996	11	17	浇筑拱脚边箱顶板(A)
323	13	1996	11	19	浇筑拱脚边箱顶板(B)
326	15	1996	11	22	浇筑边箱顶板①
329	16	1996	11	25	浇筑边箱顶板②
332	12	1996	11	28	浇筑边箱顶板③
336	10	1996	12	2	浇筑边箱顶板③

续上表

累计工期(d)	温度(℃)	对应日期 年	月	日	施工内容
340	11	1996	12	6	浇筑1号立柱(1/6)
348	10	1996	12	14	浇筑1号立柱(1/6)、2号立柱(1/4)
360	9	1996	12	25	浇筑1号立柱(1/6)、2号立柱(1/4)、3号立柱(1/5)
373	8	1997	1	8	浇筑1号立柱(1/6)、2号立柱(1/4)、3号立柱(2/5)、4号立柱(1/3)
385	6	1997	1	20	浇筑1号立柱(1/6)、2号立柱(1/8)、3号立柱(1/5)、4号立柱(1/3)、5号立柱(1/2)
405	8	1997	2	10	浇筑1号立柱(1/6)、2号立柱(1/8)、3号立柱(1/5)、4号立柱(1/3)、5号立柱(1/2)、6号立柱
413	9	1997	12	18	吊盖梁
420	14	1997	12	25	浇盖梁
427	11	1997	3	4	T梁吊装(1)
429	14	1997	3	6	T梁吊装(2)
431	23	1997	3	8	T梁吊装(3)
434	18	1997	3	11	T梁吊装(4)
498	23	1997	5	15	桥面施工
542	23	1997	6	28	全桥竣工
907	2	1998	6	28	成桥2年
1272	23	1999	6	28	成桥3年

4. 拱上结构施工

拱上结构施工按常规方法施工。

三、重庆万州长江大桥施工控制内容、目的与原则

1. 施工控制的目的与内容

该桥是在拱圈线形已由劲性骨架线形(初步)确定后再进行拱圈混凝土浇筑与其他工况的施工的,故其控制需要通过对拱圈形成过程中各阶段的位移与应力进行监测、评估,看其各阶段拱圈变形和应力变化是否符合设计要求,从而判断施工过程是否正常。若因施工过程异常而需调整施工程序,需现场做出调整计算,根据其变形、内力、稳定性情况,说明施工程序的可行性。施工控制内容主要包括:①根据选定的施工方法与程序对每一阶段(工况)进行理论计算,求得各施工控制参数的理论计算值,形成施工控制文件;②针对实际施工过程的各种因素所引起的理论计算值与实测值不一致的问题,采取一定措施在施工中加以控制和调整。

2. 施工控制的原则

该桥施工控制的原则是综合考虑稳定性、变形、内力控制。稳定性和施工方法(程序、工况)采取如下的控制策略:在稳定性满足要求的前提下,对变形、应力(变)进行有效控制是关键、是前提。而变形与内力控制则根据拱圈本身的特性进行双控,其中以变形控制为主,严格控制各控制截面的挠度和拱轴线的偏移,同时兼顾应力(变)发展情况。上述策略的制定主要考虑到应力反映的是拱截面上某一点的受力情况;而挠度是某一截面所有点位移的综合反映,是结构的整体表现;挠度和内力都能反映出结构的当前状态;挠度的控制属于宏观控制,而应力的控制相对来说属于微观控制。另外,挠度的测量远比应变的测量容易,且易于达到精度要求,而应变测量受外界因素影响大,测量仪器质量也会产生影响,从而使测量结果存在一定的飘移现象。

3. 具体控制项目的选定

该桥控制根据上述原则和实际情况,选择位移、应力、应变为直接控制项目,而拱的稳定安全系数、钢管混凝土合力为间接(综合)控制项目。

四、控制系统的建立

劲性骨架法施工的拱桥施工控制是一个施工—测试—识别—修正—预告—施工的循环过程。控制的目的是保证结构在施工过程的安全以及其外形与内力符合设计要求(或误差在允许范围之内)。要达到此目的,必须事先建立完善的控制系统,该系统要有一套完整的、足够精确的高程、位移、应力等的量测手段的支持;同时,除具有常规的结构分析计算功能外,更重要的是根据劲性骨架混凝土拱桥结构的特点,在施工现场具备消除设计和实际不符的自适应能力,并及时提供高程、位移和内力的修正值;另外,应具备使控制系统正常运行的技术力量和管理机构。

五、施工控制有关误差特性与参数识别及取值

施工中总会存在误差,如结构分析建模误差、弹性模量误差、截面特性误差、构件自重误差、混凝土龄期误差、测试误差,等等。这些误差按其性质一般分固定误差和变动误差两类。对采用多点均衡浇筑法施工的重庆万州长江大桥,其主要误差应该是固定误差,其中主要包括材料特性、构件自重、刚度和制作误差等,这些误差并不是都只预测而不能修正。所以,采用参数识别的确定方法来消除设计值与结构实际值的不一致是非常必要的。

根据该桥实际,在控制中将误差定义为结构的实测值与实时修正后的全过程分析后的设计值之间的偏差,通过确定容许误差、参数变化范围,采用最小二乘法确定误差,识别实际参数值,从而更准确地分析结构现存状态和预测未来。

影响该桥的参数较多,随着施工的开展,采样空间也越来越大,控制中采用基于最小二乘法参数识别理论开发的软件进行参数识别分析,得到更接近实际的参数,然后用估计的参数平均值代替设计理论参数值。控制考虑的主要参数如下:

(1)钢骨架的初始温度。在现场结构分析中,各拱圈截面组成成分的初始温度是通过各成分形成时的环境温度确定的。按分析程序特点,假若钢骨架为第0天形成,施工记录中表明

气温为7℃,因而其初始温度7℃。这对于混凝土成分是合适的。对于钢骨架,由于在船厂加工下料时的平均温度约27℃,而吊装合龙的平均气温为7℃,在考虑20℃温差修正后,其轴线各点实测高程才与设计值吻合较好。因此,在全过程分析程序中,钢骨架的初始温度应约为27℃,考虑既与后面施工步骤温度的连续性衔接,又保证钢骨架合龙时的20℃温度修正。同时,为了在全过程分析中反映钢骨架的温度修正,将钢骨架假定为第0天形成,当时气温为25℃,在第1天时,气温为5℃,第2天开始后续钢管混凝土浇筑。通过上述处理,各控制截面挠度、钢管应力在中箱上腹板浇筑前与实测值吻合较理想。

(2)浇筑阶段的温度。

(3)混凝土参与受力龄期。

多点均衡浇筑实际上是通过多次断续浇筑来基本达到"多工作面对称、同步"的效果,因此,每项工作面内断续浇筑的混凝土之间存在龄期差异,分析中每工作面各个小段混凝土在该段混凝土模板拆除时参与受力,这样与理想的多工作面同步浇筑拱圈混凝土的状态是不一致的,必须对其进行准确识别。根据混凝土浇筑量、施工工作面划分、温度的不同,一般5~6d一个节段。

(4)混凝土弹性模量。

混凝土应力-应变关系严格来讲是非线性关系,但本桥采用高强度混凝土(60号),应力-应变关系在达到峰值前,其非线性不及低强度等级混凝土显著,且在施工与营运期混凝土应力水平较低,所处区段近似于直线,故在控制中采用线弹性关系建立分析模型较合理。在全过程分析中弹性模量与徐变模量合在一起考虑,随时间变化,其初始弹模识别对控制分析十分重要。试验室阶段混凝土平均强度为69MPa,其弹性模量不超过3.6×10^4MPa(如果套用规范则为3.65×10^4MPa),由于采用泵送混凝土施工,弹性模量平均折减7%左右。

(5)混凝土重度。

最初钢管混凝土重度取24kN/m³,外包混凝土重度取25kN/m³(考虑其包含有钢筋),而试验得钢管24kN/m³,外包混凝土还要大些。另外,在分析中未计横隔板,虽然其对整个结构的主要作用在于抗扭和横向稳定,但其重力不能忽略,计算时可通过增大相应阶段腹板混凝土重度来考虑。实际上,视混凝土浇筑位置、施工工作面划分取值不一,拱圈混凝土箱壁重度在一些阶段约增大9%,管内混凝土重度取24.8kN/m³。

(6)混凝土徐变、收缩参数。

混凝土徐变、收缩参数在确定结构应力和变形中起重要作用,同时又是最难识别的参数之一。试验得出的数值因在施工时混凝土配合比做了改变以及实际养护条件与试验中的20℃恒温恒湿条件存在太大的差异而不宜直接被采用。本控制采用的徐变函数为:

$$J(t,\tau) = \sum_{i=1}^{n} a_i(\tau)\left[1 - e^{-\lambda_i \varphi(T)(t-\tau)}\right] + b(\tau) \tag{8-4}$$

式中: $J(t,\tau)$——徐变函数;

τ——加载时刻;

t——观察时刻;

$\varphi(T)$——取决于温度的函数;

$a_i(\tau)$、$b(\tau)$、λ_i——取决于材料的参数。

收缩变化也采用类似公式来描述。以C60混凝土的徐变收缩实验值为计算初值,进行参

数识别,其模型简化为:

徐变系数:
$$\varphi(t,\tau) = \frac{1}{E_h}\sum_{i=1}^{4} a_i(\tau)\left[1 - e^{-\lambda_i(t-\tau)}\right] \quad (8-5)$$

收缩系数:
$$\tau_{sh}(t,\tau) = \sum_{i=1}^{4} sh_i(\tau)\left[1 - e^{-\lambda_i(t-\tau)}\right] \quad (8-6)$$

式中,$\lambda_1 = 1$,$\lambda_2 = 0.2$,$\lambda_3 = 0.01$,$\lambda_4 = 0.001$,E_h为混凝土弹性模量,$a_i(\tau)/E_h$、$sh_i(\tau)$初值见表8-2。

C60混凝土徐变系数   表8-2

龄期(d)	$a_1(\tau)/E_h$	$a_2(\tau)/E_h$	$a_3(\tau)/E_h$	$a_4(\tau)/E_h$	$sh_1(\tau)$	$sh_2(\tau)$	$sh_3(\tau)$	$sh_4(\tau)$	E_h(GPa)
7	0.427	0.316	0.375	0.729	2.83	154.0	24.0	-127.0	41.1
14	0.213	0.232	0.401	0.262	3.69	35.7	210.0	-23.5	42.7
28	0.177	0.125	0.467	0.072	1.83	-27.9	225.0	-97.6	44.1
90	0.081	0.153	0.197	0.976	8.04	-6.4	58.1	127.0	44.7

(7)施工量测时桥上平均温度。
(8)钢管劲性骨架重力。
(9)施工临时机具、人员重力。

六、施工控制分析

重庆万州长江大桥主拱圈截面是由多种材料在不同的施工阶段复合而成。为全面描述结构在施工与成桥阶段的抗压、抗弯、抗扭等受力特点,将拱箱分成44种组分,如图8-11所示。其中编号1~10号为钢管,11~20号为管内混凝土,21、23号为中箱底板混凝土,22、24号为中箱底板钢筋,等等。采用单元组成部分可变的空间复合梁单元非线性有限元分析程序,根据主拱圈截面形成顺序进行施工控制实时分析和预测。分析与预测内容主要包括拱圈在形成过程中的每一阶段的稳定性、位移(挠度)及各截面的应力(施工中采用应力叠加法,成拱后采用内力叠加法),分析中考虑了混凝土时间效应、几何与材料非线性、施工期温度变化、混凝土收缩徐变等因素的影响。

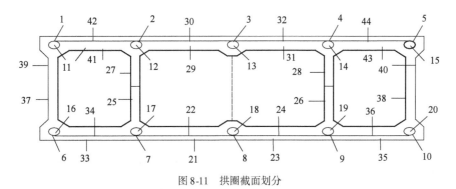

图8-11 拱圈截面划分

七、施工测试与控制点的布置

施工测试是该桥施工控制的重要组成部分。通过测试可获得施工各阶段结构应力(应变)和变形的实际资料,其是控制、调整施工的主要依据,也是确保结构在施工过程中安全的重要手段。该桥主要测试内容包括高程、拱轴偏位、应力(变)、骨架斜扣、设计计算基本参数的实测(如材料重度、弹性模量、成品结构构件的几何尺寸、施工荷载、温度、混凝土徐变系数等)。下面着重对高程、应力测试做一介绍。

1. 劲性骨架安装高程测量与应力监测

该桥骨架采用多节段(36 节段)吊装架设,其高程量测工作量大且精度要求高,所以采用 2 台宾德 V_2 全站仪进行量测。

骨架应力监测选择在半跨中的拱脚、$L/4$ 及 $L/2$ 三个部位共 42 个点上进行,如图 8-12 所示;测试重点选择在危险的拱脚截面,如图 8-13 所示。对 $L/4$、$L/2$ 仅选择各钢管及中桁片斜腹杆的一组测点。应力测试采用传统的电阻应变传感器。另外,在骨架设完成后,即进行钢管内混凝土的压注,这时骨架的高程与应力测量也采用上述方法进行。

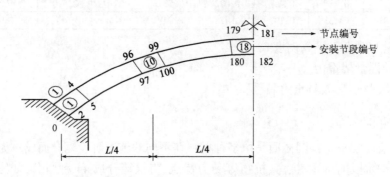

图 8-12 骨架应力测点布置区段示意图

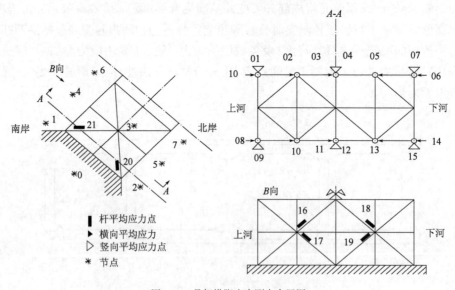

图 8-13 骨架拱脚应力测点布置图

2. 拱圈外包混凝土及拱上结构施工阶段拱圈高程测量与应力监测

高程测量仍然采用全站仪,在每天 9:00 混凝土浇筑过程中进行测量。测点布置在扣点及拱脚、$L/4$、$L/2$ 共 17 个截面的上、中、下游；全桥共布置 51 个高程控制点，其中拱脚、$L/4$、$L/2$ 截面设置成永久观测点。

由于电阻应变传感器在混凝土振捣时极易被损坏，即使不损坏，其绝缘度也无法保证；另外，在混凝土表面贴片也不能保证可靠，且不能保证长期监测时读数的可信性。所以，从骨架外包混凝土浇筑开始，各断面应力监测改用钢弦式应变计。钢弦式应变计采用密封式自保证体系，与外界物质并不直接相关，测试时，用一脉冲电激励，通过测其频率即可得到混凝土的应变，从而得到应力。混凝土、钢管、钢筋的应力测点布置如图 8-14 所示。

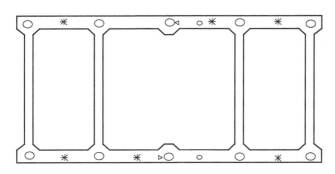

图 8-14 应力测点布置

八、劲性骨架安装控制实施

1. 扣锚系统

劲性骨架的扣锚系统在两岸均由扣索、锚索、锚梁及地锚组成。由交接墩顶锚梁向河心与骨架连接者为扣索，向岸与地锚连接者为锚索。扣索分正式扣索与临时扣索两类：临时扣索由 $\phi 48.5$ 麻心钢丝绳、滑车组成，每岸各一对；正式扣索和锚索均由 $36\phi 5$ 高强度钢丝束、锚头组成，两岸均为 50 根正式扣索、32 根锚索。地锚设于南岸 0 号墩、北岸 10 号墩处。在交接墩设置钢筋混凝土锚梁。

全桥劲性骨架由 36 个吊装节段组拼而成，每段重约 600kN。吊装时共分为 12 个扣段（半跨 6 个扣段），每 3 个吊段组成 1 个扣段。在第一扣段内，第①、②吊段均用临时扣索扣住，第③吊段就位后，安装 1 号正式扣索，待张拉完毕、拆除临时扣索；从第 2 扣段起，改为悬拼第①吊段，临时扣第②吊段，第③吊段为正式扣索，然后拆除临时扣索、调整正式扣索索力。如此循环完成半跨吊装。骨架合龙后，分批放松正式扣索（后面提到的扣索均指正式扣索），形成劲性骨架桁拱。

2. 控制计算

劲性骨架线形直接影响拱圈线形，所以，骨架线形控制十分重要。在设计拱轴线上加上预拱度后得到加工制作的制造轴线。骨架成拱后的理想线形应该是制造轴线减去骨架一次成拱的自重挠度 (D_y)，以此作为骨架安装控制的目标。

为较准确地控制骨架的安装轴线，首先，采用与斜拉桥类似的节段悬拼法架设，安装时使骨架在拱脚处固结。利用斜拉桥安装程序 BEAM 可精确计算初拉、悬拼、调索、拆索及相关内力、挠度。其次，恰当估计扣索对安装挠度的影响。若各扣索拉力的水平分力之和正好等于骨架一次成拱时拱顶的水平推力(约12230kN),此时的轴线应接近于理想轴线,且扣索索力又能接近合理值,以减少安装过程中骨架线型的调整幅度和难度。最后,整个过程中要控制作用于交接墩顶锚梁上的扣索和锚索力,理想状态为二力的水平分力互相平衡,即锚梁不发生桥轴向水平位移,以消除因锚梁位移对骨架坐标的联动影响。实际施工时,要求水平分力之差不超过50kN,且交接墩顶水平位移小于10mm,这样在吊装计算时就可将交接墩顶的锚梁简化为一个固定约束。

根据以上原则和方法,可列出控制迭代计算的方程式:

$$D_y = (dy_1 + dy_2) + \delta \tag{8-7}$$

式中:D_y——骨架一次成拱的自重挠度;

dy_1——骨架悬臂安装的累计吊扣挠度;

dy_2——松扣(解除扣索)挠度;

δ——修正值,即实际安装的预调值。

将劲性骨架的吊扣体系简化为图8-15的计算图式,半跨按6个扣段分11个阶段计算控制,直到半跨形成,其中每扣索内吊段的临时扣索不做控制。程序最后得出各扣点累计吊扣挠度 dy_1 及最终索力 N_e。各组扣索的根数按全过程中所发生的最大索力 N_{max} 和2.5倍安全系数设计,而锚索根数则按平衡所有扣索力的需要来选择。

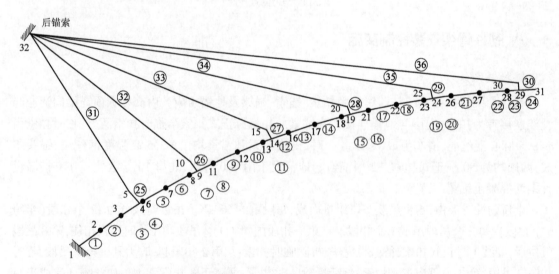

图8-15 吊扣体系示意图

合龙后松扣过程实际上是一次体系转换,逐步松扣索的过程就是索力向骨架的逐步转移过程。这一过程的最终结果,即全部松索就相当于在扣点作用一个与索力反向、大小相等的外力。在这些外力作用下,骨架各点又增加了一个松扣挠度 dy_2,这个值与上述吊扣挠度 dy_1 之和即为骨架安装成拱挠度。合龙松扣过程可由平面杆系程序求解,如图8-16所示。

骨架安装挠度 $dy_1 + dy_2$ 在拱顶处为16.9cm,而理想轴线一次成拱的自重挠度DY在拱顶处为17.5cm。要使松扣合龙后的拱轴线达到理想轴线,需在安装时将骨架安装轴线进行修正(即抬高或放低),这个修正值为:

$$\delta = D_y - (dy_1 + dy_2) \tag{8-8}$$

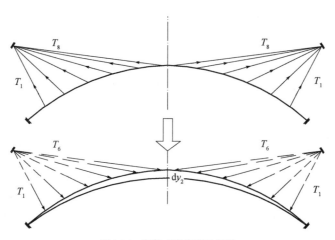

图 8-16 安装成拱挠度示意图

计算出 δ 在拱顶处为 -0.6cm，最大值 -4.4cm。

劲性骨架的控制迭代框图如图 8-17 所示。

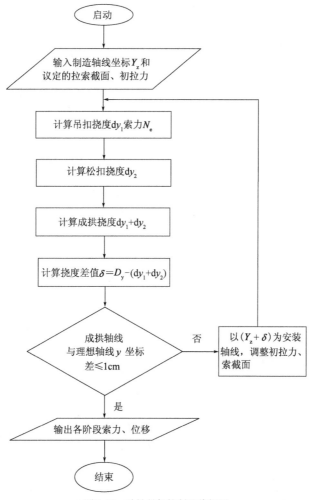

图 8-17 劲性骨架控制迭代框图

吊装计算结果见表 8-3、表 8-4。

骨架各点计入调整值后安装坐标 表 8-3

节点编号	制造轴线 Y_z (m)	骨架自重挠度 D_y (cm)	成拱理想轴线 $D_z - D_y$ (m)	吊扣挠度 D_y (cm)	松扣挠度 D_{y2} (cm)	空钢管成拱挠度 D_y (cm)	成拱轴线 $D_z - D_y$ (m)	修正值 δ (m)	计算安装轴线 $Y_z + \delta$ (m)	备 注
(1)	0	0	0	0	0	0	0	0	0	拱脚
(2)	6.310	−0.3	6.307	−0.2	−0.0	−0.2	6.308	−0.1	6.309	
(3)	14.440	−1.0	14.430	−0.6	−0.1	−0.7	14.433	−0.3	14.437	
(4)	20.324	−1.7	20.307	−0.9	−0.2	−1.1	20.313	−0.6	20.318	
(5)	22.918	−1.5	22.903	−0.8	−0.1	−0.9	22.909	−0.6	22.912	1号扣索扣点
(6)	22.240	−1.9	22.221	−1.0	−0.2	−1.2	22.228	−0.7	22.233	第1扣段
(7)	29.690	−3.2	29.658	−1.8	−0.4	−2.2	29.668	−1.0	29.680	
(8)	36.790	−4.5	36.745	−2.5	−0.7	−3.2	36.758	−1.3	36.777	
(9)	41.853	−5.7	41.796	−3.0	−1.0	−4.0	41.813	−1.7	41.836	
(10)	44.636	−5.5	44.581	−2.9	−1.0	−3.9	44.597	−1.6	44.620	2号扣索扣点
(11)	43.490	−6.1	43.429	−3.2	−1.1	−4.3	43.447	−1.8	43.472	第2扣段
(12)	49.800	−7.7	49.723	−2.8	−1.6	−4.4	49.756	−3.3	49.767	
(13)	55.670	−9.3	55.577	−3.4	−2.0	−5.4	55.616	−3.9	55.631	
(14)	59.722	−10.6	59.616	−3.9	−2.4	−6.3	59.659	−4.3	59.679	
(15)	62.726	−10.4	62.622	−3.8	−2.3	−6.1	62.665	−4.3	62.683	3号扣索扣点
(16)	61.080	−10.9	60.971	−4.0	−2.5	−6.5	61.015	−4.4	61.036	第3扣段
(17)	66.020	−12.4	65.896	−6.6	−2.9	−9.5	65.925	−2.9	65.991	
(18)	70.450	−13.8	70.312	−7.7	−3.2	−10.9	70.341	−2.9	70.421	
(19)	73.438	−14.7	73.291	−8.6	−3.4	−12.0	73.318	−2.7	73.411	
(20)	76.531	−14.6	76.385	−8.5	−3.4	−11.9	76.412	−2.7	76.504	4号扣索扣点
(21)	74.370	−15.0	74.220	−8.9	−3.4	−12.3	74.247	−2.7	74.343	第4扣段
(22)	77.750	−15.9	77.591	−8.4	−3.2	−11.6	77.634	−4.3	77.707	
(23)	80.570	−16.6	80.404	−10.0	−2.9	−12.9	80.441	−3.7	80.533	
(24)	82.317	−17.0	82.147	−11.2	−2.6	−13.8	82.179	−3.2	82.285	
(25)	85.502	−17.0	85.332	−11.2	−2.6	−13.8	85.364	−3.2	85.470	5号扣索扣点
(26)	82.830	−17.1	82.659	−11.6	−2.5	−14.1	82.689	−3.0	82.800	第5扣段
(27)	84.490	−17.4	84.316	−12.5	−1.9	−14.4	84.346	−3.0	84.460	
(28)	85.560	−17.5	85.385	−14.3	−1.4	−15.7	85.403	−1.8	85.542	
(29)	85.973	−17.5	85.798	−15.4	−1.2	−16.6	85.807	−0.9	85.964	
(30)	89.197	−17.5	89.022	−15.4	−1.2	−16.6	89.031	−0.9	89.188	6号扣索扣点
(31)	86.040	−17.5	85.865	−15.7	−1.2	−16.9	85.871	−0.6	86.034	第6扣段(拱顶)

第八章 拱式桥施工控制

各阶段扣索力(kN) 表8-4

阶段	工作内容	1号索 4×36φ5	2号索 4×36φ5	3号索 4×36φ5	4号索 4×36φ5	5号索 4×36φ5	6号索 4×36φ5
1	吊第1段	4×176					
2	吊第2段	4×213.3	6×129.2				
3	调索力	+4×157.5	6×129.2				
		4×370.8					
4	吊第3段	4×395.3	6×226	6×173			
5	调索力	−4×137.5	+6×68.3	6×173			
		4×257.8	6×294.3				
6	吊第4段	4×257.3	6×6340.3	6×295.5	10×147.9		
7	调索力	−4×50.0	−6×141.7	6×66.7	+10×25		
		4×207.3	6×198.7	6×362.2	10×172.9		
8	吊第5段	4×183.5	6×169	6×403.7	10×255.4	14×173.2	
9	调索力	−4×75	−6×75	−6×38.5	+10×80	+14×17.8	
		4×108.5	6×94	6×265.2	10×335.4	14×191	
10	吊第6段	4×64.8	6×1.7	6×198.8	10×361.3	14×256.8	10385.6
11	调索力	−4×62.5	+6×3.3	−6×91.7	−10×180	+14×164.3	+1030.5
		4×2.3	6×5.0	6×7.2	10×181.3	14×421.1	10416.1

3. 吊装结果比较

骨架安装时,实测高程与设计高程基本相符,而实际每阶段所有扣索索力的水平力总和与设计值的水平分力总和相比略偏大。分析原因主要有两点:①计算骨架时其抗弯刚度参考《桁架的扭转、稳定与振动》(李国豪著),考虑腹杆变形对抗弯刚度的影响折减了5%,实际施工时发现骨架刚度很大,腹杆变形较小,折减系数取大了;②计算骨架自重时,未计入施工荷载及超重(约90t)。表8-5列出了半跨吊装完成合龙时设计高程与实测值的比较。

劲性骨架在吊装合龙时的高程比较 表8-5

索号	设计扣索力(kN)	南岸扣索力(kN)	北岸扣索力(kN)	对应扣点号	设计高程(m)	南岸实测高程(m)	北岸实测高程(m)
1号	4×23	0	0	5	178.133	178.156	178.161
2号	6×5.0	0	0	10	199.820	199.857	199.842
3号	6×7.2	0	0	15	217.874	217.932	217.900
4号	10×181.3	10×95	10×120	20	231.649	213.675	231.692
5号	14×421.1	14×445	14×450	25	240.588	240.597	240.605
6号	10×416.1	2×200	2×150	30	244.264	244.287	244.275
		10×430	10×430				
总水平分力	11858	11875	12100	注:扣点号见图8-15			

由表8-5可见,实际施工时为方便调索,将1～3号扣索全松掉。各扣点设计高程及设计扣索力与实测值相比,基本相当。但松扣成拱轴线各点实测高程比设计值偏低(拱顶约10cm),原因是设计高程尚未计入温度修正。下料时平均温度约25℃,而骨架吊装合龙时平均气温5℃,考虑20℃的温差修正后,拱顶高程仅偏差13mm,合龙预留缺口差14mm,吻合较好。

九、主拱圈施工控制结果

1. 位移分析与控制

通过参数优化、记入钢骨架加工温度与扣挂合龙的温度修正(取误差20℃),按照预定的施工程序,采用空间复合梁单元模型进行分析,得到各工况时拱圈各点挠度,将分析值与实测值比较。表8-6示出6号扣点(拱顶附近)挠度部分分析值与实测值的比较。

6号扣点(拱顶附近)挠度分析值与实测值对比　　表8-6

工期(d)	分析值(m)		实测值(m)	
	该龄期荷载施加前	该龄期荷载施加后	南6号	北6号
0	0	0.303	0	0
14	0.360	0.398	—	—
30	0.385	0.373	0.409	0.399
69	0.370	0.405	0.292	0.326
88	0.445	0.430	0.380	0.361
100	0.526	0.576	0.426	0.435
132	0.568	0.583	0.569	0.559
168	0.609	0.639	0.567	0.573
205	0.681	0.681	0.676	0.665
254	0.781	0.788	0.869	0.863
280	0.877	0.869	0.959	0.869
287	0.869	0.904	0.944	0.976
298	0.935	0.938	0.965	0.976
312	0.954	0.977	0.976	0.998
323	1.019	1.019	1.063	1.038
420	1.076	1.048	1.015	1.053
542	1.118	1.1180	1.126	1.210

两者吻合较好,仅在浇筑拱箱边箱段时分析值低于实测平均值约5cm,其原因主要是实际温度与记录温度有偏差,拱圈上临时施加横向调偏荷载,工作面施工时施工荷载增加以及测试人员更换导致的误差等。

2. 应力分析与控制

该桥将拱顶钢管应力作为第二级控制项目,要在分析挠度变位的同时,得出各工况下的钢管应力,其计算值与实测值的比较见图 8-18,由图可见计算值与实测值基本吻合,产生微小偏差主要是测试环境较差、传感器受到一定程度的破坏与失真,以及温度(如混凝土水化热)等因素所致。

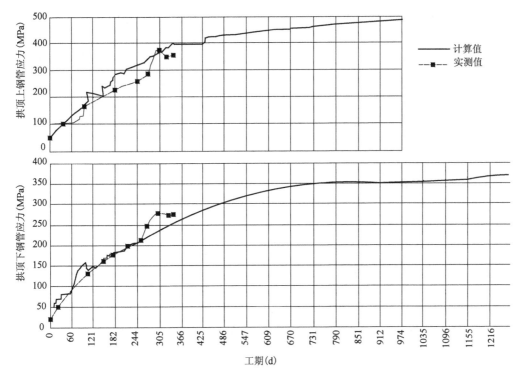

图 8-18 拱顶钢管应力比较

对于混凝土应力,同样在挠度分析时得出,但其准确测试难度较大。该桥由于采用了较为可靠的钢弦应变计,测试控制是成功的,计算值与测试值比较吻合,且均在控制范围内,如图 8-19 所示。这里需说明的是,应变计测得的是应变,将应变与弹性模量相乘才能得到应力,而混凝土应变包含徐变、收缩、温度变化等产生的非力学应变与力学应变的两部分,如不排除应变中的非力学部分,则直接用测得的应变乘以弹性模量得到的力仅是总应变下的表征应力,该应力高于实测应力。

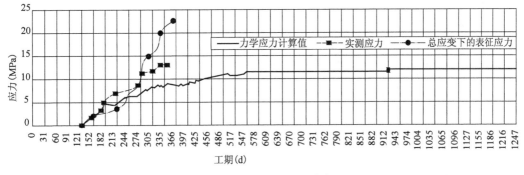

图 8-19 拱顶底板混凝土应力

3. 施工综合指标的分析与控制

施工综合指标是施工过程中结构的综合安全性指标,是施工控制的重中之重,然而它无法直接通过施工测试确定。该桥首次将钢管混凝土作为一个整体,控制其合力,保证施工安全。由于施工综合指标无法直接测定,故将承载力的计算值与实测值比较进而实施控制,试验得出的控制合力为 12000kN,结果表明除 $L/8$ 下弦管合力在浇筑边箱顶板④及其以后工况时其合力大于 12000kN 外,其他均不超过控制值。考虑下弦钢管被包裹较早,故仍认为满足控制标准。

拱的整体稳定安全系数是另一重要综合控制指标。经过分析,施工过程始终处于安全范围,最小安全系数均在 5 以上。

工程实例二:重庆巫山长江公路大桥

一、工程概况

重庆巫山长江公路大桥处于三峡风景区,桥址位于长江巫峡入口处,设计成中承式钢管混凝土双肋拱桥,主跨净跨为 460m,目前位居同类型桥梁世界第一;全桥跨径组合为 $6\times12m$(引桥)$+492m$(主跨)$+3\times12m$(引桥)。引桥为预应力混凝土连续梁(南岸异形梁为钢筋混凝土简支梁);桥面为预应力混凝土 π 形连续梁;全桥吊杆和立柱间距为 12.0m,吊杆、立柱及引桥墩盖梁均设计为预应力混凝土横梁,桥面与拱肋交会处横梁为组合截面梁,设计总体布置如图 8-20 所示。

拱肋为钢管混凝土组成的桁架结构,主跨拱肋拱顶截面高 7.0m;拱脚截面高为 14.0m,肋宽为 4.14m,拱轴系数 1.55,净矢跨比为 1/3.8。主拱圈截面由两肋构成,每肋由四根钢管构成组合矩形截面柱:上、下各两根 $\phi1220\times22(25)mm$,内灌 60 号混凝土的钢管混凝土弦杆,弦杆通过横联钢管 $\phi711\times16mm$ 和竖向钢管 $\phi610\times12mm$ 连接而构成钢管混凝土桁架,吊杆处竖向两根腹杆间设交叉撑,加强拱肋横向连接。拱肋中距为 19.70m,两肋间桥面以上放置 K 形横撑,桥面以下的拱脚段设置"米"字形撑,每道横撑均为空钢管桁架。拱肋与桥面交接处,设置一道肋间横撑。全桥共设横撑 20 道。拱圈接头构造分为主弦管接头构造和拱顶合拢构造。主弦管接头构造设计为先栓接后焊接的构造形式;拱顶合龙构造设计为先瞬时合龙,再焊接主管的构造形式。

重庆巫山长江公路大桥主拱钢管结构采用缆索吊装斜拉扣挂法施工,钢管结构架设合龙后,安装吊杆、横梁,吊装行车道板与人行道板,最后进行桥面系施工。两半拱边跨采用支架现浇与主拱同步施工。

设计技术标准:

①荷载等级:按汽车超—20 设计,挂车—120 级验算,人群荷载 $3.5kN/m^2$。

②桥面宽度:净—15.0m $+2\times1.5m$(人行道)$+2\times0.5m$(栏杆)。

③通航净空:$300\times18m$。

④设计洪水频率:1/300。

⑤设计水位:175.10m。

⑥地震烈度:Ⅵ度,按Ⅶ度设防。

⑦设计风速:26.3m/s(频率 1%,10min 平均最大风速,10m 高度处)。

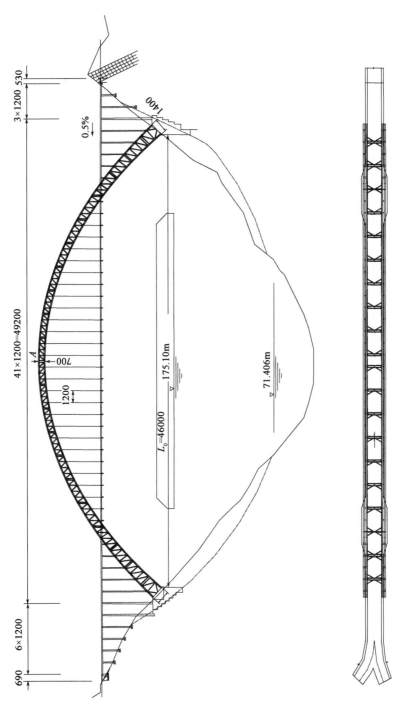

图8-20 重庆巫山长江公路大桥总体布置图(尺寸单位:cm)

二、主拱肋钢管结构安装控制

1. 主拱钢管结构架设方法

拱肋钢管桁架顺桥向半跨分为 11 个节段，全桥共计 22 个节段，横桥向分为上、下游两肋，肋间由 K 形或米字形撑相连，全桥共计 20 道，采用单肋单节段吊装，因此拱肋共计 64 个吊装节段，最大节段吊装质量为 118t（其中肋间横撑最大吊装质量约 40t）。

拱肋节段安装采用斜拉扣挂式无支架缆索吊装方案。拱肋节段安装采用两岸对称悬拼，每半跨拱肋 11 个节段（22 个吊段）、6 个正式扣段，第一扣段含三个节段、第二、三、四扣段含两个节段，其余每一节段为一个扣段；含两个及以上扣段中，第一、第二节段采用临时扣索扣住，待第三节段就位后张拉正式扣索，同时拆去临时扣索（临时扣索采用钢丝绳）。节段采用单肋安装，待上下游同一节段吊装就位后，安装节段间连接横撑，即完成一个双肋节段。

主拱肋安装施工控制框图见图 8-21。

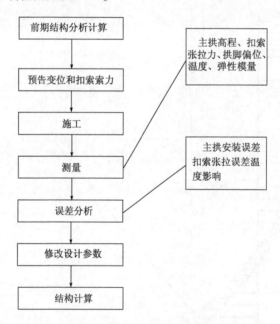

图 8-21　主拱肋安装施工控制框图

2. 计算模型与控制高程

(1) 拱肋安装计算有限元模型

主拱肋安装计算模型见图 8-22。拱肋吊装计算有限元模型中两个对称悬臂单独建立，扣索采用索单元，拱肋钢管采用梁单元，拱脚的加劲板采用板单元，建立空间有限元模型。扣点、转点和反力梁用集中力来代替。整个计算模型（单悬臂）共有 2745 个单元，其中，索单元 48 个，板单元 12 个，其余为梁单元。

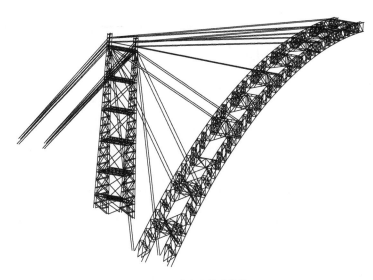

图 8-22 主拱肋安装计算模型

(2)拱肋控制高程的计算

施工过程中的高程:从桥梁在运营状态的高程扣除该施工阶段以后的各施工阶段产生的位移而形成该施工高程。吊装过程的高程也就是要计算出一个合龙前的高程,使得拱肋在合龙后以及后续荷载(包括灌注混凝土、桥面系以及混凝土的收缩徐变)等各种因素影响下,到成桥通车以后在预定的拱轴线上,即从成桥状态反算出一个拱肋吊装过程中的控制高程。

拱肋在悬臂状态,空钢管在自重和扣索索力以及拱脚反力作用下平衡。控制高程是施工过程中一个重要的施工技术参数,它是在最大悬臂状态时拱肋处于合理的受力分布时的高程。

控制高程可以推算求得,即:

$$y_k = y_z - y_g + y_s$$

式中:y_k——拱肋控制高程;

y_z——制造线,即工厂加工曲线(包含92cm预拱度);

y_g——自重挠度;

y_s——索力反力挠度,所有挠度向下为正。

控制高程通过迭代计算,特别是第一次在设计高程上进行修正时,其差值是比较大的,重庆巫山长江公路大桥就相差大于6cm(表8-7)。但是在以后的迭代中,收敛速度较慢,而且其差值也不大,因此在计算控制高程时,进行了一次修正就可以达到工程的精度要求。

重庆巫山长江公路大桥的控制高程(m) 表8-7

设 计 高 程	自 重 挠 度	索力反力挠度	控 制 高 程
235.897	0.007	-0.005	235.886
270.848	0.026	-0.018	270.804
295.411	0.074	0.013	295.350
310.216	0.137	0.073	310.152

续上表

设计高程	自重挠度	索力反力挠度	控制高程
314.108	0.164	0.101	314.046
315.707	0.180	0.117	315.644

3. 吊装过程的控制方法

受钢管拱肋结构的弹性变形、塔架的弹性变形、扣索弹性模量的变化、扣索温差热膨胀等诸多因素的影响,钢管拱肋的施工预抬高值往往无法精确计算,致使裸拱线合龙困难;而采用动态调索,如果每次吊装后都对扣索进行调整(特别是后期对多组扣索进行同步调整),其工作量又非常大。在施工过程中,如果将两者结合起来进行联合控制,扬长避短,对于吊段较多的拱桥,这种调整方法实用可行,具有一定的工程实际意义。但要注意,在前面节段采用预抬高法的控制目标的问题,也就是用预抬高施工完成后,拱肋的高程应该是在什么位置的问题,一般有两种选取方法:

(1)取动态调索的控制高程,也就是拱肋合龙时的高程。重庆巫山长江公路大桥就是采用拱肋合龙时的高程。但在预抬高量法和动态调索法相结合时,要注意一定要把预抬高法的索力分布调整成为动态调索法计算的索力分布,只有这样才能够更好地指导动态调索张拉和释放的量度。

(2)取整个拱肋高程在该处的预抬高值,预抬高施工的扣索不需要进行张拉,施工简便。但是在动态调索法施工时,张拉扣索可能导致索力很大,譬如重庆巫山长江公路大桥,张拉8号扣索就要把前面的几个节段一起整体拉起来,这样导致8号索的索力很大,所以这种方法虽然简便,但是不适合用在该桥上。

为了加快工期,同时保证拱肋合龙的准确性,重庆巫山长江公路大桥最终采用预抬高量法与动态调索法联合控制:在前3个正式扣段(前7节)采用预抬高量法进行控制,而后面3个正式扣段(后4节)采用动态调索法。

(1)前7节段的预抬高量法

考虑拱肋后续施工的拱肋节段对已施工的拱肋节段的影响,预先给拱肋节段一定的预抬高量,随着拱肋节段的不断施工,拱肋节段的预抬高量逐渐被抵消,到拱肋合龙时,预抬高量就可刚好被完全抵消。但这存在两个问题:首先要精确计算出各节段的预抬高量,然后再根据各节段的几何关系,计算出待安装节段在前一节段施工高程前提下的控制高程。这样就使得扣索仅通过一次张拉后就不需调整索力。这是一种比较理想的安装方法。但是预抬高量与索力分布密切相关,在分析索力时要先进行预抬高量的计算。通过索力和预抬高量的综合分析,才能得出比较合理的索力值。重庆巫山长江公路大桥的施工实践证明这种方法是可行的。

从表8-8和表8-9中可以看出,吊段3、5节段等先施工的扣索索力会逐渐减小,高程也会有所抬高,也就是这些节段的预抬高值不一定都是抬高的。

各工况的高程(m) 表8-8

工况	3节段	4节段	5节段	6节段	7节段
吊段3	236.093				
吊段4	236.006	254.864			

续上表

工 况	3 节段	4 节段	5 节段	6 节段	7 节段
横撑	235.967	254.799			
吊段 5	236.101	255.032	271.277		
加横撑 4	236.069	254.978	271.201		
去临时索 4	235.988	254.845	271.026		
吊段 6	235.960	254.798	270.957	284.527	
加横撑 5	235.929	254.745	270.881	284.426	
吊段 7	235.957	254.795	270.957	284.537	295.608
加横撑 6	235.940	254.766	270.913	284.474	295.525
去临时索 6	235.896	254.690	270.804	284.329	295.350

注:吊段1、2节段时在施工过程中没有作为观测点。

对应索力(kN)　　　　　　　　表 8-9

工 况	3 节段	4 节段	5 节段	6 节段	7 节段
吊段 3	1590.1				
吊段 4	1467.6	800.0			
加横撑 3	1609.2	881.0			
吊段 5	1067.7	586.9	1500.0		
加横撑 4	1180.3	653.2	1720.3		
去临时索 4	1484.3	0	2247.0		
吊段 6	1578.3		2442.8	800.0	
加横撑 5	1687.5		2664.9	897.4	
吊段 7	1561.0		2291.6	785.9	1687.2
加横撑 6	1615.5		2479.6	845.4	1938.1
去临时索 6	1778.5		2962.8		2495.8

注:索力为单肋4索索力之和。

(2)后 4 节段的动态调索法

在第 9 节段时,应该依次进行前面的调索。因为预抬高法到动态调索的索力分布不同(预抬高法在拱脚处的索力较大,动态调索法正好相反),所以应该在第 9 节段(第 9 号正式扣索)安装完毕后进行索力调整,具体数据见表 8-10。

动态调索张拉端索力(kN)　　　　　　表 8-10

工 况	3 索	5 索	7 索	索8(临时)	9 索	10 索	11 索
吊第 8 段	1955	2422	2092	786			
加横撑	1980	2492	2229	833			
吊第 9 段	1730	2022	1528	609	2800		
加横撑	1794	2177	1813		3209		

续上表

工 况	3索	5索	7索	索8(临时)	9索	10索	11索
安装10段	795	757	2461		2738	3111	
安装11段	705	50	1237		2367	4069	3231

分析表 8-10 可以发现，3、5、7 索在吊装过程中索力是逐渐减小的，即随着悬臂节段的增加，这些索的贡献越来越小。通过实践证明，该方法是可行的，它扬长避短，对于吊段较多的拱桥，这种调整方法有明显的优越性，具有一定的工程实际意义。

三、钢管内混凝土灌注施工过程控制

混凝土是钢管混凝土材料的重要组成部分；空钢管在架设完成以后，就要进行混凝土的灌注工作。钢管混凝土的灌注过程是主拱圈刚度逐渐形成的过程，灌注过程中的施工安全、质量对结构后期受力有很大的影响。

对于大跨径桥梁，混凝土数量较大，并且是逐渐凝固的。混凝土作为荷载施加在空钢管上，采用分阶段施工，混凝土分阶段凝固，整个结构的刚度逐渐形成，这对钢管的受力分布有一定影响。所以混凝土的灌注过程很重要，这就要求合理确定混凝土浇筑工艺和灌注顺序。

1. 钢管内混凝土的浇筑工艺

泵送顶升法采用混凝土输送泵将混凝土从低处往高处顶升。当加载程序是从拱脚往拱顶一次性浇筑时，从两端拱脚泵送；当泵送顶升高度较高时，可以采用分级泵送。为润滑管壁，减少泵送过程混凝土和管壁之间的摩擦力，应在泵送混凝土之前，先用压力水冲洗钢管内壁，必要时再使用水泥浆。随着混凝土在管内上升，管内的气压不断增大，为了减少空气压力，在钢管上每隔一段应开有排气孔。泵送混凝土时应协调两边泵送速度，尽量对称顶升，特别是接近拱顶时，要避免一边上升过快，因为经计算和实测表明拱顶段的灌注对拱肋轴向偏位影响很大；同时为了避免混凝土一边上升过快越过拱顶，在合龙段中间应该加设挡板。

2. 混凝土灌注顺序对结构的影响

由于每条拱肋的4根钢管中混凝土的数量大，必须按次序逐根灌注，先浇筑混凝土要承受后浇筑混凝土的重量。因此，不同的混凝土灌注次序对每根钢管及其中的混凝土产生的应力储备不同，对每根钢管的影响不大，但对管内的混凝土影响较大。上弦混凝土储备压应力大，下弦混凝土储备压应力小。管内混凝土采用从拱脚向拱顶方向按第一、二、三段顺序接力泵送混凝土，每灌一根后，待管内混凝土达到设计强度的80%以后再灌注另一根。

具体灌注顺序见图 8-23。

(1) 混凝土灌注顺序对结构受力的影响

先浇筑的混凝土将参与后期浇筑的混凝土受力，这

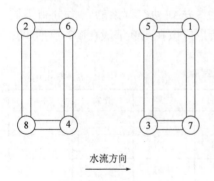

图 8-23 灌注顺序示意图

对各主钢管的受力会产生不同的影响。由于钢管在整个过程中受力均处于弹性状态,混凝土的受力也很小,所以可以采用线性叠加进行计算。

在整个计算过程中,结构两岸对称,故可用对称结构进行分析。在模拟浇筑过程时,由于将混凝土作为荷载对结构的影响并不是很大,所以可简化为荷载来计算液态混凝土对钢管的作用。为了更好地模拟在施工过程中的受力状态,对计算模型进行了工况细化:每灌注一根钢管的1/8就进行一次计算分析,由于是对称结构,共对32个工况进行分析比较。通过计算发现,在灌注一根钢管时,灌注到1/4时主拱的应力增量达到最大值,要比全部灌完一根时的增量要大15MPa左右,且最大应力产生在拱脚下弦处。调整灌注顺序并不能改善结构的最大受力,只是调整钢管和混凝土之间的受力分布,先灌的钢管在灌注完成后受力最小。这主要是先浇筑的混凝土将参与后期浇筑的混凝土受力。重庆巫山长江公路大桥拱脚处应力相差17MPa,拱顶处应力相差13MPa。

(2)混凝土灌注顺序对主拱线形的影响

在灌注时,混凝土逐渐硬化。在混凝土灌注和硬化过程中,对结构有两个方面的影响:一是混凝土的自重荷载施加在钢管上;二是混凝土的硬化使得钢管混凝土拱肋整体刚度增加。在灌注过程中,一般要求以对称均衡的原则进行施工,会对拱肋产生竖向和横向的变形。它对结构轴向(横向)产生的影响有:

①混凝土的硬化使整个拱肋的刚度提高;由于灌注是逐步的,刚度是慢慢加大的,并且各根钢管增加的速度不一样,因此钢管内的应力储备也就不一样,同时在整个拱肋会产生轴向偏位。

②液态混凝土作为荷载时,对拱肋产生的是偏载作用,所以在单侧灌注时,会对两条拱肋产生不同的压缩,这样就使拱肋长度不等。虽然差值比较小,但是对拱肋轴向影响是比较大的。

第①点和第②点对拱肋轴线影响是刚好相对的。也就是当整个拱肋的横向联结比较强,灌注对轴向刚度影响大时,全部灌完会向先灌侧偏移。但是当横向联结系较弱时,则第二点就比突出,也就是全部灌完后,整个拱轴线会向先灌注的另一侧偏。当两者影响量相当时,整个灌注过程中拱肋轴线不会产生很明显的变化。

通过对重庆巫山长江公路大桥的计算分析,比较了几种灌注顺序分别对拱肋轴线的影响,发现对轴线影响并不是很大。但是有一点,就是在灌注完成后轴线向先灌注的另一侧产生偏移,虽然偏移不大,但是我们能够从中看出拱肋长度比横向刚度对轴线的影响要大。

四、拱上建筑施工控制

拱肋的混凝土灌注完成后,主拱完成了拱肋的二次合龙,拱肋的刚度、强度也基本形成,稳定性得到了很大提高。钢管混凝土拱肋形成后就要进行拱上建筑的施工。拱上建筑是钢管混凝土桥梁的重要组成部分,拱上建筑也是逐渐施工形成的。拱上建筑的加载过程的顺序、安全、质量对最终成桥的应力与线形有很大的影响。

对于大跨径钢管混凝土桥梁,特别是像重庆巫山长江公路大桥这样的特大跨度钢管混凝土拱桥,拱上建筑是作为荷载施加在钢管混凝土拱肋上的,由于分阶段施工,横梁与桥面板分阶段吊装。整个结构的二次刚度是逐渐形成的,这对拱肋的受力与线形有很大的影响,所以合理确定拱上建筑(主要是横梁与桥面板)的施工顺序至关重要。

横梁与桥面板的数量和重量较大,在加载时有可能会引起拱肋的纵向失稳、钢管内的应力和高程变化过大以及横撑受扭转过大等问题。所以,加载过程一定要按照合理的安装程序来进行。拱肋加载应遵循对称与均衡的原则。对称原则即以拱顶为对称轴,桥两半跨对称加载;均衡原则即沿桥跨均匀加载,不允许加载过分集中。

(1)吊杆长度的计算

钢管的混凝土灌注完成后,进行吊杆安装。吊杆的下料长度对桥面的线形有较大影响。由理想的成桥状态来计算吊杆的无应力长度,然后再从当前的拱肋线形来修正计算吊杆的无应力长度。吊杆的无应力长度等于吊杆有应力长度减去吊杆的伸长值。吊杆的下料长度参照采用吊杆的修正长度。吊杆的修正长度具体计算结果见表8-11。

吊杆修正长度相关参数(m) 表8-11

吊杆编号	吊杆上垫块的实际高程			后期的预拱度	吊杆上垫块成桥的高程	吊杆的长度	修正量	吊杆的修正长度
	上游	下游	平均高程					
D1	263.453	263.427	263.440	0.333	263.235	14.698	0.127	14.570
D2	271.180	271.168	271.174	0.379	270.894	22.289	0.098	22.190
D3	278.209	278.233	278.221	0.422	277.903	29.232	0.103	29.128
D4	284.650	284.662	284.656	0.462	284.274	35.544	0.080	35.464
D5	290.451	290.437	290.444	0.498	290.021	41.237	0.074	41.162
D6	295.624	295.607	295.616	0.530	295.155	46.321	0.069	46.252
D7	300.184	300.165	300.175	0.559	299.686	50.808	0.070	50.739
D8	304.104	304.108	304.106	0.584	303.623	54.708	0.101	54.607
D9	307.509	307.474	307.492	0.606	306.977	58.030	0.091	57.939
D10	310.266	310.219	310.243	0.624	309.752	60.778	0.133	60.645
D11	312.468	312.440	312.454	0.638	311.956	62.960	0.139	62.820
D12	314.065	314.049	314.057	0.649	313.592	64.579	0.183	64.396
D13	315.182	315.152	315.167	0.656	314.664	65.640	0.152	65.488
D14	315.682	315.652	315.667	0.659	315.174	66.146	0.165	65.980
D15	315.600	315.610	315.605	0.659	315.174	66.146	0.227	65.918
D16	315.125	315.117	315.121	0.656	314.664	65.640	0.198	65.442
D17	314.065	314.058	314.062	0.649	313.592	64.579	0.179	64.401
D18	312.467	312.455	312.461	0.638	311.956	62.960	0.132	62.827
D19	310.248	310.224	310.236	0.624	309.752	60.778	0.139	60.638
D20	307.503	307.470	307.487	0.606	306.977	58.030	0.096	57.934
D21	304.123	304.007	304.065	0.584	303.623	54.708	0.142	54.566
D22	300.172	300.150	300.161	0.559	299.686	50.808	0.083	50.725

续上表

吊杆编号	吊杆上垫块的实际高程			后期的预拱度	吊杆上垫块成桥的高程	吊杆的长度	修正量	吊杆的修正长度
	上游	下游	平均高程					
D23	295.634	295.622	295.628	0.530	295.155	46.321	0.056	46.264
D24	290.454	290.459	290.457	0.498	290.021	41.237	0.062	41.175
D25	284.651	284.666	284.659	0.462	284.274	35.544	0.077	35.467
D26	278.242	278.242	278.242	0.422	277.903	29.232	0.082	29.149
D27	271.162	271.177	271.170	0.379	270.894	22.289	0.103	22.186
D28	263.454	263.454	263.454	0.333	263.235	14.698	0.113	14.584

注:1.上下游的吊杆上垫块高程的数据来自2003年12月13日的测量资料。
2.桥面设计高程、吊杆的弹性伸长来自设计资料。
3.吊杆的修正长度为吊杆的长度减去修正量。
4.预拱度按推力影响线分配。

(2)桥面板安装完成后的拱肋节段高程与桥轴线偏位情况(表8-12)

拱肋节段高程与桥轴线偏位实测表　　　　　表8-12

项目	位置	南三段	南五段	南七段	南九段	南十段	南十一段
高程(m)	上游	236.630	271.517	295.900	310.549	314.342	315.889
	下游		271.469	295.887	310.538	314.322	315.874
桥轴偏位(mm)			-75	-33	18	40	105
项目	位置	北三段	北五段	北七段	北九段	北十段	北十一段
高程(m)	上游	236.629	271.440	271.440	295.839	314.282	315.870
	下游	236.660	271.433	295.850	310.489	314.286	315.879
桥轴偏位(mm)			-27	23	80	90	110

五、施工监控成果

1.施工过程中拱肋变形监控成果

主拱结构施工计算分析所得出的主拱主要截面变形值与实测变形值基本吻合,主拱的线形变化得到了合理的控制。拱顶截面理论计算变形量与实测上、下游拱肋的拱顶截面变形量在允许的范围内,这也说明在结构计算中钢管混凝土组合截面的刚度取值是合理的。

2.主拱肋应力监测成果

(1)施工监测的实测值与计算值基本吻合,表明计算方法正确;钢管混凝土拱桥的组合截面形成后,结构荷载由两者共同承担。

(2)钢管混凝土拱桥在组合截面形成后,应力重分布,其中钢管的应力增量明显减小。

(3)在钢管混凝土拱桥的设计与施工中,钢管处于低应力状态,拱脚截面钢管最大应力为157.6MPa,是其极限强度的50%左右,也就是说钢管处在弹性阶段,安全储备系数较高。

(4)虽然混凝土与钢管共同承受结构荷载,但是在相当长时间里,混凝土局部应力可能是拉应力,并且在成桥和使用阶段混凝土的压应力比较小,拱脚截面钢管中混凝土最大压应力为16.046MPa,能够逐渐发挥混凝土的高强作用。

3. 斜拉扣挂法架设钢管拱肋的实践

斜拉扣挂法架设钢管拱肋是同类桥普遍采用的一种施工方法,重庆巫山长江公路大桥也采用该方法架设主跨钢管拱肋。扣索索力计算模型、扣索动态调索法和预抬高量控制法的综合应用,有效解决了调索次数与方法的限制,以及预抬量值无法精确计算等难题,较好解决了钢管拱肋架设过程高程与索力这两个主要控制指标。该理论不仅适用于动态调整扣索索力和拱肋高程的施工方法,而且也适用于一次张拉扣索索力和预设拱肋大段预抬高量。用优化计算的方法得出索力分布,然后以该索力状态的原始索长为初始状态进行倒装计算分析,使计算过程变得相对简化,并且大大减少了调索的次数,从而方便施工,提高了施工的精度。扣索动态调索法和预抬高量控制法综合应用与索力的优化计算巧妙绕开了混凝土的收缩徐变,是钢管混凝土拱桥施工控制的一个计算方法。重庆巫山长江公路大桥的工程实践证明了这种方法的正确性,该方法具有一定的推广价值。

第九章 斜拉桥施工控制

第一节 概 述

斜拉桥施工包括墩塔施工、主梁施工、斜拉索制作与安装三大部分。众多的桥梁结构中,在造型上、构造上最富于变化的莫过于斜拉桥。按照立面布置的不同,斜拉桥可分为独塔结构、双塔结构或多塔结构。斜拉桥主梁常用的断面有箱形梁、双主梁及板梁等结构形式。斜拉索的布置灵活多变,塔柱的建筑造型更是丰富多彩。

与多变的结构体系相对应,斜拉桥的施工方法也是多种多样的。斜拉桥主梁施工一般可采用支架法、顶推法、转体法、悬臂浇筑和悬臂拼装(自架设)方法。在实际工作中,混凝土斜拉桥施工以悬臂浇筑法居多,而结合梁斜拉桥和钢斜拉桥施工多采用悬臂拼装法。

悬臂浇筑法是在塔柱两侧用挂篮对称逐段浇筑主梁混凝土直至合龙。在施工中,索塔两侧的梁体因自重等荷载不可能绝对平衡,从而将产生一定的倾覆力矩。同时,两侧斜拉索张拉力也不一定对称,从而产生一定的水平推力。所以,当所施工的桥梁为飘浮体系、半飘浮体系和塔墩分离(塔梁固结)体系时,一般需做塔(墩)梁临时固结处理。

斜拉桥与一般梁桥相比,主梁较柔,抗弯能力差,当采用传统挂篮进行悬浇施工时,由于挂篮自重太大,梁塔和拉索设计由施工内力控制,极不经济。所以,施工中应尽量利用斜拉桥结构特点,充分发挥斜拉索的作用,以减轻施工设备质量,因此,目前使用较多的是前支点挂篮,也称为斜索式挂篮。前支点挂篮是将挂篮后端锚固在已浇梁段上,并将待浇段的斜拉索锚在挂篮前端,由斜拉索、已浇梁段来共同承担待浇节段的混凝土质量,相当于将传统挂篮中的悬臂受力变为简支受力,不足之处是在浇筑一个节段混凝土过程中要分阶段调索,工艺复杂。

由于斜拉桥结构较复杂,超静定次数高,塔柱空间位置、斜拉索位置、锚头相对尺寸等务必精确,否则将引起结构内力的变化;同时,为确保桥梁施工过程中结构安全和成桥线形平顺,施工中必须进行跟踪监控,监控对象主要是主梁高程、斜拉索索力和塔柱变位,并考虑混凝土收缩、徐变,温度变化等引起的高程变化;严格控制合龙时间和进行必要的技术处理,保证合龙段工程质量和成桥状态内力符合要求。

悬臂拼装法利用适宜的起吊设备从塔柱两侧逐节对称拼装梁体直至合龙。与悬臂浇筑一样,施工中对非塔、梁、墩固结的斜拉桥也要做临时固结处理。

对于混凝土主梁悬臂拼装,要特别注意对块件和相邻已成梁段的相对高差控制,确保主梁线形与设计相符。

对于钢梁悬臂拼装,合龙段施工是需要特别注意的。合龙段施工若处理不好,轻则影响结构内力分配以及桥面平顺;重则影响结构安全。根据实际情况,可采用自然或强迫合龙,施工时必须加强合龙控制。

一、施工计算的一般原则

（1）施工方案：由于斜拉桥的恒载内力与施工方法和架设程序密切相关,理论计算前应首先对施工方法和架设期间的施工荷载给出一个较为精确的数值。

（2）计算图示：斜拉桥架设过程中结构体系不断地发生变化,因此在各施工阶段应根据当时的结构体系、挂篮形式（前支点和后支点）和荷载状况选择正确的计算图示来进行计算、分析。施工中如果采用了临时拉索或临时支点,计算图示应包括这些临时构件,因为临时构件的内力、变形同样需要加以计算分析,唯有这样,计算图示才能全面、准确地反映实际的结构体系。

（3）结构分析程度：对大多数斜拉桥而言,施工计算采用平面结构分析方法已能满足实际架设控制的需要。但对大跨径斜拉桥以及斜拉桥的平面位于曲线上时,施工计算采用空间结构模型则是非常必要的。此外为了对施工过程的某些特殊问题（如 0 号段临时固结处的局部应力等）进行分析研究,也需根据当时的实际结构体系和荷载情况,选择相应的空间结构模式进行详细的计算分析。

（4）非线性影响：非线性对中小跨径斜拉桥的影响一般不大,但大跨径斜拉桥的施工计算则必须考虑非线性的影响,否则计算结果将产生较大偏差。其中,斜拉索的非线性影响在长索安装的初始阶段最为显著,这是因为长索的垂度本来就大,而安装拉索时初始索力又往往较小。对于大跨径斜拉桥,一般采用修正弹性量法（Ernst 公式）来考虑斜拉索的非线性影响。对于超大跨斜拉桥则需采用其他更可靠的方法。

（5）混凝土收缩、徐变的影响：大跨径斜拉桥的施工计算应计入混凝土收缩、徐变的影响。

（6）地震和风力：施工中还应考虑地震和风的袭击,必须对施工过程中最危险的状态进行抗震、抗风的验算。

（7）温度：温度对结构的影响是复杂的,施工阶段应单独计算温度变化对斜拉桥在不同结构体系状态下的影响,在某些特定的施工阶段（如合龙段施工前）应详细观测、记录温度对结构变形的影响规律,以便为下一阶段的施工提供准确的预测值。

二、施工阶段计算模型

斜拉桥一般由密索支承主梁,就其体系本身来说,是一种高次超静定结构,运用传统结构力学中的力法和位移法来解显然不便。近年来,随着计算技术不断发展,有限单元法已成为桥梁结构分析必不可少的得力工具。斜拉桥的静力、动力和施工过程分析大多基于有限元法,分别利用不同的单元类型模拟斜拉桥各相应的部位。在保证计算精度和计算结果合理的情况下,采用平面模型或空间模型。一般来说,利用空间模型分析能够真实反映斜拉桥施工的实际情况。

1. 拉索的模拟

通常可采用以下三种方法进行拉索的模拟。

（1）等效弹性模量直杆单元

用考虑垂度变化影响的有效弹性模量的直杆代替实际的拉索,其等效后的弹性模量可采用 Ernst 公式计算。

(2) 分段直杆法

即将斜拉索处理为多段弹性直杆单元,用分段的铰接杆来离散拉索,拉索的自重和外荷载作用在节点上,杆的轴向刚度需要考虑重力刚度。

(3) 曲线索单元法

当拉索比较长时,可用一个或多个曲线单元来模拟在自重作用下形成的悬链线形状,其刚度矩阵可由多项式或拉格朗日插值函数并考虑拉索在节点上位移关系来确定。

2. 塔的模拟

斜拉桥的索塔一般由塔柱和横梁组成,整体分析一般采用平面模型。采用实体单元、板壳单元、杆元(如混凝土内的劲性骨架、预应力钢筋)及其组合来模拟塔的结构行为则更为精确。

3. 主梁的模拟

根据截面的具体形式,分别采用相应的模型。一般来讲,可采取下列方法来离散主梁。

(1) 单主梁模型

单根主梁带刚性短刚臂的鱼骨式模型,该模型一般用于扭转刚度较大的全闭口断面斜拉桥主梁。

(2) 双主梁模型

该模型通常是将主梁截面的刚度平均分配到两纵梁上,纵梁之间用刚性横梁或用实际的横梁连接,上述模型能比较真实反映斜拉桥的力学行为。

(3) 三主梁模型

主梁离散为三根主梁组成的框架结构,将主梁截面的侧向、竖向抗弯刚度等效分配在三根主梁上,不考虑横梁的竖向抗弯刚度的影响。该模型能有效考虑约束扭转刚度。

(4) 体、板壳单元

将加劲梁、横梁的腹板、翼板和桥面板离散为实体、板壳单元。该方法能够较真实反映主梁结构的力学行为,虽然计算量较大,但就目前计算技术的发展水平,完全可以解决。

上述主梁中若存在劲性骨架、预应力钢筋的混凝土结构,对劲性骨架、预应力钢筋则另采用杆元进行模拟。

三、几何非线性与二次效应问题

1. 考虑斜拉桥几何非线性的影响

斜拉桥是一种柔细结构,随着跨径的不断增大,其荷载和变形的几何非线性行为越来越明显。在施工控制分析中,为了尽可能反映真实情况,需要考虑上述非线性因素的影响。一般来说,引起斜拉桥的几何非线性因素有三种。

(1) 斜拉索的垂直影响

因施工阶段斜拉索所受到的拉力比成桥阶段小,故由拉索垂度影响而引起的非线性较明显,通常采用(Ernst 公式)修正斜拉索原始弹性模量的方法,来考虑斜拉索垂度引起的非线性

影响,即:

$$E_1 = \frac{E_0}{1 + \frac{r^2 l^2}{12\sigma_0^3}E_0} \tag{9-1}$$

式中:E_0——不考虑斜拉索垂度影响的弹性模量,即斜拉索的实际弹性模量 E 值;

r——斜拉索单位体积质量;

σ_0——斜拉索应力;

l——斜拉索的水平投影长度。

(2)梁柱效应

斜拉桥主梁和桥塔都是压弯构件,其截面弯矩和轴力之间会产生耦合效应,通常采用下列方法来处理梁柱效应:引入稳定函数,修改单元刚度矩阵,由位移与应变关系式,利用最小势能原理(虚功原理),建立单元切线刚度矩阵,求解非线性方程组。

(3)大变形效应

斜拉桥是一种柔细结构,在荷载作用下,会发生显著的变形,当用有限元来分析时,各单元的节点坐标、长度、夹角等几何特性也会产生较大的变化。此时单元刚度矩阵为结构变形的函数,平衡方程 $F = K\delta$ 不再是线性关系,弹性小变形中的叠加原理不再适用。通常,可采用有限位移理论来解决,根据变形后的几何位置来建立平衡条件,采用全拉格朗日列式法(T. L.),或更改的拉格朗日列式法(U. L.),结合迭代法、增量法或混合法等来解非线性方程组。上述两种列式中,更改的拉格朗日列式法比较适合杆系几何非线性分析。

设上述梁单元节点位移向量为 $\{u_i, v_i, w_i, \theta_{xi}, \theta_{yi}, \theta_{zi}, u_j, v_j, w_{jk}, \theta_{xj}, \theta_{yj}, \theta_{zj}\}^T$。当梁单元上无外荷载时(图9-1),其总势能可由下式确定:

$$\Pi = \frac{1}{2}\delta^T K \delta - \delta^T P \tag{9-2}$$

式中:δ、P、K——节点位移矩阵、节点荷载矩阵、单刚矩阵。

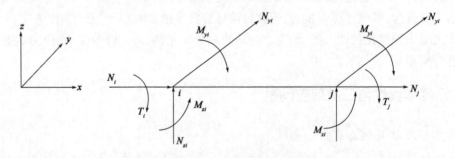

图9-1 空间两单元

由轴力和杆单元弯曲变形引起的轴向应变为:

$$\varepsilon_x = \frac{du}{dx} + \frac{1}{2}\left[\left(\frac{du}{dx}\right)^2 + \left(\frac{dv}{dx}\right)^2 + \left(\frac{dw}{dx}\right)^2\right] \tag{9-3}$$

由曲率$\dfrac{d^2v}{dx^2}$产生的轴向应变为：

$$\varepsilon_x = -y\dfrac{d^2v}{dx^2} \tag{9-4}$$

由曲率$\dfrac{d^2w}{dx^2}$产生的轴向应变为：

$$\varepsilon_w = -z\dfrac{d^2w}{dx^2} \tag{9-5}$$

将式(9-3)~式(9-5)相加,可得到空间单元的轴向应变和剪切应变：

$$\begin{cases} \varepsilon_x = \dfrac{du}{dx} + \dfrac{1}{2}\left[\left(\dfrac{du}{dx}\right)^2 + \left(\dfrac{dv}{dx}\right)^2 + \left(\dfrac{dw}{dx}\right)^2\right] - y\dfrac{d^2v}{dx^2} - z\dfrac{d^2w}{dx^2} \\ \gamma = \rho\dfrac{d\phi}{dx} \end{cases} \tag{9-6}$$

式(9-6)就是空间梁单元的几何非线性方程组。

根据最小势能原理,由式(9-2)有：

$$\dfrac{\partial \Pi}{\partial \delta} = 0 \tag{9-7}$$

于是,可导出基于更改的拉格朗日列式法的平衡方程为：

$$(\boldsymbol{K}_{0t} + \boldsymbol{K}_{Gt})\boldsymbol{\delta} = \boldsymbol{K}_{Tt}\boldsymbol{\delta} = \boldsymbol{R} \tag{9-8}$$

式中：$\boldsymbol{K}_{0t}$——t时刻的弹性刚度矩阵；

$\boldsymbol{K}_{Gt}$——t时刻的初应力刚度矩阵或几何刚度矩阵；

$\boldsymbol{K}_{Tt}$——t时刻的切线刚度矩阵,它表示荷载增量与位移增量之间的关系。

基于全拉格朗日列式法(非线性刚度法),推导的平衡方程为：

$$(\boldsymbol{K}_0 + \boldsymbol{K}_G + \boldsymbol{K}_L)\boldsymbol{\delta} = \boldsymbol{K}_T\boldsymbol{\delta} = \boldsymbol{R} \tag{9-9}$$

式中：$\boldsymbol{K}_0$——小变形弹性刚度矩阵；

$\boldsymbol{K}_G$——几何刚度矩阵,或初应力刚度矩阵或稳定系数矩阵,其与单元几何特性和单元所达到的应力水平有关；

$\boldsymbol{K}_L$——大位移矩阵,它由大位移引起,依赖于结构的位移。

值得注意的是,在推导基于全拉格朗日列式法(T.L.)和更改的拉格朗日列式法(U.L.)的平衡方程过程中,许多文献采用不同程度地简化,所以得出的上述各刚度矩阵的显式表达形式各异,计算的精度也因此不同。

更改的拉格朗日列式法(U.L.)和全拉格朗日列式法(T.L.)的主要区别在于：对更改的拉格朗日列式法,其切线刚度矩阵中没有大位移矩阵,且$\boldsymbol{K}_{0t}$、$\boldsymbol{K}_{Gt}$是在t时刻物体域中进行积分的,而全拉格朗日列式法中的$\boldsymbol{K}_0$、$\boldsymbol{K}_G$、$\boldsymbol{K}_L$是在未变形前即$t=0$时刻物体域上进行积分的。更改的拉格朗日列式法在每一步增量结束时,须重新计算变形后结构新的几何位置(节点坐标)。弹性刚度矩阵$\boldsymbol{K}_{0t}$、几何刚度矩阵$\boldsymbol{K}_{Gt}$是建立在已变形t时刻的初始状态。在全拉格朗日列式法(T.L.)中,由单刚组成总刚时,应该用$t=0$时刻各单元坐标系与结构总体坐标系的方向余弦,并且该方向余弦在整个求解过程中各个时刻是不变的；而在更改的拉格朗日列式法(U.L.)中,由单刚组成总刚时,应该用t时刻各单元坐标系与结构总体坐标系的方向余弦,而且在每一增量步骤中,该方向余弦是变化的。

2. 二次效应问题

当结构的薄壁效应影响比较明显时,可通过修正结构的弹性刚度矩阵及截面翘曲影响来计算。同时,应注意考虑截面的畸变、剪力滞后等因素引起的二次效应。

四、施工阶段计算荷载

斜拉桥施工时因恒载引起的内力与变形、采用的施工方法有着很大的关系。对于一座具体的斜拉桥,施工前首先应确定一个合理的、行之有效的施工方案。斜拉桥主梁施工除钢主梁和钢-混凝土叠合式主梁采用工厂预制加工、工地现场起吊拼装就位外,预应力混凝土(PC)主梁大多用挂篮现浇或活动托架浇筑,有时也采用预制拼装等方法。主梁施工时的施工计算荷载除恒载及人群、施工机具等荷载外,还须考虑预应力、斜拉索的张拉力等;对于大跨径预应力混凝土(PC)斜拉桥还应计入混凝土的收缩、徐变的影响,徐变的计算应根据实际情况采用合适的徐变计算理论;温度的影响也应考虑,因为温度对结构的影响比较复杂,在施工的每一阶段应单独分析温度变化对结构的影响,在接近合龙的施工阶段,应该做好详细的实地观测,记录温度对结构变形作用随时间变化的规律,以便为下一阶段的施工提供必要参考;施工过程中还须考虑地震力和风力的作用,应对施工过程中最不利状态进行抗震、抗风(强度和稳定性)验算。通常来说,斜拉桥在施工合龙前最大悬臂状态是最不利的,应采取相应的措施防范风致破坏。

五、斜拉桥施工控制模拟分析方法

斜拉桥施工控制中的结构分析计算方法有多种,结合施工控制具体需要,归结起来主要有下列3种。

1. 倒装分析法

倒装分析法是斜拉桥施工计算中广泛采用的一种方法。通过对斜拉桥由成桥状态(即理想的恒载状态)出发,按照与实际施工步骤相反的顺序,进行逐步倒退计算而获得各施工阶段的控制参数。在不考虑混凝土收缩、徐变影响的前提下,按倒装分析法确定顺序和斜拉索张拉索力值进行正装施工,理论上斜拉桥的恒载内力和线形便可达到预定的理想状态。

对于大跨径混凝土斜拉桥,施工计算中如不考虑混凝土收缩、徐变的影响,计算结果将发生较大的偏差。混凝土的徐变与结构形成过程有关,原则上倒装分析法无法进行徐变计算。这是因为徐变计算在时间上只能是顺序的,而倒装分析法在时间上则是逆序的。一般可用迭代法来解决这个问题,即第一轮倒装计算时不计混凝土的收缩、徐变,然后以倒装计算结果进行正装计算,逐阶段计算混凝土的收缩、徐变影响,再进行倒装分析法计算时,按阶段叠加加入正装计算时相应阶段混凝土的收缩、徐变影响,如此反复迭代,直至计算结果收敛。

2. 正装分析法

采用倒装分析法进行施工计算,斜拉桥架设各阶段的控制参数和主梁的架设线形必须待倒装分析全部完成后方能获得。施工中如遇架设方案有较大的改变或施工荷载有较大的变化,则需重新进行计算;当采用预制块件悬臂拼装施工方法时,为获得准确的制梁线形,施工前必须完成倒装分析。而运用正装分析法对斜拉桥的架设进行施工计算,面临同样的问题时则能更加灵活、方便地予以解决。

正装分析法采用与斜拉桥施工相同的顺序,依次计算各阶段架设时结构的施工内力和位移。然后依据一定的计算原则,选择适当的计算参数作为未知变量,通过求解方程而获得相应的控制参数。只要计算参数选择得当,结构依据正装分析法所获得的控制参数、施工顺序施工完毕时,理论上斜拉桥的恒载内力和主梁线形应与预定的理想状态基本吻合。

以下是采用悬臂施工方法的斜拉桥运用正装分析法进行施工计算时所常用的一些设计原则。

(1) 刚性支承连续梁法

刚性支承连续梁法是在施工过程中及成桥后多次张拉斜拉索索力,使斜拉桥主梁在恒载状态下的内力与相应的刚性支承连续梁的内力大体相近。因此施工阶段的计算原则一般为:主梁悬臂端的挠度保持为零,已浇筑完成的主梁具有刚性支承连续梁的内力,斜拉索索力根据施工荷载的变化做相应的调整,控制梁塔的内力和变形。

计算中须注意的是,当主塔一侧的主梁及与桥墩连接的另一侧主梁仍为悬臂状态时,与桥墩相连一侧主梁前端的挠度变化为零(或很小)而塔柱则产生较大的位移,故计算上相应地将该侧主梁的悬臂端挠度保持为零改为塔顶水平位移保持为零。

(2) 四点(三点)为零法

此法由刚性支承连续梁法发展而来,对主梁在施工阶段的受力状态作了进一步的优化。其相应的计算原则为主梁悬臂的挠度保持为零,且随后的4(3)个节点的主梁弯矩亦保持为零,以避免该部分主梁的混凝土桥面板出现拉应力。其余计算原则与刚性支承连续梁法基本相同。这里的节点是指斜拉索与主梁轴线的交点。上海南浦大桥、杨浦大桥的施工计算就是采用这一计算原则。

(3) 零弯矩法

零弯矩法适用于斜拉桥采用预制块件悬臂拼装的施工方法进行安装、架设。其主要设计构思为:新增斜拉索索力的垂直分力与现安装预制构件的重力相等,同时通过在主梁内施加纵向预应力(分体内索和体外索两种),使得拼装面上的弯矩为零。于是现安装的预制构件对已拼装的主梁既不传递剪力,也不传递弯矩,只传递轴向力,因此理论上后安装预制构件对已架设的结构不产生新的位移。新安装的梁段也没有挠度变形,其高程即为设计高程。

(4) 内力平衡法

以斜拉索初张力为未知数,各截面特性以及初张力以外的恒载内力和活载内力为已知数,设计合理的斜拉索初张力,以使结构各控制截面在恒载和活载共同作用下,上缘的最大应力和材料容许应力之比等于下缘的最大应力和材料容许应力之比。

实际上,施工过程中结构内力和构件单位的浇筑(安装)高程如何确定才能实现成桥状态(受力、线形)符合设计要求,是正装分析法的最大难点。

3. 无应力状态法

倒装分析法建立了桥梁施工中间结构状态与成桥目标状态之间的联系,正装分析法可通过试算确定施工中间状态,并使结构施工中间状态的内力和线形满足成桥目标要求。上述两种方法均是以结构的内力和线形建立施工中间状态和成桥状态之间的关系。然而,结构内力和位移状态与结构体系和外荷载紧密相关,当桥梁施工过程中的外荷载和结构体系不可避免地发生变化时,结构内力和位移也随之变化,不过,结构构件单元的无应力状态下的长度和曲率却是一个相对稳定的状态量。

所谓无应力状态法,是指当不考虑与桥梁结构形成时间和形成应力历史有关的参数,如不考虑混凝土桥梁的收缩和徐变等影响时,则不论实际结构的形成过程如何,只要最终结构的成桥状态结构构件单元的无应力长度、无应力曲率、外荷载和支承边界的位置一定,则最终结构的内力状态和位移状态与结构的形成过程无关。利用上述结构特点,在确定满足成桥目标状态需要的中间施工过程理想状态时,可以用桥梁结构各构件单元的无应力长度和无应力曲率建立中间施工过程与桥梁的最终成桥状态之间的联系,直接计算满足成桥状态要求条件下的施工过程中构件上应施加的内力,如斜拉索到位、张拉的索力、桁架杆件轴力等,实现成桥目标状态的自动逼近与控制。无应力状态法由秦顺全首次提出,并在武汉长江二桥桥面安装计算中应用。

斜拉桥施工过程中,作用于结构上的荷载除结构恒载外,还有大量用于施工的临时设备荷载。一方面,施工临时荷载具有不确定性和移动性,其控制的好坏直接关系斜拉桥成桥后的结构受力与线形。另一方面,为保证斜拉桥施工阶段和成桥阶段的内力与线形,若对施工设施在桥面放置位置和移动限制过多,会影响现场施工作业的效率。斜拉索的张拉和调整所占用的工时在整个斜拉桥上部结构的建造中比较多。反复地张拉斜拉索,并且在张拉斜拉索时其他一切的工序都无法进行会增加工期,影响施工进度,所以施工中在保证结构安全的前提下应尽量减少斜拉索的张拉次数。并且在张拉斜拉索的同时允许其他工序的同步进行是很有必要的,实现施工过程多工序同步作业,对实现工程的整体效益具有重要意义。无应力状态法恰好适应在张拉斜拉索的同时进行其他工序作业。

第二节 斜拉桥施工控制内容与方法

斜拉桥施工过程中理论计算值和工地现场实测值之间总会存在误差。这些误差的来源较多,大致包括:

(1)施工误差。
(2)施工中的结构分析误差。
(3)决定结构内力、变形的参数(包括材料弹性模量、材料收缩、徐变特性、结构尺寸、结构自重、施工荷载等)的误差。
(4)测量误差。
(5)温度影响等。

为确保斜拉桥顺利合龙、结构的内力处于最优状态、成桥线形符合设计要求,必须采取一定的措施加以控制。

一、斜拉桥施工控制系统

斜拉桥施工过程涉及的面很广,受到的影响较多,必须对其进行系统控制。斜拉桥施工控制是通过施工—监测—结构分析—状态预报、调整—施工的循环过程来实现的,所以,斜拉桥施工控制系统也就需有监测分系统、分析分系统、预报分系统、调整分系统等的支持,如图9-2所示。

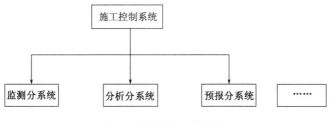

图 9-2 斜拉桥施工控制系统

二、斜拉桥施工控制的目的

对斜拉桥施工实施控制的目的主要有以下几个方面。
(1)确保桥梁施工中的安全和顺利合龙。
(2)确保结构内力处于最优状态。
(3)确保成桥线形符合设计要求。

概括起来,斜拉桥的施工控制主要包含以下两个方面。
(1)根据选定的施工方法对施工的每一阶段进行理论计算,求得各施工控制参数的理论计算值,形成施工控制文件。
(2)针对实际施工过程中由于各种因素所引起的理论值与实测值不一致的问题,采用一定的方法在施工中加以调整、控制。

斜拉桥与其他桥型结构的差异在于其索力是可调的。通过千斤顶对斜拉索进行张拉或放松,能调整梁的高程,改善梁的内力状态,使其符合所选定的最佳状态。因此斜拉桥的施工控制问题,主要是索力的控制问题,其次是主梁内力和梁面高程。

斜拉索索力大小,一般是以结构的最终状态(梁自重 G_0,桥面系重力 P_1,活载 P_2 和混凝土收缩、徐变等)为标准设计的,其索力为 T_a,而在施工过程中,主梁呈双悬臂状态,仅有梁自重 G_0、临时施工荷载 P_0 等,及与其相平衡的索力 T_0,与结构最终状态的索力是不同的。如何协调 T_a 和 T_0 两者之间的关系,即解决两种不同状态的矛盾,是斜拉桥施工控制的主要内容。为减少非线性影响,目前斜拉桥设计索力已用到破断拉力的 40% 左右。因此在所有施工过程中,所发生的最大索力不宜超过设计值。当施工荷载 P_0 特别大时,在临时情况下,经设计单位同意,索力可用到 $(0.50 \sim 0.60)T_{max}$,但施工荷载移位后,原张拉的索力一般应放松,回到与主梁自重 G_0 相平衡的状态。这一短时间内索力的紧与松是施工进程中的局部调索,应与合龙后的结构调索有所区别。

斜拉桥主梁的施工状态与成桥状态的差异很容易在梁内产生附加内力。为保证主梁在施工中的安全和成桥后的应力状态最佳,主梁的应力也是很重要的控制目标。

成桥状态能否符合设计线形要求是工程验收的主要内容之一,但高程有以下不同状态的标准。
(1)合龙前的主梁符合设计线形,但桥面系施工后的重力 p_1 使主梁产生挠度 f_1,再经若干年混凝土徐变和斜拉索非线性影响完成后下挠 f_2,合龙后共计下挠 f_1+f_2。
(2)合龙前主梁高程抬高 f_1,浇筑桥面系(重力 p_1)后主梁符合设计线形,若干年后再产生下挠 f_2。

(3) 合龙前主梁高程抬高 f_1+f_2，若干年后主梁下挠线形符合设计线形。

总之，三种不同标准将决定工程控制采用不同的理论计算方法，在施工前应先确定采用哪种标准并得到设计认可，然后才能制订相应的控制方法。

斜拉桥成桥线形符合设计要求及主梁应力在安全范围内是施工控制的基本原则。

一般来说，斜拉桥施工时，在主梁悬臂架设阶段确保主梁线形和顺、正确是第一位的，施工中以高程控制为主。二期恒载施工时为保证结构的整体内力和变形处于理想的状态，斜拉索张拉时以索力控制为主。所谓"高程控制为主"，并非只控制主梁的高程，而不顾及斜拉索索力的偏差。施工中应根据结构本身的特性和施工方法的不同，采取相应的控制策略。如果主梁刚度较小，斜拉索索力的微小变化将引起悬臂端挠度较大的变化，斜拉索张拉时应以高程测量进行控制。如果主梁刚度较大（或主梁与桥墩连接后结构刚度大为增加），斜拉索索力变化大而悬臂挠度的变化却非常有限，施工中则应以拉索张拉吨位进行控制，然后根据高程的实测情况对索力做适当调整。此时高程、线形的控制主要通过混凝土浇筑前放样高程的调整（采用悬臂浇筑施工方法时）或预制块间接缝转角的调整（采用悬臂拼装施工方法）来加以实现。

在施工中，如发现主梁和索力误差较大，应暂停施工，查明原因，及时纠正，尽可能使两者均满足要求。

三、斜拉桥施工监测的内容

斜拉桥是高次超静结构，它对成桥线形有较严格的要求，每个节点坐标的变化都会影响结构内力的分配。桥梁线形一旦偏离设计值，势必导致内力偏离设计值。另外，主梁、索塔和拉索之间刚度相差悬殊，受拉索垂度、温度变化、风力和日照影响、施工临时荷载、混凝土收缩、徐变等复杂因素干扰，使力与变形的关系十分复杂。在施工理论计算中，虽然可以采用多种计算方法计算出各施工阶段或步骤的索力和相应的梁体变形，但是按理论计算所给出的索力、线形进行施工时，结构的实际变形却未必能达到预期的结果。这主要是设计时所采用的计算参数，诸如材料的弹性模量、构件质量、混凝土的收缩、徐变系数、施工中温度变化以及施工临时荷载条件等与实际工程中所表现出来的不完全一致引起的。斜拉桥在施工中表现出来的这种理论与实际的偏差具有累积性，如不进行及时有效控制和调整，随着主梁悬臂施工长度的增加，主梁高程最终会显著偏离设计目标，造成合龙困难，并影响成桥后的内力和线形。因此，斜拉桥施工监测、控制是保证斜拉桥达到设计要求的重要手段。

斜拉桥施工监测、控制是一个施工—测量—计算分析—修正—预告的循环过程，最根本的要求是在确保结构安全施工的前提下，做到主梁线形和内力符合设计规定的允许误差范围。而测量是施工监测、控制中的重要环节，它包括几何指标参数的测量和力学指标参数的测量两部分。

1. 监测目的

施工监测是施工控制的基础和重要组成部分。通过监测所获得的斜拉桥在各阶段结构内力、变形以及其他特征量的数据资料，是对斜拉桥实施控制、调整的主要依据，同时也是监测施工、改进设计、确保结构在施工过程中安全的重要手段。

2. 监测内容

施工控制中的监测内容主要有主梁及塔索的变形监测、结构各控制截面的应力应变监测、索力大小监测、温度影响监测、挂篮变形监测以及其他一些参数(如混凝土的弹性模量和结构几何尺寸等)的监测。

主梁变形测试是在斜拉桥每一施工阶段中测定每一工况下主梁的变形,可根据每一工况前后的高程来确定。

索塔变形测试主要测定某些关键工况前后索塔沿桥轴线方向的位移,对于采用空间索的斜拉桥必要时还需测定横向水平位移。

应力测试主要是测定某些工况前后主梁或索塔内若干控制截面的应力变化。

索力测试是测定每一施工阶段内每一工况前后斜拉索的索力大小。

温度影响测试主要测定典型气候条件下全天24h内的温度变化对主梁挠度、索塔变形以及索力大小等的影响。

挂篮变形测试是指梁段混凝土浇筑前后挂篮变形的测定,并以此作为立模高程调整的依据之一。

3. 施工控制中的测量

上述桥塔、主梁、挂篮变形测试主要是通过测量手段进行的,保证测量数据的准确性,是桥塔、主梁、斜拉索施工放样的关键,其误差对结构内力、线形有较大影响。

(1) 测量精度控制系统

全站型电子速测仪可以单机、远程、高精度快速放样或观测,并可选择性地避开施工干扰,是目前斜拉桥施工主要的高精度测量仪具。

施工测量控制网是施工放样中变形测试的基准。为了确保测量精度,一般需要在原有控制网的基础上进行网点加密,并对其进行严密平差及定期复测。高程控制网的两岸必须进行跨河水准校准,以保证两岸高程的统一。高程控制网的布设应与平面控制网的布设同时进行,采用全站仪时放样用的主要平面控制点应纳入高程控制网,统一联测平差。高程控制网的基本网和加密网精度保持一致,其精度根据规范确定,复测精度与建网精度相同。

为保证施工放样或观测的精度和速度,对放样或观测的主要控制点应设强制对中固定观测墩座;对于其他控制点也应尽量设强制对中固定标志杆,以便精确照准。

采用全站型电子速测仪可直接由控制点进行三维放样或观测主梁、桥塔及索管,可达到很高的精度。桥塔和主梁上的斜拉索套管定位宜选用同一控制点,以使套管的相对定位精度与该控制点本身误差无关。

(2) 桥塔变位测量

桥塔变位测量包括顺桥向和横桥向两个方向变位值的测量。

桥塔在施工和成桥状态通过斜拉索均承担相当部分的梁体质量。在不平衡荷载、大气温差及日照影响下,均会使桥塔产生不同程度的变位。为了不影响主梁的架设施工,必须研究掌握主塔在自然条件下的变化规律以及在索力影响下偏离平衡位置的程度。

桥塔变位测量主要采用天顶基准法、投影法(测小角法)、测距法等三种方法,所使用的仪器设备为经纬仪和全站仪等。测站点的布置一般选在梁顶面上较为适当的位置,观测点的布置可随测试阶段做相应调整,一般设置在塔柱侧壁或顶端。

通过测量提供塔柱在日照下随温度变化发生纵横桥向偏移的曲线,以及在主梁施工过程中塔柱的变位值。

(3)梁体线形测量

主梁线形测量包括高程测量和中线测量。

高程线形测量采用几何水准测量法,测出已施工各节段的节段控制水准点的绝对高程,再根据各节段竣工时测得的与其梁底的高差,推算出相应节段的梁底高程。为消除日照温差引起的梁体不规则变化,线形测量应选择在温度变化小、气候稳定的时间段进行,测量工作持续的时间越短越好。

随着液体静力水准测量仪的改进和自动化程度的提高,在主梁坡度较小的情况下,可以在每个挠度观测点上安置一台液体静力水准仪的观测头,并将它们用软管连接起来。在试验准备期间,将观测头调整在大致相同的高程面上。当观测头和软管内充满液体时,即可根据观测头中液面状态及其变化测定观测点的高程和变化量。这种方法不仅可以求得主梁在观测时的瞬时高程和挠度状态,而且还可以进行连续跟踪观测,这一点对于成桥状态的荷载试验显得更为重要。

中线测量是观测已施工节段的中线点相对于桥轴线的偏距。由于梁体受混凝土徐变和现浇段超重以及施工偏差、塔柱扭转等因素的影响,容易使梁体产生局部变形或引起整个梁体偏离桥梁中心线。为了保证边、中跨按设计中线正确合龙,必须控制主梁中线偏差值,一般应将偏离控制在10mm以内。

中线测量的一般方法是将经纬线安置在0号块主梁中心点上,以另一墩主梁中心线后视点定向。对于与后视方向同侧的主梁中线测量,可采用视准线法直接利用钢尺测量每一块主梁中心点的偏离值;对于与后视方向异侧的主梁中线测量,则采用正、倒镜观测法,依次测量每一块主梁中心点的偏离值,最后取两次结果的平均值作为该主梁中心点的偏离值。后者也可采用正倒镜观测确定最前端一块主梁的中心线方向,再以此方向定向,依视准线法直接一次读取每一块主梁的中心点的偏离值。

中线测量观测时间应与高程线形测量同步。

高程测量和中线测量的测点一般均布置在梁顶面上。观测点断面间距应根据主梁长度确定。一般情况下,在梁体应力、温度测量断面必须设点,其他部位可酌情确定。

通过测量提供主梁在各施工阶段的高程实测值和中线实测值;提供主梁线形随温度变化的曲线,以随时掌握主梁温度变形的影响。

(4)测量时机的选择

设计时所提供的每个施工节段的相应桥面高程和其他变形值,一般是基于某种标准气温下的设计值,而大型斜拉桥往往跨季节、跨昼夜施工。温度变化,特别是日照温差的变化对于斜拉桥结构变形的影响大且十分复杂,将温差变化所引起的结构变形从实测变形值中分离出来相当困难。因此,应尽量选择温度变化小的时机进行测量,力求将日照温度对施工控制的影响降低到最小限度。对一些斜拉桥温度影响的测试表明,凌晨日出之前的气温较稳定,且最接近季节平均气温,是测量的较好时机。

4. 应力与索力测试

1) 桥塔的应力测试

桥塔主要承受斜拉索传下来的竖向力与桥塔两边拉索力水平分力差引起的弯矩,同时,施工过程中的施工荷载以及突发施工事故将使桥塔产生较大的变形与应力,所以,在施工过程中应对这些状态的应力进行监测,根据监测情况提出相应的对策,以确保施工中结构的安全。通常应在桥塔塔柱底部截面、桥面处塔柱截面以及其他可能出现较大应力的截面埋设传感器(如钢弦式混凝土应变计等),观测塔施工至下横梁、中横梁、塔柱完成、架设斜拉索以及主梁安装架设(对钢斜拉桥、叠合梁斜拉桥等)或悬臂浇筑(对于混凝土斜拉桥)过程中的关键工况应力。另外,还应对塔在施工中可能承受的包括风荷载在内的其他荷载引起的应力进行监测。

2) 主梁应力测试

斜拉桥应力监测量包括梁的安装应力监测和塔的施工应力监测两类。主要目的是了解梁塔控制截面的应力状况,并对梁体质量及其他荷载变化情况进行判断,确保结构施工安全。

施工应力测试须长期进行现场观测,且涉及的测试技术应用难度较大。至今,国内外尚无十分完善的解决办法。

施工应力测试影响因素相当复杂,除荷载作用引起的弹性应变之外,还有与收缩、徐变、温度等因素引起的应变有关。对混凝土梁,在埋设应力测点的相同部位埋设无应力计,补偿混凝土自身的体积应变、收缩应变以及自由温度应变。并且在测试工艺上采取有效措施,使混凝土徐变和温差产生的应变减少到最低限度,或根据测量时的龄期、环境温度状态进行修正,基本上可以达到施工监控的目的。

施工应力测试截面一般由设计单位根据施工计算的控制截面确定,原则上应包含以下几个方面:安装阶段的最大正、负弯矩截面,成桥状态的最大正、负弯矩截面,主塔及其横梁的应力控制截面以及设计角度考虑的其他控制截面。由于施工应力测试成本相当高,为了既能满足施工监控的要求,又不至于投入多余的财力,一般情况下可选择 6~10 个梁体应力监测断面,可选择 4~6 个桥塔应力测试截面。

混凝土梁施工应力测点一般测试截面的法向应力,对于箱梁截面应在顶板和底板上布设测点,对于边主梁结构应在主梁上下边缘处布设测点,方向与截面法向一致。对于箱梁还应在剪力控制截面剪力最大部位设置主应力测点。在主横梁中部设横向应力测点。

对钢箱梁和钢桁梁结构,可选择在控制部位、控制杆件、连接部位等处布置手持式应变计测点或表面式应变力计,并读取初始读数和钢构件温度及环境温度,结合温度补偿测点的数值,以便正式测量时参照修正。

施工中,对主梁控制性截面应力进行跟踪观测,测试阶段划分如下:

(1) 每个梁段吊装就位,斜拉索张拉前后,与斜拉索索力测量同步。

(2) 全桥合龙前后。

(3) 二期恒载作用后。

对于混凝土斜拉桥,通常采用埋置式钢弦应变计测试。测试阶段随悬臂施工阶段(施工一个梁段称为一个阶段)中工况划分的不同而不同,对每个施工工况都应进行主梁应力测试。施工中根据挂篮及主梁的受力情况,一个施工阶段中工况划分(以前支点挂篮为例)可以是挂篮前移并定位立模→第一次张拉前支点斜拉索→主梁混凝土浇筑→预应力张拉、落挂篮→第二次张拉斜拉索至安装索力;或是挂篮前移并定位立模→第一次张拉前支点斜拉索→浇筑1/2的主梁混凝土→第二次张拉前支点斜拉索→主梁混凝土浇筑完成→预应力张拉、落挂篮→第三次张拉斜拉索至安装索力;必要时还可将混凝土分三次浇筑,斜拉索分四次张拉,则一个阶段共分为9个工况,以进一步改善受力状态。

通过应力测量获得各施工状态下监测截面的应力值、塔柱监测截面的应力值以及成桥状态下各监测截面的恒载应力水平。

3) 斜拉索索力测试

斜拉索张拉力直接影响主梁的内力和线形,索力状态是反映全桥内力状态的重要指标。借助专业设备测定施工过程中以及成桥阶段的索力是施工控制中的主要工作之一。

测量拉索索力的准确与否直接关系主梁的线形,乃至施工安全,因此,在施工中必须确保索力测试结果正确可靠。

索力测量一般采用脉动法(频谱分析法),利用附着在拉索上的高灵敏度传感器拾取拉索在环境振动激励下的振动信号,经过滤波、放大和频谱分析,再根据频谱图来确定拉索的自振频率,最后根据自振频率与索力的关系确定索力。

考虑到拉索弯曲刚度的影响,为保证索力测量的精度,在正式测量前,应对斜拉索按直径分类,每一类选择长、中、短三根索,根据缆索工作的索力范围,以不同的吨位进行标定,得出频率与索力的关系,以此对用理论公式计算的索力进行修正。索力换算不仅要符合基频,而且要用前 $3 \sim 4$ 阶频率做验证。

索力测量阶段划分一般与主梁应力测试相同。

索力测量分为三个状况,即监控状况、调索状况、成桥状况。

监控状况是指为控制分析提供所需的数据。当吊机(对预制拼装施工)或挂篮(对悬臂浇筑施工)行走到位后,测量前几对索的索力(一般为3对),为控制分析提供初始数据。即要进行 $N+1$ 号梁段施工时,测量 N 号、$N-1$ 号、$N-2$ 号梁段对应的索力值,然后通过控制分析计算出 $N+1$ 号梁段的索力和线形应达到的目标值,从而发出 $N+1$ 号梁段施工的有关指令。

调索状况是指当梁段施工完成以及索力张拉到位后,测量前3对及本对索的索力,根据索力偏离设计值(目标值)的大小,以便及时进行必要的调整,避免影响后续梁段的正常施工。

成桥状况是指在全桥合龙、二期恒载完成后对每一根斜拉索进行一次索力测量,为因内力(主梁内力以及索力)或线形调整需要进行调索时提供依据。

通过测量提供测试阶段的索力值以及关键索力随温度变化的曲线。

5. 温度监测

温度变化,特别是日照温差的变化,对于斜拉桥结构内力和变形的影响是复杂的。在施工阶段,日照温差对主梁挠度和塔柱水平位移的影响尤其显著。

温度的影响总体上可分为两种,一是昼夜温差,二是季节温差。前者是指太阳每日的起落对桥梁各部位的日照变化在混凝土结构内形成由表及里且深度一般不超过 40mm 的温度梯度,使混凝土产生非均匀变形;后者则是由于长期的昼夜变化,使混凝土结构产生基本均匀的伸长或缩短。

现代混凝土斜拉桥的主梁和拉索的刚度相对于空心箱形混凝土塔身刚度而言是较小的,主梁的抗弯刚度几乎只有塔身的 1/90~1/25。再加之斜拉索又细又长,对温度变化十分敏感,容易掩盖主梁因昼夜温差产生的变形。季节性温差则使塔、梁、索产生不均匀伸缩。总之,湿度引起的主梁变形因悬臂长度的增加而增加,但是,如果想从挠度实测值中分离出因受温度引起的变形,则相当困难。因此,选择测量工作时间至关重要,宜在一天中日照温差对结构变形影响最小时进行测量,清晨便是最佳选择。

为了便于对施工控制资料进行分析,还应测量有代表性的某一天或几天 24h 内结构温度变化情况。结合塔柱偏移和主梁线形测量结果,总结出结构日照温差变形规律和季节性的温差变形规律。温度测量元件一般选用性能优良的热敏电阻,根据电阻与温度的标定曲线,由测定的电阻值推算温度值。

温度变化将在一定程度上影响结构变形实测值的真实性。由于日照的时间、方位和强度在不断发生变化,而斜拉桥结构各部分的受温性能又各不相同,要精确、迅速地计算出实际温度变化所产生的结构变形是相当困难的。因此一般应在斜拉桥的施工计算中对结构由于温度变化所产生的内力和变形做定性分析,并在施工中采取相应措施,最大限度地保证施工监测实测值的真实性。

通过理论计算不难发现:

(1)当斜拉桥整个结构均匀升温或降温时,温度变化对主梁挠度的影响较小。这与混凝土和钢的线膨胀系数相近,以及梁、塔、索在相同温度变化下所产生的变形基本相同是吻合的。因此施工控制可不考虑季节温差对主梁线形的影响。

(2)日照温差对主梁挠度的影响则要比季节温差的影响大得多。随着主梁悬臂施工长度的增加,日照温差的影响愈加显著,但是如果要将日照温差所引起的结构变形从挠度实测值中分离出来,则是相当困难的,一般采用在一天中日照温差对结构变形影响最小的时候,即清晨日出之前进行测量。

斜拉桥温度测量对象包括索、塔、梁。塔、梁温度测试断面及测点布置通常与预应力测试相同,测量阶段也一样。索的温度场变化与梁不同;索表面温度与索内芯温度不同,索的平均温度与索表面温度的关系也不确定。为此,需对各种直径的索制作 1~2 根测温试验段。测温试验段的长度一般为 2~3m,在测温段的内部和表面均布置感温元件,在现场条件下测出索段表面温度、内部温度及平均温度的关系曲线。在测得实桥工作索表面温度后,利用测温试验段的标定结果换算工作索的内部温度及平均温度,以供索的调控使用。图 9-3 为某测温试验段测点布置示意图。

主梁和塔柱的温度测试断面一般与应力测量断面相同,以此对应,也便于计算分析。

通过温度测试提供索、塔、梁各测试断面温度短期变化曲线、季节性温差变化曲线,以及索内外温差和中心点温差的对应关系曲线。

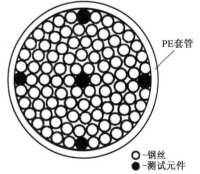

图 9-3 某测温试验段测点布置示意图

四、斜拉桥施工控制方法

在斜拉桥施工的理论计算中,虽然采用各种计算方法可计算出各施工阶段(步骤)的斜拉索索力和相应的主梁挠度、塔柱位移值,但是按理论计算所给出的索力进行施工时,结构的实际变形却未必能达到预期的结果。如前面已提到的,美国 P-K 桥(跨度 300m)合龙时两相对悬臂端高相差 17cm;法国的 Brotone 桥(跨度 320m)用压重的方法才使大桥合龙。这主要是设计时所采用的诸如材料的弹性模量、构件自重、混凝土的收缩、徐变系数、施工临时荷载的条件等设计参数与实际工程中所表现出来的参数不完全一致而引起的。斜拉桥在施工中所表现出来的这种理论与实践的偏差具有累计性,如不加以有效控制和调整,随着主梁悬臂施工长度的增加,主梁高程最终将显著偏离设计目标,造成合龙困难并影响成桥后的内力和线形。斜拉桥的施工控制可采用事后调整控制,也可采用预测控制。

1. 斜拉桥施工控制中的两种索力形成方法

(1)一次到位法

我国在斜拉桥修建初期,人们视"调索"为一难,究其原因,一是索塔结构不完善,施工脚手架拆除后难以在塔上进行调整操作;二是张拉千斤顶笨重,上下搬运十分不便;三是缺乏施工实践,特别是缺乏运营过程中调索的施工实践。因此,设计上往往考虑施工实际采用"倒装分析法"确定索力。其以成桥状态为基准,按照与实际施工步骤相反的顺序进行倒算而获得各阶段施工状态的张拉索力和主梁预抬高的线形;桥面完成后斜拉桥主梁的线形便可达到预定的理想状态。

一次到位法,也叫作一次张拉法,它是指在施工过程中每一根斜拉索张拉至设计索力后不再重复张拉,属于预测控制。对于施工中出现的梁端挠度和塔顶水平位移偏差不用索力调整,或任其自由发展,或通过下一块件接缝转角进行调整,直至跨中合龙时挠度的偏差采用压重等方法强迫合龙。一次张拉法简单易行、施工方便,但对构件的制作要求较高。因为对已完成的主梁高程和索力不予调整,主梁线形较难控制,跨中强迫合龙则会扰乱结构理想的恒载内力状态。

实践表明,采用"倒装分析法"进行工程控制的斜拉桥,在监控条件较完备、主梁抗弯刚度较大,设有纵向预应力、桥面系荷载比例很小,挂篮质量较轻时,其控制精度较高。随着斜拉桥跨径的增大,主梁结构相对刚度越来越小,桥面系质量相对较大,采用一次张拉时往往使主梁在施工中承受太高的应力,施工及监控稍有失误就会发生结构破坏,造成严重损失(这方面已有惨重的教训)。由此可见,采用一次到位法时需谨慎。

(2)分次到位法

分次到位法的基本思想是"分次张拉,逐步到位",也称为多次张拉法。属于预测控制与事后调整控制相结合的控制方法。以主梁合龙为界,合龙前主梁呈现双悬臂状态,施工控制应以主梁高程为准。当梁自重 G_0 和挂篮重 P_0 对安装面形心所产生的弯矩($MG_0 + MP_0$)与斜拉桥索力 T_0 对安装面形心产生的弯矩 M_T 相平衡($\sum M = MG_0 + MP_0 - MT_0 = 0$)时,梁转角 $\theta = 0$,梁端挠度 $f = 0$,梁端高程就是设计高程。这种直观、便捷、可行的控制方法极大简化了施工程序。在梁合龙后,再对已形成的多跨连续梁,通过增大索力调索,将梁预抬高,以抵消桥面系重力 P_2 将产生的下挠度。必要时可将混凝土徐变和斜拉索非线性等影响都在调索预抬高中一并解决。

采用分次到位法时,在整个施工过程中对拉索进行分期分批张拉,最后达到设计索力,从而使施工各阶段的内力较为合理,梁、塔的受力处于大致平衡的状态,即梁、塔仅承受轴向力和数值不大的弯矩,避免结构在施工中的破坏。主梁的线形主要通过斜拉索在一定范围内调整而加以控制。

上海南浦大桥的施工就是采用这一控制方法。由于大桥建设的工期短,为满足施工进度的要求同时保证架梁的质量,在每一节段的施工中,当发现架梁线形与设计线形发生一定偏离时,就调整正在安装节段或邻近节段上斜拉索的索力,对架梁线形进行局部调整。索力调整的幅度一般在设计值±300kN的范围内。考虑到桥面板与钢架形成叠合梁后主梁刚度增大,不仅使线形调整的难度增加,而且索力调整将在刚形成叠合梁的桥面板混凝土中产生附加内力,此时主梁抵抗弯矩的能力较差,索力调整受到一定限制,因此线形调整应在接缝混凝土浇筑前进行。接缝混凝土养生期间则对主梁线形进行一次全面观测。此外,安装新节段钢梁前,拼装点的高程应符合设计要求,这主要取决于接缝混凝土达到强度后,斜拉索进行第二次张拉,以及桥面吊机移位时的控制、调整。采用上述调索方法后,上海南浦大桥的线形得到了有效控制。两岸主梁在未进行专门调索的状态下顺利合龙,合龙时两岸上、下游四个主梁悬臂端点的高差最大为15mm。

实践证明,斜拉桥特别是大跨径斜拉桥,采用分次到位法进行施工控制为宜。

2.斜拉桥施工控制方法

目前,斜拉桥的施工控制常用方法可以归纳为三类:开环控制法、反馈控制法和自适应控制法。

1)斜拉桥施工的开环控制法

对于较简单的斜拉桥,一般都是在设计中估计结构的恒载和活载,由此计算出结构的预拱度,在施工过程中只要按照这个预拱度来施工,施工完成后的结构就基本上能达到设计所要求的线形和内力,这就是所谓的开环控制。因为施工过程中的控制量,如预拱度、块件质量、预应力等是单向决定的,并不需要根据反应来改变。

对于早期的斜拉桥施工,从理论成桥状态通过施工过程的倒退分析,求得每个施工阶段主梁的位置和索力。在施工过程中只要按求得的位置和索力进行安装,理论上即可达到理想的成桥状态,这也是一个施工开环控制过程。在各部件的制造和安装精度很高,且对结构的力学特性完全掌握的情况下,这种方法是可行的、方便的。

2)斜拉桥施工的反馈控制法

当斜拉桥在施工过程中出现施工状态偏离理想设计状态时,如不加以调整,就会造成结构的线形和内力远远偏离设计成桥状态,甚至危及安全。对于预应力混凝土斜拉桥,其施工中的精度保证相对较低,且设计计算中所采用的各项参数与现场材料的参数存在一定的差距,因此预应力混凝土斜拉桥的施工控制难度较大。反馈控制就是通过对施工控制项的实测数据进行设计计算,得出调整量,纠正偏差,控制流程详见图9-4。

3)斜拉桥施工的自适应控制法

对于预应力混凝土斜拉桥,施工中每个工况的受力状态达不到设计所确定的理想目标的重要原因是有限元计算模型中的计算参数取值不当,主要是混凝土的弹性模量、材料的相对密度、徐变系数等的取用与施工中的实际情况有一定的差距。要得到比较准确的调整量,必须根据施工中实测得到的结构参数修正计算模型中的这些参数值,以使计算模型与实际结构磨合一段时间后自动适应结构的物理力学规律。在闭环反馈控制的基础上,加上一个系统参数识别过程,整个控制系统就成为自适应控制系统。

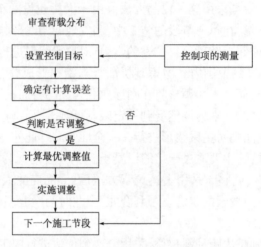

图9-4 施工过程中的反馈控制

当结构测量的受力状态与模型计算结果不相符时,把误差输入参数识别法中调节计算模型的参数,使模型的输出结果与实际测量的结果一致。得到修正的计算模型参数后,重新计算各施工阶段的理想状态,按反馈控制方法对结构进行控制。这样,经过几个工况的反复辨识后,计算模型基本上与实际结构一致,在此基础上可对施工状态进行更好的控制。

由于斜拉桥均采用悬拼装或悬臂浇筑的施工方法,主梁在塔根部的相对线刚度较大,变形较小,因此,在控制初期,参数不准确带来的误差对全桥线形的影响较小,这对于上述自适应控制思路的应用非常有利。经过几个节段的施工后,计算参数已得到修正,为跨中变形较大节段的施工控制创造了良好条件。

参数误差识别过程是自适应控制的关键,其任务就是根据对控制目标(如索力、高程、塔的变位和结构应力)的测量值与计算值之间的误差反算施工过程模拟计算中选用的参数,如混凝土的弹性模量、主梁自重集度、挂篮刚度、徐变系数等。目前参数识别的算法有两类:一类是基于误差最小化的算法,如最小二乘法等;另一类则是基于随机状态估计理论的算法,如推广的卡尔曼滤波法等。斜拉桥自适应控制框图见图9-5。

3. 斜拉桥施工控制中的误差处理和索力调整方法

无论是采用一次到位法还是分次到位法,施工控制中总是需要对理论计算值与实测值之间的误差进行处理、识别,以及根据实际需要对索力进行调整。

(1)基于现代控制理论的卡尔曼滤波法

基于现代控制理论的卡尔曼滤波法是一种线性最优随机控制法,它以主梁挠度作为随机状态变量,索力作为控制变量,通过选取索力控制梁端挠度、索塔水平位移为一特定值时,使结构的应变能进行最优终点控制。

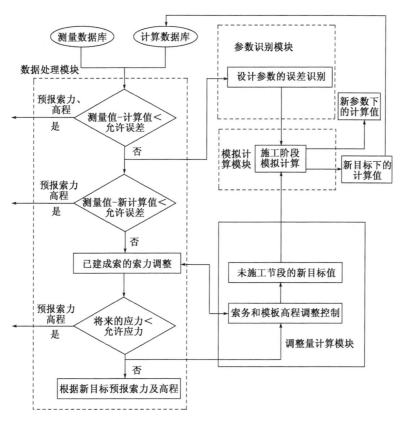

图 9-5 斜拉桥自适应控制框图

(2) 参数识别、修正法

该方法根据控制目标(索力、主梁高程、索塔顶水平位移等)的实际测量值与施工理论计算值的误差,来修正施工理论计算所采用的参数(混凝土弹性模量、结构刚度、主梁自重、混凝土徐变系数等)。该方法可通过基于控制论的最小二乘法来实现。

另外,还有基于如模糊数学的其他方法。

4. 桥塔施工控制方法

斜拉桥桥塔一般由下、中、上塔柱三部分组成,桥塔高度大,且多为倾斜构件,所以必须对其施工进行控制。桥塔施工控制主要在于两个方面,即桥塔几何位置(测量)控制和应力、线形控制。下面仅以中塔柱施工为例加以说明。

目前中塔柱施工一般都采用悬臂裸塔爬模法施工。这种方法适用于桥塔高在 150m 以内、中塔柱斜率较小、施工悬臂不大的情况。而对于既高又大斜率的中塔(如南京长江二桥的中塔柱高为 91.3m,斜率为 1:5.8395)如仍然简单套用通常的悬臂裸塔法爬模板施工,则由于中塔柱的大斜率而在悬臂状态下由自重和施工荷载等产生的水平分力会在中塔柱根部形成较大的弯矩,使中塔柱根部外侧混凝土出现较大的拉应力而引起开裂,且成桥后中塔根部内外侧压应力严重不均,使成桥后中塔柱内侧压应力严重超出设计要求,从而影响桥塔使用寿命。因此在施工过程中进行有效控制是必不可少的,设置一定的支撑来减少水平分力的影响,使施工附加应力控制在设计允许范围内就是一种有效的控制法。

为了减少水平分力的影响,设置支撑的方法通常有两种。

第一种方法为在中塔柱施工过程中搭设满堂支架支撑。此方法缺点:①工作量大,耗费人力、物力多,工作效率不高,进度慢;②随着塔柱高度的增加,脚手架的搭设会更加麻烦,而且在风力的影响下,施工安全度也大大下降;③施工中需设置水平稳定桁架及塔式起重机、电梯附墙桁架,这将与满堂脚手架钢管发生冲突,使其操作产生困难;④满堂支架属于被动支架,它本身存在很大的弹性、非弹性变形,无法克服中塔柱施工过程中自重和施工荷载引起的附加应力。显然满堂支架是不能采用的。

第二种方法是采用横向钢管支撑。此方法可用几道直径较大的横向钢管支撑作为临时横系梁在中塔柱施工过程中分隔一定高度,与塔柱临时固结在一起形成框架,增强塔柱施工过程中的稳定性和安全性,且本身横向有较好的刚度,同时能作为塔式起重机和电梯的附墙;在安装横向的钢管支撑时可利用其本身较大的刚度和强度,用千斤顶对中塔柱内壁施力变被动支撑为主动支撑;完全克服中塔柱施工过程中因自重和施工荷载而引起的附加应力的积累。因而采用横撑是较为简洁而又行之有效的方案。

南京长江二桥的中塔柱施工采用悬臂裸塔爬模法施工加主动横撑的方法。也就是利用悬臂裸塔爬模施工浇筑至一定高度加设一道横撑主动施力,克服悬臂状态下的附加应力,再继续悬臂浇筑一定高度加第二道横撑,依次类推完成中塔柱施工,成塔后拆除所有横撑。

主动横撑的设计布置包括横撑支撑位置、主动力和横撑结构的选定。

1) 横撑支撑位置确定的原则与方法

由于中塔柱根部混凝土截面应力控制是整个中塔柱施工方案设计中的控制关键。横撑支撑位置的确定:根据中塔柱根部在悬臂浇筑过程中自重及施工荷载作用下不产生裂缝(应留有安全储备)的最大悬臂高度扣除一定高度(主要考虑爬模工作空间并综合塔式起重机和电梯位置)。方法如下:

(1) 第一道横撑

$$\sigma = \frac{M}{J}y - \frac{N}{A} \leq R_1 K$$
$$h = H - \Delta \tag{9-10}$$

式中:σ——中塔柱根部受拉边缘混凝土的计算拉应力;

M——第一道横撑施加前中塔柱根部高度计算范围内的索塔自重及施工荷载在根部产生的弯矩;

J——中塔柱根部截面惯性矩;

y——中塔柱根部截面中性轴到受拉边缘的距离;

N——第一道横撑施加前中塔柱根部高度计算范围内的索塔自重及施工荷载在根部产生的轴力;

A——中塔柱根部截面面积;

R_1——浇筑到 H 高度时中塔柱根部混凝土极限拉应力;

K——安全系数;

h——横撑高度;

Δ——扣除高度值。

(2)其他横撑

由于安装好第一道横撑后,其与悬臂状态的中塔柱构成一个框架。第一道横撑上部新浇筑塔柱的自重对第二道横撑位置中塔柱混凝土截面的影响明显。而对中塔柱根部截面应力影响就很小,因而确定第二道横撑位置的方法为对第一道横撑位置中塔柱混凝土截面进行应力控制以确定第二道横撑的位置高度。依次类推,确定其他横撑的位置,直至中塔柱(含中横梁)浇筑完毕。

2)主动力确定的原则

横撑位置确定后,主动施力的大小成为控制施工过程应力的关键。力太小、太大均难以保证控制目标的实现。一般对变形和内力进行双控,在满足中塔柱各截面受力要求的同时确保线形,以设计单位提供的理想状态下成塔(在施工过程中不产生任何施工附加应力)的内力为参照,保证塔柱完成后中塔柱内力与其尽可能接近。计算各施工阶段在各节点产生的水平位移,同时计算出中塔柱施工完成后撤除各横撑后在中塔柱各节点产生的水平位移,将上述水平位移总和作为中塔柱各阶段施工的水平位移调整值(预偏量),使中塔柱线形符合设计要求。

3)计算方法

(1)根据施工加载顺序分阶段计算,直至成塔。

(2)根据计划工期对应的施工阶段计算气温差的影响。

(3)对应加载阶段计算横撑加压荷载,先按施加单位力(±1000kN)计算。

(4)从上往下逐道拆除横撑,先按施加单位力(±1000kN)代替解除约束来计算。

(5)根据(3)的结果,分别以不同的压力试算,即在单位力影响矩阵上加载。

(6)根据(5)计算的结果与(1)、(2)计算结果叠加,由此得出成塔时横撑端的轴力。

(7)将(6)计算得到的横撑轴力与计算(4)结合,解出各横撑在拆除过程中的梁端轴力,并由此计算出拆除横撑时中塔柱各节点的内力。

(8)将计算结果(7)与计算结果(6)叠加,即得到最终成塔时的内力。

(9)所得最终结果再按加载顺序复算一遍,并加上风载等临时荷载进行复核。

采用平面杆系结构计算模型计算一般可以满足要求。

第三节 斜拉桥施工控制实例

斜拉桥的一个重要特点是设计和施工高度耦合。如何通过施工中的索力和高程调整来获得预先设计的应力状态和几何线形,是斜拉桥施工中最为关心的问题之一。尤其对于预应力混凝土斜拉桥,其材料特性和结构自重与预测计算会有较大的差距,一些不注意施工控制的斜拉桥就达不到预计的索力和高程,其结果不是线形不满足要求,就是应力状态很不合理。因此,随着桥梁跨径和结构柔度的增大,斜拉桥的施工控制就显得越来越重要,且难度也越来越大。

【工程实例一：炳草岗金沙江大桥施工实时控制】

一、工程概况

炳草岗金沙江大桥位于攀枝花市市中区，是横跨金沙江和攀钢专用铁路的城市公路大桥。该桥采用单塔双索面斜拉桥加 T 形刚构的组合桥型，属于国内新颖的桥型结构。主桥总长 516.30m，桥跨布置为(30+39+34.55+149+200+51)m，其中，34.55m 为斜拉桥外伸梁，(149+200+51)m 为斜拉桥与 T 形刚构的组合体，主跨 200m（即斜拉桥 149m 单臂和 T 形刚构桥 51m 单臂）。主桥桥面宽 23.90m。设计荷载为汽车—超 20 级、挂车—120 级、人群荷载 $3.5kN/m^2$。

斜拉桥部分：结构为单塔双索面、密索、扇形布置、双纵肋、塔梁墩固结体系。斜拉索在主梁上位于人行道与防撞护栏之间，中、边跨对称布置 23 对斜拉索，索距在主梁上 6m，最小夹角 26.57°，在枣岸设有双辅助墩，主梁为预应力混凝土双纵肋断面，纵肋外侧各有 2.75m 的悬臂，主梁在轴线上高 2.32m，板厚 25cm，行车道部分桥面设 1.5% 的双向横坡，斜拉桥拉索区部分主梁均处在一半径 $r=18000m$ 凸曲线上，曲线顶点在索塔处主梁中心。纵肋底部宽 1.7m、高 2.20m。梁顶全宽 23.9m，双纵肋外侧间距 18.4m。标准梁段长 6m，重 2318kN。每隔 6m 在距块件端头 37.5cm 处设置一道厚 25cm 的横隔板。斜拉桥外伸梁部分外形尺寸同有索区主梁，中横隔板间距仍为 6m。为便于接线，外伸梁处在一个凹形竖曲线上 $R=6742.90m$。主梁从索塔处开始分块，0 号块长 6m，1 号为主梁从塔梁墩固结段到标准梁段的过渡段，长 5m。中跨 2 号块到 24 号块，边跨 2′号块到 24′号块为长 6m 的标准梁段。边跨另有长 34.55m 的外伸梁段。边中跨合龙段长均为 2m。索塔为高出桥面 73m 的"井"字形框架，在桥面以下两塔柱向桥轴微收，以增加美感和减少基础工程量。墩高 64m，为空心薄壁墩，基础为明挖扩大基础，下塔柱高 32.70m 由两片斜度为 1:5.228 的空心箱组成，中塔柱高 39.33m，由两片斜度为 1:6.537 的空心箱组成，上塔柱高 35.20m，属于斜拉索锚固区，箱形断面。上塔柱空心箱内壁全衬有 10mm 厚的钢板，用以承担部分拉索拉力并作为施工内模。

炳岸 T 形刚构部分：为间距 6.0m 的双薄壁墩结构，两侧各悬臂 51m。主梁为变截面分离式双箱，桥面中心处梁高由根部的 5.12m，以二次抛物线变化到端头的 2.32m。

炳草岗金沙江大桥斜拉桥部分及 T 形刚构（简称 T 构）部分结构示意图、斜拉桥主梁节段分块示意图分别如图 9-6、图 9-7 所示。

二、施工监控的主要工作

炳草岗金沙江大桥属于组合桥，桥型新颖、技术复杂、难度较大，这种桥型的监控工作在国内几乎没有同类成桥可以借鉴。

施工控制的目的就是力求达到设计的理想状况：在保证良好线形的前提下，使主梁的恒载弯矩较小，索塔仅承受轴压力，斜拉索张拉调整能顺利实施、张力接近理论值。因此，施工控制及监测工作的重点是主梁线形、结构应力、斜拉索索力。在整个施工控制过程中，监控工作应随着施工阶段的改变而有不同侧重。即在结构应力允许的前提下，合龙前应以线形控制为核心，合龙后进行以索力控制为核心。并通过布设的监测元件，检查各施工步骤主梁、主塔、拉索的安全性、稳定性。当出现实测值与理论计算值相差很大时，及时预警，并及时分析和找出原因。施工监控主要工作内容如下。

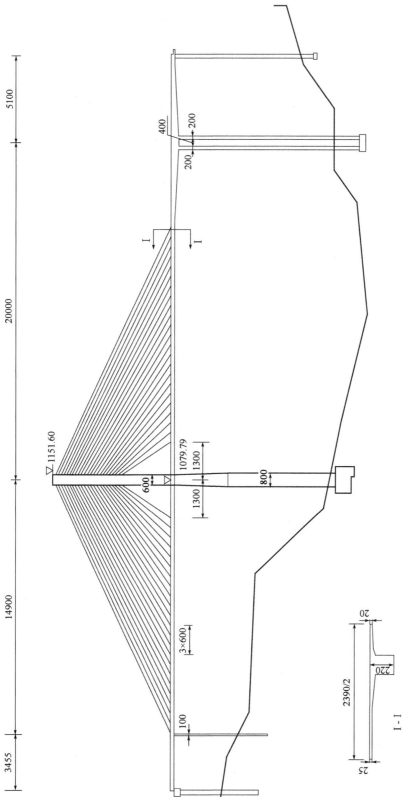

图9-6 炳草岗金沙江大桥斜拉桥部分及T构部分结构示意图(尺寸单位：cm；高程单位：m)

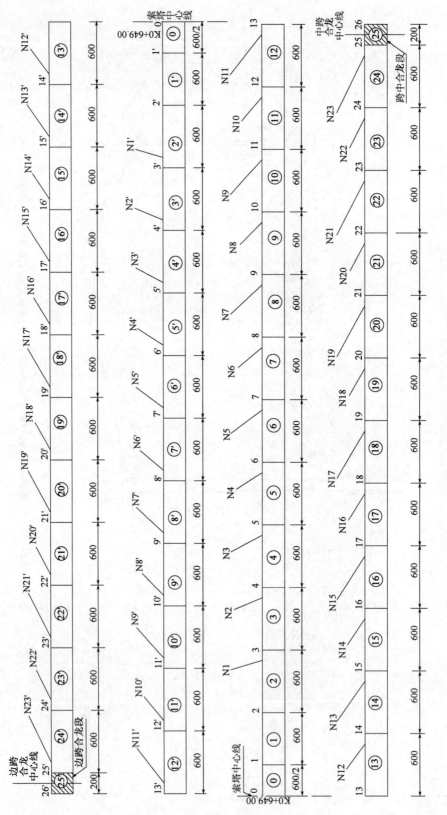

图9-7 炳草岗金沙江大桥斜拉桥主梁节段分块示意图(尺寸单位:cm)

(1)确定主梁应力在悬臂浇筑阶段和合龙后,应力监测传感器上的应力读数中所包含的混凝土收缩、徐变所产生的附加值的大小,以便确定出主梁应力值。

(2)通过每节段不同时间段高程的观测,合理确定温度对主梁高程的影响,以便确定出正确的支模高程,保证主梁的线形。

(3)确定合龙后主梁高程和索力受温度的影响程度,以得到合理的索力温度修正系数,从而在满足设计温度下的索力要求的同时,拓宽调索时间段,加快调索速度,避免反复调索;减振器安装后,确定减振器的阻尼作用对实测索力的影响。

(4)桥塔偏移量与施工阶段的关系。由于该桥为不对称结构,合龙后调索和桥面铺装都会带来主塔的单向偏移,要保证主塔偏移量在规范容许的范围内,就应该确定一个合理的合龙前的反向偏移量。此外,桥塔的偏移受温度影响较大,如何确定桥塔偏移量中温度所带来的偏移量大小,以便确定桥塔真实的偏移量,也是需要研究的问题。

三、确定主梁理论立模高程

1. 主梁理论立模高程的计算

在斜拉桥挂篮悬臂施工控制工作中,一个最核心的内容就是提供施工过程中各节段的立模高程。立模高程的计算方法有多种,这里是按后退分析法(也称为倒拆法)来计算的。其具体操作过程:以斜拉桥主梁最后线形高程(含预拱度)为目的线形高程,从最后节段倒拆,退至1、0 号节段,对于 0、1 号节段一般采用支架施工,通常按支架施工来计算其立模高程,每一节段施工通常又可分为以下 4 个工况,即移动挂篮并立模、架立钢筋并浇筑混凝土、张拉预应力束、挂索并张拉。

要进行倒拆法计算,必须先建立桥梁结构的有限元计算模型,即结构的离散化。从墩到塔,再到主梁进行离散。墩主要以截面的变化点为结点,当等截面段长度超过 8m 时,增加 1 个中间结点;对于索塔分为有斜拉索段和无斜拉索段,无斜拉索段主要以截面的变化点为结点,当等截面段长度超过 8m 时,增加 1 个中间结点,有斜拉索段以斜拉索锚点为结点;主梁 0、1 号块按截面变化点作为结点 1 号块与标准段之间的过渡段为 1 个单元,其余标准段为每 6m 为一施工节段,并且在其距尾端 1m 处挂一斜拉索,为此每一施工节段划分为 2 个单元。为模拟斜拉索在主梁锚索锚点距主梁中性轴的距离和斜拉索在索塔上距索塔中轴线的距离,采用刚臂单元来连接斜拉索与主梁及斜拉索与索塔。这样斜拉桥部分共划分为 229 个结点、274个单元。

根据有限元分析结果,给出计算立模高程。这里之所以称之为计算立模高程,是因为实际支模高程还需根据实际反馈结果及温度情况进行调整。其中,预拱度值为用上述理论(倒拆法)得到的计算值。

2. 主梁实际立模高程的确定

实际立模高程应根据计算立模高程进行挂篮变形量修正和温度修正。例如,斜拉桥第 16 段立模高程的通知单组成如下:第 16 节段计算立模高程 1079.304m 或 1079.323m,挂篮下沉量修正值 0.025m(表 9-1),高程修正值见图 9-8。

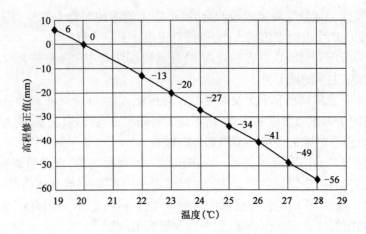

图 9-8　炳草岗金沙江大桥斜拉桥 16 号块支模高程-温度修正曲线

（注：温度高于或低于 20℃时，应将监控指令提供的支模高程值按此曲线修正，进行降低或升高）

表 9-1

攀枝花市炳草岗金沙江大桥施工控制指令　编号：16 号

抄送单位：	施工单位：			
日期	2000-10-27　12:00			
梁段编号	16、16′号块			
分项	枣岸(16′块)		炳岸(16 号块)	
位置	钢筋安装前	混凝土浇筑后	钢筋安装前	混凝土浇筑后
挂篮下沉量修正(m)	0.025		0.025	
末端桥轴线底板(4 点)计算支模高程(m)	1079.304	1079.110	1079.323	1079.128
16、16′号块末端桥轴线底板(4 点)计算支模高程(m)	1079.329	1079.110	1079.348	1079.128
16、16′号块末端纵肋底板(2、2′点)计算支模高程(m)	1077.259	1077.040	1077.278	1077.058
16、16′号块末端底板(3、3′点)计算支模高程(m)	1079.247	1079.028	1079.266	1079.046
16、16′号块末端翼缘板底板(1、1′点)计算支模高程(m)	1079.259	1079.040	1079.278	1079.058
斜拉索张拉后 16、16′号块末端桥轴线底板高程(m)	1079.302		1079.321	

注：1. 计算未考虑温度变化，高程放样宜在 7:00—8:00 或 20:00—21:00 进行，并在晚上浇筑混凝土，以消除日照温差对高程的影响，否则应按温度修正曲线进行支模高程修正。

2. 各点对应桥面梁顶的设计高程已包括中跨增加 18cm、边跨增加 10cm 预拱度。

3. 立模放样高程不能低于此处提供的支模高程。

4. 根据前面各节段实际结果，在本节段开始采用新的混凝土重度重新进行计算的支模高程。

四、索力调整

1. 悬臂状态的索力调整

斜拉桥在悬臂施工阶段和合龙后,甚至运营一段时间后常常要进行全部或部分调整索力,简称调索。对于大跨径斜拉桥,在施工阶段通常需按照设计进行多次调索。攀枝花市炳草岗金沙江大桥在合龙前先后共进行了6次调索。一般来说,每次调索前测出所有斜拉索的索力,比较其与当前工况下合理索力的差值,然后经过反复计算,计算出按一定索力调整顺序的一次性索力调整方案。下面给出了该桥索力调索前索力状况和索力调整后的索力值。

(1)调索方案和步骤

炳草岗金沙江大桥斜拉桥现已施工至15号节段,监控组在对近几节段主梁高程、索力的检测中发现:目前主梁实测高程比理论高程偏低,尤其是12号、13号段高程偏差较大(炳岸最大6.4cm,枣岸最大5.5cm),实测一些斜拉索索力较理论值也有偏差,且炳岸9号索上下游索力不对称。因此现阶段应对高程偏低梁段调索,同时索力调整的幅度又受到限制,所以调索只能在允许的范围内进行有限高程的抬高,使各段的实际高程更接近理论高程,并保持良好线形,同时改善前几段实测索力比理论索力偏大的情况。

根据理论分析,主要通过增大10号、11号、12号、13号这4对索索力来调高主梁12号、13号梁段的高程,并调整9号索,使其上下游索力平衡,具体调索步骤如下。

①步骤一:调整12号索索力,使其索力至2276kN。
②步骤二:调整13号索索力,使其索力至2360kN。
③步骤三:调整11号索索力,使其索力至2150kN。
④步骤四:调整10号索索力,使其索力至2125kN。
⑤步骤五:重新调整11号索索力,使其索力至2175kN。
⑥步骤六:调整9号索索力,使其索力至1770kN。

在调索过程中,将在每次调索前后对主梁高程进行观测,并在调索后对所调索及其附近索的索力、主梁应力进行检测。

(2)调索结果

①各节段挠度上升量见表9-2。

各节段挠度上升量　　　　　　　表9-2

节段号	11	12	13	14	15
高程抬高值(cm)	2.0	2.3	2.7	3.0	3.2

②调索前后的索力对比见表9-3。

调索前后的索力　　　　　　　表9-3

索号	1	2	3	4	5	6	7
调索前(kN)	3468	2384	2323	2969	3077	3215	3246
调索后(kN)	3467	2384	2320	2959	3054	3171	3163

续上表

索号	8	9	10	11	12	13	14
调索前(kN)	3526	3676	3899	4037	4215	4480	4580
调索后(kN)	3407	3515	4230	4350	4321	4576	4154

注：1. 表中索力值的1/2才是单根索的索力值。
2. 表中调索后的索力值取自调索方案步骤五的计算结果。

2. 合龙后的索力调整

攀枝花炳草岗金沙江大桥合龙后、二期恒载施工前进行最后一次调索，调索前进行全桥索力测试，测出当前索力，计算出二期恒载施工后的计算索力，将这个索力与设计确定最终成桥索力进行对比。如果出入较大，势必在二期恒载施工前进行调索，制订出合理的调索方案，使其在二期恒载施工后不再进行调索的情况下，索力与设计最终索力基本一致。表9-4给出最后调索方案，表9-5给出成桥实测索力与设计确定的最终索力的比较结果。

调 索 方 案 表   表9-4

工况：全桥合龙后调索   调索顺序：18～8号索

索　　号	实测张力(kN)	索力实施值(kN)	实施后理论值(kN)	设计调索后理论值(kN)	调索后理论值与设计值比较(%)
枣-上1号	1728	3426	3404	3343	1.82
枣-下1号	1698				
枣-上2号	1089	2172	2136	2065	3.44
枣-下2号	1083				
枣-上3号	1035	2058	1996	1966	1.53
枣-下3号	1023				
枣-上4号	1415	2824	2731	2693	1.41
枣-下4号	1409				
枣-上5号	1507	2991	2860	2912	-1.79
枣-下5号	1485				
枣-上6号	1567	3148	2975	3031	-1.85
枣-下6号	1580				
枣-上7号	1463	2949	2694	2920	-7.74
枣-下7号	1486				
枣-上8号	1507	3035	3120	3120	3062	1.89
枣-下8号	1528				
枣-上9号	1573	3148	3270	3231	3174	1.80
枣-下9号	1575				

续上表

索 号	实测张力 （kN）	索力 实施值 （kN）	实施后 理论值 （kN）	设计调索后 理论值 （kN）	调索后理论值 与设计值比较 （%）
枣-上10号	1667	3329	3505	3423	3364	1.75
枣-下10号	1662					
枣-上11号	1757	3488	3680	3561	3508	1.51
枣-下11号	1731					
枣-上12号	1844	3676	3960	3814	3760	1.44
枣-下12号	1832					
枣-上13号	2101	4195	4530	4350	4284	1.54
枣-下13号	2093					
枣-上14号	2178	4342	4650	4448	4390	1.32
枣-下14号	2164					
枣-上15号	2218	4453	4850	4643	4581	1.35
枣-下15号	2234					
枣-上16号	2458	4942	5360	5126	5055	1.40
枣-下16号	2484					
枣-上17号	2682	5360	5760	5529	5444	1.56
枣-下17号	2678					
枣-上18号	2736	5469	5980	5739	5636	1.83
枣-下18号	2733					
枣-上19号	3057	6018		5782	5321	8.66
枣-下19号	2961					
枣-上20号	3248	6513		6326	5753	9.96
枣-下20号	3266					
枣-上21号	2907	5792		5648	5200	8.62
枣-下21号	2885					
枣-上22号	2600	5267		5165	4680	10.36
枣-下22号	2667					
枣-上23号	2339	4653		4575	4318	5.95
枣-下23号	2314					

成桥实测索力与设计确定的最终索力　　　　表9-5

工况：全桥竣工后最终索力　　　2002年1月16日　13:00—18:00　20~24℃

索 号	实测张力 （kN）	理论张力 （kN）	偏差 （%）	索 号	实测张力 （kN）	理论张力 （kN）	偏差 （%）
枣-上1号	1626	1780	-8.60	炳-上1号	1651	1789	-7.72
枣-下1号	1592	1780	-10.51	炳-下1号	1657	1789	-7.40

续上表

索 号	实测张力(kN)	理论张力(kN)	偏差(%)	索 号	实测张力(kN)	理论张力(kN)	偏差(%)
枣-上2号	1087	1193	-8.93	炳-上2号	1150	1231	-6.55
枣-下2号	1072	1193	-10.11	炳-下2号	1135	1231	-7.80
枣-上3号	1075	1170	-8.07	炳-上3号	1122	1177	-4.65
枣-下3号	1056	1170	-9.74	炳-下3号	1090	1177	-7.39
枣-上4号	1469	1587	-7.46	炳-上4号	1561	1621	-3.67
枣-下4号	1468	1587	-7.51	炳-下4号	1532	1621	-5.49
枣-上5号	1589	1680	-5.43	炳-上5号	1601	1659	-3.48
枣-下5号	1579	1680	-6.03	炳-下5号	1591	1659	-4.12
枣-上6号	1655	1758	-5.82	炳-上6号	1772	1817	-2.47
枣-下6号	1675	1758	-4.70	炳-下6号	1752	1817	-3.52
枣-上7号	1589	1686	-5.73	炳-上7号	1706	1716	-0.56
枣-下7号	1612	1686	-4.37	炳-下7号	1699	1716	-0.97
枣-上8号	1760	1836	-4.13	炳-上8号	1830	1847	-0.94
枣-下8号	1760	1836	-4.13	炳-下8号	1842	1847	-0.26
枣-上9号	1815	1881	-3.50	炳-上9号	1911	1925	-0.71
枣-下9号	1803	1881	-4.12	炳-下9号	1933	1925	0.45
枣-上10号	1918	1980	-3.09	炳-上10号	1998	2011	-0.66
枣-下10号	1909	1980	-3.58	炳-下10号	2021	2011	0.48
枣-上11号	1991	2052	-2.96	炳-上11号	2060	2061	-0.03
枣-下11号	1984	2052	-3.33	炳-下11号	2078	2061	0.82
枣-上12号	2103	2165	-2.85	炳-上12号	2241	2267	-1.14
枣-下12号	2089	2165	-3.52	炳-下12号	2266	2267	-0.04
枣-上13号	2374	2439	-2.63	炳-上13号	2449	2469	-0.79
枣-下13号	2351	2439	-3.59	炳-下13号	2436	2469	-1.30
枣-上14号	2427	2510	-3.28	炳-上14号	2473	2501	-1.12
枣-下14号	2437	2510	-2.88	炳-下14号	2454	2501	-1.85
枣-上15号	2507	2603	-3.65	炳-上15号	2509	2591	-3.16
枣-下15号	2478	2603	-4.79	炳-下15号	2509	2591	-3.13
枣-上16号	2776	2891	-3.97	炳-上16号	2775	2873	-3.41
枣-下16号	2792	2891	-3.41	炳-下16号	2801	2873	-2.50
枣-上17号	2917	3051	-4.39	炳-上17号	2963	3067	-3.40
枣-下17号	2932	3051	-3.91	炳-下17号	2949	3067	-3.85
枣-上18号	3035	3162	-3.99	炳-上18号	3035	3179	-4.51
枣-下18号	3055	3162	-3.38	炳-下18号	3050	3179	-4.03

续上表

索　号	实测张力(kN)	理论张力(kN)	偏差(%)	索　号	实测张力(kN)	理论张力(kN)	偏差(%)
枣-上19号	3210	3334	-3.72	炳-上19号	2945	3105	-5.16
枣-下19号	3200	3334	-4.01	炳-下19号	2950	3105	-5.01
枣-上20号	3440	3571	-3.68	炳-上20号	3043	3220	-5.47
枣-下20号	3431	3571	-3.93	炳-下20号	3043	3220	-5.47
枣-上21号	3080	3216	-4.22	炳-上21号	2918	3097	-5.75
枣-下21号	3080	3216	-4.21	炳-下21号	2918	3097	-5.75
枣-上22号	2904	3038	-4.40	炳-上22号	2933	3109	-5.63
枣-下22号	2903	3038	-4.43	炳-下22号	2923	3109	-5.97
枣-上23号	2994	2985	0.31	炳-上23号	3173	3345	-5.11
枣-下23号	3008	2985	0.79	炳-下23号	3143	3345	-6.04

五、施工监测

1. 工程监测前期工作

考虑到设计计算所采用的一些参数数据可能与实际值有差别,为了掌握较为准确的实际的数据,监控组在工程前(初)期做了一些必要的试验工作,获取了监理理论计算必需的数据。

(1)混凝土弹性模量、重度试验

在下塔柱、中塔柱、斜拉桥0号、1号块、T构桥墩等浇筑混凝土时,在不同部位取样,并在不同的混凝土龄期共计进行了10组混凝土重度、弹性模量试验。

(2)混凝土徐变试验

混凝土的徐变、收缩对主梁高程线形的影响较大。而混凝土的徐变很复杂,与混凝土的加载龄期、环境温度、养护条件、构件截面形式都有很大关系。监控组为了掌握较为准确的数据并用于计算,专门在主梁浇筑混凝土时取样,制作了两片小型梁,其规格分别为2.00m(长)×11cm(厚)×24cm(宽)的钢筋(ϕ8)混凝土梁,并在与主梁同等条件下养护,然后加载进行混凝土徐变试验,连续观测了5个月,取得了宝贵的计算参数。

(3)斜拉索温度监测

斜拉索索长对温度变化较为敏感,索长的变化也直接影响主梁高程放样、斜拉索索力监测的精度。因为介质热容性的不同,斜拉索的温度可能与气温不同步,为了掌握斜拉索的温度情况,以修正温度的影响,监控组派人到斜拉索生产厂家制作了3根1m长的温度监测索,分别安装在不同位置的斜拉索上,进行现场温度测定。

(4)预应力管道摩擦系数

在施工前,在选定钢绞线和预埋管道后,进行试验,以测出其管道摩阻系数。

(5)施工荷载及挂篮变形试验

在施工方案确定后,确定施工荷载,并进行挂篮荷载变形试验,以确定挂篮变形量。

2. 施工过程中的监测

施工控制中各参数不可能和设计计算选取的参数完全一致,因此,控制计算时希望尽可能采用现场实际参数,来分析计算在施工过程中的受力和变形,以指导施工和对施工过程的安全控制。具体做法是:根据现场实际使用的施工材料、施工设备、机具、模具、人员的多少、材料(混凝土、索)的实际弹性模量,在考虑混凝土不同时期的重量、强度的变化、混凝土的收缩、徐变、斜拉索松弛、温度变化等因素,反推主梁混凝土浇筑的立模高程、主梁和塔柱应力、拉索的张力,并通过布设的监测元件及测块,检查各施工步骤、主梁的高程和应力、索塔的应力和位移以及拉索索力的实际值。当出现实测值与计算值相差很大时,进行预警,并及时找出原因。实施时首先计算施工主梁0号块及1号块的支模高程。由于0号块及1号块采用鹰架施工,因此采用三维结构分析程序计算出0号块和1号块的施工立模高程,然后采用专用桥梁施工控制程序,通过倒退法计算出2号、3号、…、24号块的立模高程(即浇筑后高程),用正算法计算(预估)出各施工步骤时主梁、塔柱的应力以及塔顶的位移。当混凝土达到强度进行拉索张拉时,提供张拉力的大小;实施张拉时,提供计算的张拉千斤顶读数与实测有效张拉力之间的比值,以修正张拉时千斤顶的读数值,使张拉后的有效值与理论值一致。

重复以上步骤,指导每一块件的施工,直至合龙,使主梁的线形尽量逼近和实现设计的期望值,主梁应力、索力、索塔位移合理并在容许的安全范围内。

因此,施工控制及监测的重点是控制主梁线形、结构应力和斜拉索索力。在每一块段施工前监控组提供支模高程,监理部及结构高级驻地监理工程师办公室(简称高监)审核后,施工单位按此进行放样,并且在浇筑混凝土、张拉预应力束、张拉斜拉索前后都要由监控组监测应力,施工单位测量主梁高程,斜拉索张拉由施工单位操作,同时监控组对索力进行监测,要求达到控制索力。大桥的结构安全和施工质量至关重要,因此对每一施工步骤,各单位都须慎重,监控组所提供的控制数据都必须经过各单位审核后才能交施工单位执行。每一块段施工控制及监测工作流程见图9-9。

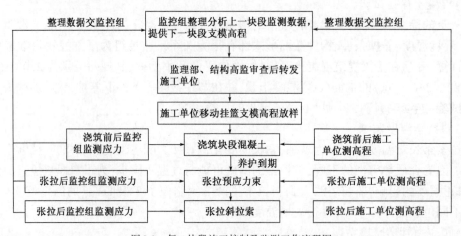

图9-9 每一块段施工控制及监测工作流程图

(1) 主梁高程线形控制

线形控制目标就是要使成桥后达到设计的理想线形,需要在悬臂浇筑每一段时对支模高程进行控制。在整个施工控制体系中,要严格控制T构的高程,使其在合龙温度下的合龙高程控制在-1.0~1.0cm的误差范围内;通过合龙前的调索,使斜拉桥主梁在合龙温度下的合龙高程控制在-1.0~1.0cm的误差范围内。

桥梁悬臂施工的主梁高程是动态的,随着悬臂施工的推进而不断变化,在计算时应考虑到后续施工步骤对已浇筑块段高程的影响。监控组所提供的支模高程,是根据成桥线形采用倒退分析计算出该块段浇筑前的理论高程,并考虑实际挂篮变形、模板变形、施工荷载、不同龄期混凝土的重量、混凝土的收缩徐变、拉索徐松、气温等影响因素,进行修正后得到的。对于修正值还要根据上一块段施工后的高程情况进行适当调整,因此要求施工单位在每一块段施工完成后提供高程数据,以掌握高程反馈信息,及时进行调整。

主梁高程观测点一般布设在每一浇筑块的末端桥面上(混凝土浇筑前设好),除轴线上一点外,其横向另外布置4个点,用钢筋(高出桥面5cm)设置标志。

(2)结构应力监控

悬臂施工阶段,随着块段的增加结构各部位的内力也不断变化,为随时掌握结构在各阶段的实际受力情况,监控组在索塔各段根部、0号块、斜拉桥和T构的1/4跨、1/2跨、合龙段等重要截面埋设了钢弦式应力传感器,在施工过程中每个工况前后作了应力测试,并与相应工况的理论应力进行对比,发现问题及时预警,保证在各施工阶段结构各部位应力都在安全范围内,定期提供应力监测结果。

(3)索力检测控制

每根斜拉索的初张力都由设计提供,施工单位按该索力进行张拉操作,监控组同时对索力进行检测,要求实测索力与设计张力的偏差不大于±3%,而且要求同一岸侧的同对索索力偏差不能异号。斜拉索的调索一般按设计安排进行,但当索力或主梁高程的实测值与设计值有较大误差时,应进行调索。在合龙前的调索,主要是使高程达到要求和使拉索受力合理。

(4)结构温度监测

当整个斜拉桥结构均匀升温或降温时,温度变化对主梁挠度的影响较小,这与混凝土和钢的线膨胀系数相近,梁、塔、索在相同温度变化下所产生的变形基本相同是吻合的,因此季节温差的影响可忽略不计。

但日照温差的影响则相对大得多,随着主梁悬臂施工长度的增加,日照温差的影响越加显著。炳草岗金沙江大桥为柔性桥型,结构特点对温度变化较为敏感。主梁合龙前,清晨和下午梁端高差可达12cm(测时温差为15℃)。因此,高程监测、索力监测、应力测试及索塔倾斜度测量时都需要随时掌握结构温度。温度测试包括拉索钢丝、主梁混凝土、主塔混凝土的温度和气温测试。

在主梁上布设有应力监测点的截面;在边跨、中跨合龙段上下缘各布置一个温度传感器;在索塔的下、中塔柱各应力监测断面的前后两面均布设一个温度传感器;在T构薄壁墩的高度中部位置内外侧各布设了一个温度传感器。

在斜拉索厂家制作了3根布设温度传感器、长度为1m斜拉索,支架于桥面的不同位置,以观测拉索温度。

六、设计参数识别

炳草岗金沙江大桥施工控制误差分析采用自适应性控制系统。在施工中影响主梁高程的设计参数包括混凝土弹性模量、主梁混凝土重量、混凝土收缩徐变、施工临时荷载和温度等。

参数识别就是根据实测数据,正确识别出以上重要控制参数,以指导施工。所有这些识别工作均可通过神经网络的数据训练和仿真得到。以下就以混凝土弹性模量为例,用基于L-M方法的BP神经网络加以识别。

在每一梁段施工过程中,按照施工测量控制要求,在挂篮前移就位、两次张拉牵索、两次浇筑混凝土、斜拉索张拉到施工索力等主要施工步骤,均要进行包括当前施工主梁节段在内的前5个节段主梁端头高程测量。选取斜拉索张拉到施工索力状态的挠度值(理论值)作为网络学习样本,进行网络训练,然后用实测挠度值进行网络仿真。

实际网络仿真过程分为步骤进行。

(1)网络学习过程:与实测数据相对应,采用斜拉索张拉到施工索力状态的结构有限元模型计算结果作为学习样本,将混凝土弹性模量分别按弹性模量理论值的120%、110%、100%、90%、80%取值,分别进行结构有限元模型的计算,分别得到包括当前施工主梁节段在内的前5个节段主梁端头挠度变化情况,这样便得到5个学习样本,输入数据为前5个主梁节段的端头挠度,输出数据为混凝土弹性模量值。

(2)用L-M方法训练BP网络,使训练输出误差达到精度要求。

(3)网络检验过程:将混凝土弹性模量的115%、105%、95%、85%的计算理论值作为训练好后的网络检验数据,网络检验数据的仿真结果满足精度要求后,才可进行工程数据仿真。

(4)最后根据实测的前5个节段主梁端头的实际挠度,用训练好的BP网络进行仿真,得到弹性模量仿真值。

该桥BP网络采用三层BP网络,其中隐层的神经元个数是11个。网络学习样本见表9-6。

网络学习样本 表9-6

样本号	输入数据:主梁挠度(mm)					输出混凝土弹性模量 $E(\times 10^4 \text{MPa})$
	7号	6号	5号	4号	3号	
1	101	94	83	71	56	2.80
2	90	82	73	63	50	3.15
3	83	76	67	58	46	3.50
4	76	69	62	54	43	3.85
5	70	65	57	49	39	4.20

用训练好后的网络进行检验数据的仿真,结果见表9-7。

网络检验样本 表9-7

样本号	输入主梁挠度(mm)					输出混凝土弹性模量 $E(\times 10^4 \text{MPa})$		误差(%)
	7号	6号	5号	4号	3号	仿真输出	目标输出	
1	96	88	78	67	53	2.979	2.975	0.13
2	87	79	70	60	48	3.321	3.325	-0.12
3	80	74	64	56	44	3.669	3.675	-0.16
4	73	67	60	52	41	4.017	4.025	-0.20

将实测主梁高程数据(75,69,61,53,42)放入已训练好的网络中进行仿真,输出混凝土弹性模量 $E = 3.89 \times 10^4 \text{MPa}$,其与 28d 龄期混凝土试验结果 $3.92 \times 10^4 \text{MPa}$ 十分接近。

七、施工监控结果

(1)高程:大桥成桥桥面轴线高程曲线如图 9-10 所示,由此可见桥面线形连续顺畅。

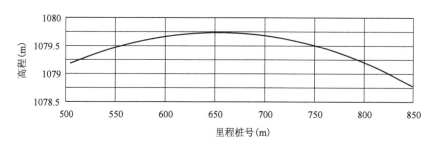

图 9-10 成桥桥面轴线高程曲线图

(2)索力:成桥状况索力与设计索力对照见表 9-5。表 9-4 中实测索力是在中跨合龙并进行了一次调索后所测的结果,二期恒载 73kN/m 施工完后,未再进行调索。从表 9-4 中可以看出:中跨合龙并进行了一次调索后实测索力和计算索力大多数比较接近,少数索力偏差较大,最大达到 9%,应该说这种结果是比较理想的。

(3)应力:全桥合龙后,在调索前后进行全桥应力测试,调索前后实测应力增量值与理论应力增量值基本一致,这说明全桥的应力工作状况与理论值相近。

(4)施工过程中塔顶最大水平位移为 35mm,索塔最终偏移量为 22mm,控制在规范允许范围内。

【工程实例二:重庆大佛寺长江大桥施工实时控制】

一、工程概况

2001 年底建成通车的重庆大佛寺长江大桥是渝黔高速公路的关键节点,被称为国家"十五"期间的重点工程,也是重庆市环城高速公路的东大门。大佛寺长江大桥主桥为双塔双索面全飘浮预应力混凝土斜拉桥,主跨 450m,两边跨分别为 198m,如图 9-11 所示。主梁采用 π 形边纵梁断面,桥面宽度为 30.6m,主梁梁高为 2.7m,标准段边纵梁宽度为 1.8m,梁上索距为 8.1m,每一索距间设两道横梁。主塔结构形式为花瓶形,北墩塔高 206.68m,南墩塔高 200.38m,桥面以上高度均为 164.68m。拉索布置为扇形—平行组合索面,每塔各有 27 对拉索,1 对 0 号索,全桥共有 220 根拉索,边跨 24~27 号拉索锚固在边跨平衡块上。斜拉桥施工采用平衡悬臂浇筑施工,一次浇筑整个索距长度为 8.1m,全截面一次形成,每施工一个主梁节段后悬臂预张拉一对拉索,在 1~12 号梁段浇筑过程中采用挂篮上的单对索多次张拉和分批浇筑,13~27 号梁段采用前后两对索多次张拉和分批浇筑。下面主要介绍斜拉桥主桥悬臂浇筑施工中的实时控制分析。

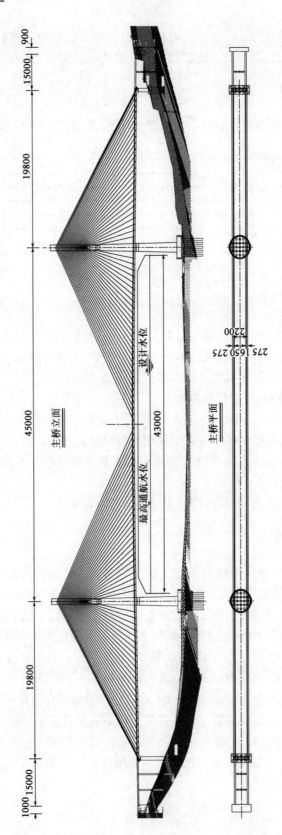

图9-11 重庆大佛寺长江大桥布置图(尺寸单位:cm)

二、自适应控制系统

重庆大佛寺长江大桥的施工控制目的是确保施工过程中结构的安全性,并使成桥状态的几何线形和内力状态在一定误差范围内达到理想控制目标。考虑到在大桥施工开始之前,控制系统不能确定结构的某些计算参数,只能在分段施工过程中,通过监测结构的实际荷载作用和实际结构响应与理论期望值的比较来调整这些参数,达到设计值与施工实测值的基本一致。因此,重庆大佛寺长江大桥的施工控制采用基于参数识别和调整的自适应控制系统,如图9-12所示,并以主梁混凝土自重和截面抗弯刚度等主要计算参数作为识别和调整的对象。

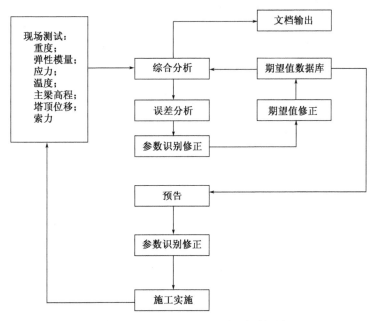

图9-12 重庆大佛寺长江大桥实时控制系统

施工控制按照工作内容和时间可以划分为两个阶段:首先是进入现场之前的准备阶段,主要技术工作是对设计意图的深入理解,设计结构的复核计算,其中包括整体和局部结构计算分析,结构构造复核等;其次为现场工作阶段,主要内容有施工期间的结构测试及参数识别,并给出每个梁段施工后的结构现状对比报告(其主要内容包括固定时间监测的主梁线形、拉索索力、截面应力和塔顶侧移等实际测量值和理论期望值),以及由此确定的参数识别和调整工作,提供详尽的竣工验收资料。

根据施工控制的主要内容可以看出,建立一套完整、规范化的施工控制系统是符合实际需要的,也体现了系统工程中既有分工又有合作的基本思想。根据实时控制系统(图9-12)的要求,在每一梁段施工之前建立期望值数据库,在使用理论期望值时应该进行必要的修正,主要影响因素有施工现场的日照温度、已建结构的施工误差等;然后,经过施工中实测结构的响应来进行综合分析,并给出各项重要指标的对比报告。如果误差可以接受,则继续按照原参数计算施工;否则,应该寻找产生误差原因,通过参数识别,调整修正数据库中的期望数据。

三、施工计算工况

本桥采用斜拉索作为前支点的长挂篮悬臂浇筑施工,充分利用斜拉索作用,使挂篮的前端在浇筑混凝土时临时锚固在本节段的斜拉索上,待混凝土强度达到设计要求后再将索力转移到主梁上,虽然增加了挂篮的负荷,但可一次性完成整个索距梁段的浇筑。需要注意的是,在节段浇筑施工过程中必须经过索力分批张拉和体系转换,同时挂篮的受力也较为复杂。

为了加快施工进度,本桥每一施工循环浇筑一个长节段的重力在 4060~5100kN 之间,如果混凝土一次浇筑完成,将在已建梁体及挂篮上产生很大的弯矩,为此,一个节段混凝土分 2 次或 3 次浇筑,拉索索力也分 2 次或 3 次张拉到设计荷载。悬臂浇筑施工在北墩和南墩分别进行,先边跨合龙,最后中跨合龙。根据实际分段施工情况,将全桥的施工过程分为 200 多个工况进行施工模拟计算,表 9-8 列出了所有施工模拟计算工况。

重庆大佛寺长江大桥施工模拟计算工况 表 9-8

工况		施工模拟索距内容	工况		施工模拟计算内容
1 号梁段	1	桩、墩、塔、0 号块施工完毕	19 号梁段	128	挂篮前移到位
	2	支架上一次性浇筑 1 号梁段混凝土		129	调整 18 和 19 号拉索索力
	3	张拉纵向预应力筋		130	浇筑 19 号梁段混凝土 I
	4	1 号拉索一次性张拉		131	第二次张拉 18 号和 19 号拉索
2 号梁段	5	挂篮初始定位		132	浇筑 19 号梁段混凝土 II
	6	第一次张拉 2 号拉索		133	张拉纵向预应力筋
	7	浇筑 2 号梁段混凝土 I		134	体系转换,张拉 18 号和 19 号拉索
	8	第二次张拉 2 号拉索	20~23 号梁段		按 19 号梁段施工步骤循环
	9	浇筑 2 号梁段混凝土 II	边跨合龙段	163	压重后安装边跨合龙段劲性骨架
	10	第三次张拉 2 号拉索		164	解除边跨约束
	11	浇筑 2 号梁段混凝土 III		165	浇筑边跨合龙段混凝土
	12	张拉纵向预应力筋		166	张拉纵向预应力筋
	13	挂篮体系转换		167	中跨挂篮前移到位
3 号梁段		按 2 号梁段施工步骤循环		168	调整 23 号和 24 号拉索索力
4 号梁段	23	挂篮前移到位	24 号梁段	169	浇筑 24 号梁段混凝土 I
	24	第一次张拉 4 号拉索		170	第二次张拉 23 号和 24 号拉索
	25	浇筑 4 号梁段混凝土 I		171	浇筑 24 号梁段混凝土 II
	26	第二次张拉 4 号拉索		172	张拉纵向预应力筋
	27	浇筑 4 号梁段混凝土 II		173	体系转换,张拉 23 号和 24 号拉索
	28	张拉纵向预应力筋	25~27 号梁段		按 24 号梁段施工步骤循环
	29	挂篮体系转换	中跨合龙段	195	压重后安装中跨合龙段劲性骨架
5~15 号梁段		按 4 号梁段施工步骤循环		196	张拉塔根部 0 号拉索
16 号梁段	107	挂篮前移到位		197	解除梁塔的约束
	108	调整 15 号和 16 号拉索索力		198	浇筑中跨合龙段混凝土
	109	浇筑 16 号梁段混凝土 I		199	拆除悬臂浇筑挂篮
	110	第二次张拉 16 号拉索		200	张拉纵向预应力筋
	111	浇筑 16 号梁段混凝土 II	合龙后		调索及施工桥面系等二期恒载
	112	张拉纵向预应力筋			
	113	体系转换张拉 15 号和 16 号拉索			
17~18 号梁段		按 16 号梁段施工步骤循环			

四、控制系统运行

在现场准备阶段的结构复核计算后,成桥状态的结构理想控制目标已经确定,并且由此确定每个施工阶段的结构理想控制目标。在进入现场工作阶段后,必须明确施工误差限制,建立测量及控制方法,制定系统运行步骤。

1. 施工误差限制

斜拉桥分段施工控制的最终目标一般包括拉索索力误差限制、桥面线形误差限制以及主梁和桥塔截面应力限制等。重庆大佛寺长江大桥施工控制的最终目标是使成桥状态的桥面几何线形与设计线形的误差控制在 ±40mm 范围之内,拉索索力与设计值的误差控制在 ±5% 范围之内,而实测主梁截面应力控制在设计容许的范围之内。

2. 测量及控制方法

斜拉桥悬臂施工时观测变量一般可取桥面高程、拉索索力、塔顶位移、主梁和桥塔的截面应力等。在本桥分段施工中,为了实现自适应控制,主要采用下列测量与控制方法。

(1)拉索索力测量。出于"双控"要求,索力测试是斜拉桥施工控制的必要条件。在本桥施工过程中,每一梁段体系转换二次后都要由监控单位进行索力测量。测试方法为"环境振动激励法",即在桥位现场采用加速度传感器测定拉索自振频率,通过频率与索力的标定关系换算索力。

(2)结构位置测量。结构位置控制主要是指桥面高程和塔顶位移控制,是斜拉桥施工双控的另一个必要条件。结构位置反映了斜拉桥的几何线形,而几何线形是判断斜拉桥施工质量的最直观因素,同时结构位置也能反映安全问题,结构实际位置与理想目标偏差过大会造成应力集中或力线偏离,从而影响施工安全,甚至会影响成桥后的运营状态。在本桥施工控制中,每一梁段施工必须比较两个模拟计算工况的计算值与实测值,出现偏差时及时调整。

(3)截面应力测量。分段施工中的结构安全归根到底是要控制主梁和桥塔截面的应力,但是施工现场影响截面应力测量精度的因素很多,而且受到测试手段和测试设备精度的限制,截面应力测试只能作为一个重要的辅助手段。本桥应力测试采用国内普遍使用的钢弦应变计,并选取南塔河跨 9 号梁段距端面 1m 处的截面作为应力测量截面。

(4)施工控制措施。实现斜拉桥悬臂施工控制的措施很多,但是,比较直接和有效的措施是调整拉索索力和梁段立模高程。本桥施工控制措施为调整现浇梁段挂篮底模高程和调整梁段现浇时张拉的一对或两对拉索索力。

3. 系统运行步骤

重庆大佛寺长江大桥斜拉桥主桥施工自适应控制系统按下列步骤运行:

(1)按照规范或工程经验确定理论计算参数,通过理想前进分析预报节段施工的理想控制目标,例如拉索索力、结构位移和截面应力等,并实施节段施工。

(2)实时测量实际结构目标值,例如拉索索力、结构位移和截面应力等。

(3)将实际结构的实测值与控制目标的计算值进行比较,如不需要进行参数识别和调整,则转向步骤(9)。

(4)启用参数识别模块进行参数估计,获得调整后的计算参数。

(5)按照调整后的参数重新进行前进分析,并比较新的计算值与实测值,如不需要进行索力调整,则转向步骤(7)。

(6)启用拉索控制模块进行最优控制作用计算,获得相应的索力调整值,判断索力调整后不致引起结构安全问题,则实施索力调整。

(7)如果参数调整后不致引起结构安全问题则转向步骤(9)。

(8)对未施工的拉索索力理想控制目标进行调整,得到新的索力理想控制目标。

(9)采用理论计算参数或实测修正参数,通过前进分析预报节段施工的新理想控制目标。

(10)在步骤(2)~步骤(9)之间循环,直至施工结束。

由于在施工过程中不断进行参数识别,施工的节段越多,参数就越准确,预报值也越接近实测值。

五、施工监控实施

混凝土斜拉桥分段施工中的监控非常重要,国内经过多年的实践,虽然不同单位的具体做法有所差别,但现在已经形成基本程序和内容。下面就重庆大佛寺长江大桥在施工过程中遇到和处理的特殊问题加以介绍。

1. 塔梁临时固结

主梁悬臂施工初期首先遇到了塔梁临时固结的问题。在施工至2号梁段时,塔梁临时固结范围内的悬臂板外侧产生裂缝。在短悬臂状态下,由于主梁的相对刚度较大,0号块附近几对斜拉索较长,日照温差将引起斜拉索伸长导致索力降低和主梁内力增大;此外,由于塔梁的临时固结采用了完全刚性约束的方法,主梁在后面节段的横向预应力和混凝土徐变、收缩的作用下局部区域产生较大的拉应力。为此,对该区域按照施工过程考虑上述不利因素进行了精确的空间有限元分析。计算结果表明,区域在不利的环境和结构因素的作用下产生了高达 $-5\mathrm{MPa}$ 的主拉应力。为了避免对主梁产生不利影响,在施工过程中及时对不合理塔梁临时约束采取了补救措施,即按照计算优化的顺序放松刚性约束,使得主梁在横向适应变形,在后续施工中主梁应力得到了控制。监控过程中考虑到施工安全、施工误差、空间剪滞、计算精度因素,施工过程中所采用的C50混凝土拉压应力标准值分别为压应力20MPa、拉应力 $-1.5\mathrm{MPa}$。

2. 施工误差影响

重庆大佛寺长江大桥主梁最重的节段超过5000kN,利用斜拉索形成带前支点的挂篮进行悬臂浇筑施工。施工工艺为1~12号梁段在浇筑混凝土过程中采用挂篮上的单对索多次张拉、分批浇筑,16~27号梁段采用前后两对索多次张拉、分批浇筑;主梁悬臂施工至12号梁段之后,全桥将进入长悬臂施工阶段。根据工地现场的数据统计,南、北塔主梁节段混凝土浇筑量平均超方2%~3.5%,混凝土超方引起的内力和高程的误差只能通过斜拉索索力的调整来克服。为此专门对结构施工全过程做了重要参数的安全影响分析,结论是存在影响结构安全的因素,因此在后续的施工指令中及时调整了斜拉索索力,确保了结构安全和内在质量。

3.挂篮底模修正

在设计计算中一般很难考虑日照温差对悬臂施工中主梁高程的影响以及完成梁段的施工误差对后续梁段的影响,因此现场挂篮底模高程的设置是主梁线形控制的重要决定因素之一。由于底模高程的设置工作需要全天候作业,因此如果能给出一种正确的符合实际情况的有效修正公式(排除临时荷载变化、日照温差、挂篮刚度差别和已成梁段的误差对未浇梁段高程的影响),对于施工是极其方便的。在本桥施工中采用式(9-11)进行挂篮底模高程的实时修正,式中符号意义详见图9-13。实践证明该公式的精度满足要求,具有良好的实用性。

$$\Delta\delta_i = (2\Delta\delta_{i-1} - \Delta\delta_{i-2}) + (\delta_a - \delta_b) + (2\Delta_{i-1} - 2\Delta_{i-2}) \tag{9-11}$$

式中:$\Delta\delta_i$——未浇段底模前端实时修正量;

$\Delta\delta_{i-1}$——$i-1$ 节点临时荷载变化和日照温差等引起的竖向变位;

$\Delta\delta_{i-2}$——$i-2$ 节点临时荷载变化和日照温差等引起竖向变化;

δ_a——挂篮的上抛高值,与施工工艺有关;

δ_b——挂篮的下抛高值,与施工工艺有关;

Δ_{i-1}——已成梁段 $i-1$ 节点的施工误差修正量;

Δ_{i-2}——已成梁段 $i-2$ 节点的施工误差修正量。

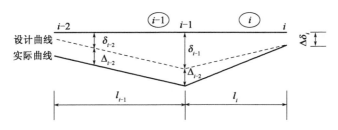

图 9-13 挂篮底模高程修正公式示意图

4.长预应力索应力损失

在大桥边跨和中跨二期长束张拉中都出现了实际预应力钢丝张拉伸长量偏小的问题。随着斜拉桥跨度的增大,往往需要设置一些超长预应力索,由于节段施工方法容易产生预应力管道尺寸的误差,从而导致存在较大的摩阻系数,使得实际施工伸长量比设计伸长量小的情况时有发生。由于有效预应力的严重损失,直接降低了主梁局部的压应力储备,对通过跨中截面的80余根长短不同的预应力钢绞线产生影响。在恒载作用下,跨中截面下缘压应力由原来的设计值950MPa变为680MPa。为了解决预应力损失引起主梁下缘压应力储备不足的问题,使用备用索道,另外通过调整斜拉索索力来达到调整主梁内力的目的,满足主梁活载应力包络图的要求。

六、实时控制结果

现将采用参数自适应控制方法控制的重庆大佛寺长江大桥主桥斜拉桥在各施工阶段及成桥状态的实时控制结果汇总如下。

1. 梁段施工控制指令

在每一梁段施工之前,都必须按照自适应控制计算结果给出梁段施工时桥面高程和拉索索力的控制指令。4~15号梁段在悬臂浇筑施工中采用挂篮上单对索多次张拉和分批浇筑混凝土,每个梁段施工控制指令分8个工况给出,表9-9给出了北塔4号梁段悬臂浇筑完整的施工控制指令;16~27号梁段在悬臂浇筑施工过程中采用挂篮上多次张拉和分批浇筑混凝土,每个梁段施工控制指令分8个工况给出,表9-10给出了北塔16号梁段悬臂浇筑完整的施工控制指令。

北塔4号梁段悬臂浇筑施工控制指令　　　　表9-9

序号	施工工况	控制值	岸跨			塔根	河跨		
			4号	3号	2号	0号	2号	3号	4号
1	挂篮前移到位	高程(m)	242.526	242.560	242.597	242.698	242.820	242.865	242.913
2	第一次张拉4号拉索	索力(kN)	1470	5440	5170		5172	5440	1470
		高程(m)	242.552	242.578	242.608	242.698	242.830	242.883	242.940
3	浇筑梁段混凝土Ⅰ(260t)	高程(m)	242.518	242.555	242.594	242.698	242.816	242.860	242.905
4	第二次张拉4号拉索	索力(kN)	4330	5360	5130		5120	5360	4320
		高程(m)	242.558	242.581	242.609	242.698	242.832	242.886	242.945
5	浇筑梁段混凝土Ⅱ(260t)	高程(m)	242.523	242.557	242.595	242.698	242.818	242.862	242.911
6	张拉纵向预应力筋	高程(m)	242.523	242.557	242.595	242.698	242.818	242.862	242.910
7	挂篮体系转换	索力(kN)	5820	5720	5350		5340	5170	5820
		高程(m)	242.536	242.566	242.600	242.698	242.823	242.872	242.924
8	成桥状态控制目标	高程(m)	242.474	242.508	242.545	242.647	242.781	242.832	242.885

北塔16号梁段悬臂浇筑施工控制指令　　　　表9-10

序号	施工工况	控制值	岸跨			塔根	河跨		
			16号	15号	14号	0号	14号	15号	16号
1	挂篮前移到位	高程(m)	242.023	242.115	242.205	242.695	243.474	243.487	243.496
2	调整15号、16号索	索力(kN)	2330	9030	7180		7060	9030	2330
		高程(m)	242.163	242.228	242.291	242.695	243.563	243.603	243.640
3	第二次张拉16号索	索力(kN)	5030	9430	7500		7380	9420	5030
		高程(m)	242.121	242.194	242.266	242.695	243.538	243.570	243.599

续上表

序号	施工工况	控制值	岸跨			塔根	河跨		
			16号	15号	14号	0号	14号	15号	16号
4	浇筑梁段混凝土Ⅱ(260t)	索力(kN)	6250	10460	8310		8180	10450	6250
		高程(m)	242.012	242.108	242.201	242.695	243.475	243.485	243.492
5	张拉纵向预应力筋	高程(m)	242.011	242.108	242.201	242.695	243.475	243.485	243.491
6	体系转换张拉15、16号索	索力(kN)	9030	8430	7790		7820	8230	8880
		高程(m)	242.083	242.163	242.242	242.695	243.503	243.525	243.544
7	成桥状态控制目标	高程(m)	242.053	242.091	242.130	242.647	243.435	243.492	243.550

2. 拉索索力控制结果

每个梁段施工控制指令进行施工时,仍然会出现拉索索力控制计算值与施工实测值的差异。为了便于观察和比较索力误差,现将施工阶段北塔河跨拉索索力在各施工阶段的实测值与计算值做比较,如表9-11所示。其中,北塔索力实测值与计算值的相对误差在 -3.5% ~ $+5.3\%$,南塔索力实测值与计算值的相对误差在 -3.3% ~ $+5.3\%$,基本达到了拉索误差控制目标($\pm 5\%$ 以内)。

3. 桥面高程控制结果

根据每个梁段施工控制指令进行施工时,仍然会出现桥面高程控制计算值与施工实测值之间的差异。为了便于观察和比较高程误差,现将施工阶段北塔河跨部分梁底高程在各施工阶段的实测值与计算值进行比较,如表9-12所示。主梁边跨合龙和中跨合龙时的梁端高程误差均达到了小于10mm的精度要求,在主梁中跨合龙解除北塔和南塔的塔梁临时约束之后,主梁纵向不对称位移仅为7mm,表明虽然在合龙之前北塔和南塔各自悬臂施工,但合龙后作为整体结构的对称性能良好,达到了相当高的精度。

成桥状态北塔部分梁底高程实测值与计算值相差在 -46 ~ $+38$mm,南塔部分梁底高程实测值与计算值相差在 -45 ~ $+44$mm,基本达到了桥面高程误差控制目标(± 40mm以内)。

4. 截面应力控制结果

为了监测各施工阶段主梁截面应力,在南塔部分的河跨9号梁段离端面1m处的主梁截面上共预埋了8个钢弦式应变计,其中,上游梁顶面2个,下游梁顶面1个,上、下游梁底面各1个,桥面板中心上、中、下游各1个。从10号梁段施工开始进行应力测试,在每个梁段施工中共测试四次应力差值,分别是挂篮前移到位、第一次张拉拉索、浇筑梁段混凝土和挂篮体系转换前后。现将15号梁段悬臂浇筑施工中上游梁顶和上游梁底应力的实测值与计算值进行比较,如表9-13所示。从10~27号梁段悬臂浇筑施工过程中梁顶、梁底截面应力实测值与计算值示于表9-14中。

表 9-11

施工阶段北塔河跨塔河索拉索索力实测值与计算值（kN）

节段		1	2	3	4	5	6	7	8	9	10	11	12	13	14	15	16	17	18	19	20	21	22	23	24	25	26	27
1号	计算值	2625	2655	2800																								
	实测值	2737	2720	2772																								
2号	计算值		2670	2855	2910																							
	实测值	2703	2730	2896	2862																							
3号	计算值	2625	2670	2845	2920	3010																						
	实测值	2676	2729	2937	2952	2898																						
4号	计算值				2800	2845	2910																					
	实测值	2680	2705		2954	2899	2788																					
5号	计算值					2785	2870	3060																				
	实测值	2585	2623		2892	2882	2955	3000																				
6号	计算值						2835	3070	3110																			
	实测值				2816	2769	2790	2927	3154																			
7号	计算值							3025	3110	3260																		
	实测值					2806	2850	2965	3240	3239																		
8号	计算值								3075	3270	3360																	
	实测值						2754	2919	3333	3478	3204																	
9号	计算值									3255	3390	3460																
	实测值							2899	3199	3355	3432	3280																
10号	计算值									3235	3445	3630	3850															
	实测值	2445	2450	2555	2545	2510	2585	2835	2970	3235	3420	3564	3876															
11号	计算值																											
12号	实测值	2652	2608	2706	2715	2663	2718	2819	3169	3324																		

续上表

节段		1	2	3	4	5	6	7	8	9	10	11	12	13	14	15	16	17	18	19	20	21	22	23	24	25	26	27
13号	计算值											3425	3590	3865														
	实测值										3213	3230	3308	3623	3952													
14号	计算值													3500	3800	4115												
	实测值											3190	3289	3578	3995	4125												
15号	计算值														3705	4030	4265											
	实测值												3151	3463	3852	4105	4426											
16号	计算值															3910	4115	4440										
	实测值													3225	3608	3979	4264	4568										
17号	计算值																3865	4525	4850									
	实测值														3566	3664	3929	4636	4901									
18号	计算值																	4265	4830	5175								
	实测值															3619	3869	4558	4933	5312								
19号	计算值																		4655	5015	5255							
	实测值																	4014	4977	5295	5355							
20号	计算值																			4810	5150	5420						
	实测值																3525	4061	4680	5190	5201	5239						
21号	计算值																				5035	5120	5595						
	实测值																		4558	4915	5090	5056	5691						
22号	计算值																					5050	5445	5695					
	实测值																		4855	5057	5119	5415	5815						
23号	计算值																					5215	5695	5845					
	实测值																			4839	4861	5320	5752	5766					
24号	计算值																						5190	5875	5275				
	实测值																				4651	5190	5636	6215	5584				

续上表

节段		1	2	3	4	5	6	7	8	9	10	11	12	13	14	15	16	17	18	19	20	21	22	23	24	25	26	27
25号	计算值	3780	2402	2553	2582	2576	2639	2851	2915	3074	3128	3133	3151	3275	3253	3181	3567	3889	4024	4166		4197	4563	4545	4816	5295		
	实测值																									5645		
26号	计算值																									—	5675	
	实测值				2758	2712	2779	2885	3128	3180	3096	3113	3169	3332	3256	3153	3382	3915	4190	4211		4244	4619	5028	4568	5665	6334	
27号	计算值																									5833	5695	6200
	实测值						2612	2628	2793	2933	3285	3546	3315	3353	3486	3638	3828	3839	3894	3982		4222	4663	4957	4592	4940	6153	6315
合龙	计算值																									5565	5395	5985
	实测值	3818	2464	2650	2595	2557	2510	2541	2721	2968	3231	3546	3253	3334	3446	3550	3729	3760	3780	3810		3842	4398	4698	4728	4596	5389	5820
调索	计算值																									4932	5415	5861
	实测值				2714	2654	2618	2662	2765	2929	3275	3542	3325	3391	3568	3633	3882	3839	3870	3915		3895	4585	4903	4769	4920	5195	5964
成桥	计算值	3823	2452	2558																						4792	6391	
	实测值	3853	2539	2678																						4959		

表9-12 施工阶段北塔河跨部分梁底高程实测值与计算值（m）

节段		1	2	3	4	5	6	7	8	9	10	11	12	13	14	15	16	17	18	19	20	21	22	23	24	25	26	27
1号	计算值	242.794																										
	实测值	242.782																										
2号	计算值	242.776	242.852																									
	实测值	242.773	242.832																									
3号	计算值	242.774	242.821	242.871																								
	实测值		242.869																									
4号	计算值		242.823	242.872	242.924																							
	实测值	242.828	242.868	242.929																								

续上表

节段		1	2	3	4	5	6	7	8	9	10	11	12	13	14	15	16	17	18	19	20	21	22	23	24	25	26	27
5号	计算值			242.871	242.921	242.973																						
	实测值				242.908	242.969																						
6号	计算值				242.934	242.989	242.049																					
	实测值					242.975	243.013																					
7号	计算值					242.992	243.051	243.119																				
	实测值					242.970	243.003	243.105																				
8号	计算值						243.052	243.115	243.189																			
	实测值						243.019	243.123	243.203																			
9号	计算值							243.102	243.167	243.236																		
	实测值							243.113	243.183	243.258																		
10号	计算值								243.167	243.231	243.301																	
	实测值									243.206	243.247																	
11号	计算值									243.229	243.292	243.349																
	实测值										243.270	243.318																
12号	计算值										243.291	243.341	243.404															
	实测值											243.313	243.423															
13号	计算值											243.345	243.402	243.446														
	实测值												243.428	243.473														
14号	计算值												243.411	243.449	243.486													
	实测值												243.420	243.456	243.484													
15号	计算值													243.459	243.491	243.517												
	实测值														243.505	243.542												

续上表

节段号		1	2	3	4	5	6	7	8	9	10	11	12	13	14	15	16	17	18	19	20	21	22	23	24	25	26	27
16号	计算值														243.503	243.525	243.544											
16号	实测值															243.566	243.583											
17号	计算值															243.542	243.559	243.577										
17号	实测值															243.546	243.564	243.501										
18号	计算值																243.598	243.617	243.640									
18号	实测值																	243.571	243.611									
19号	计算值																	243.642	243.663	243.686								
19号	实测值																	243.622	243.664	243.742								
20号	计算值																		243.695	243.717	243.745							
20号	实测值																		243.621	243.690	243.685							
21号	计算值																			243.721	243.743	243.769						
21号	实测值																			243.740	243.737	243.758						
22号	计算值																				243.742	243.760	243.781					
22号	实测值																				243.732	243.746	243.759					
23号	计算值																					243.800	243.821	243.844				
23号	实测值																					243.857	243.880	243.888				
24号	计算值																						243.831	243.841	243.852			
24号	实测值																						243.958	243.934	243.915			
25号	计算值																							243.951	243.965	243.978		
25号	实测值																							243.977	243.960	243.980		
26号	计算值																								244.070	244.082	244.096	
26号	实测值																								244.043	244.057	244.071	

续上表

节段	1	2	3	4	5	6	7	8	9	10	11	12	13	14	15	16	17	18	19	20	21	22	23	24	25	26	27
计算值	242.776	242.837	242.901	242.969	243.039	243.114	243.191	243.277	243.362	243.453	243.533	243.630	243.713	243.791	243.867	243.945	244.016	244.086	244.159	244.227	244.284	244.326	244.359	244.385	244.409	244.42	244.425
实测值	242.835	242.877	242.929	242.972	243.059	243.175	243.257	243.340	243.405	243.478	243.615	243.689	243.754	243.829	243.894	243.884	243.967	244.079	244.109	244.161	244.205	244.226	244.231	244.270	244.303	244.339	244.355
27号成桥 计算值																									244.240	244.269	244.300
27号成桥 实测值																									244.308	244.339	244.397

15号梁段悬臂浇筑施工中上游梁顶、上游梁底应力实测值与计算值

表9-13

施工工况		测试时间	测试对象	上游梁顶应变设计				上游梁底应变设计			
				实测值		计算值		实测值		计算值	
				测试值	应力差(MPa)	测试值	应力差(MPa)	测试值	应力差(MPa)	测试值	应力差(MPa)
挂篮前移到位	前	2000-11-25 9:25	频率(Hz)	1337.8				1386.4			
			应力(MPa)	-0.56				-6.69			
挂篮前移到位	后	2000-11-26 16:30	频率(Hz)	1379.1				1371.3			
			应力(MPa)	-0.49	0.07	-1.53	0.37	-7.67	-0.98	-3.99	-0.99
第一次拉索张拉	前	2000-11-25 16:30	频率(Hz)	1379.1				1371.3			
			应力(MPa)	-0.49		-1.16		-7.67		-4.98	
第一次拉索张拉	后	2000-11-30 9:20	频率(Hz)	1370.9				1405.8			
			应力(MPa)	-0.94	-0.45	-1.16	-1.22	-5.4	2.27	-4.98	3.02
浇筑梁段混凝土	前	2000-11-30 9:20	频率(Hz)	1370.9				1405.9			
			应力(MPa)	-0.94		-2.38		-5.4		-1.96	
浇筑梁段混凝土	后	2000-12-3 9:35	频率(Hz)	1397.2				1350.6			
			应力(MPa)	0.5	1.44	-2.38	1.23	-9	-3.6	-1.96	-4.19

续上表

施工工况	测试时间	测试对象	上游梁顶应变应计				上游梁底应变应计			
			实测值		计算值		实测值		计算值	
			测试值	应力差(MPa)	测试值	应力差(MPa)	测试值	应力差(MPa)	测试值	应力差(MPa)
挂篮体系转换	2000-12-4 18:55	频率(Hz)	1381.7				1350.8			
		应力(MPa)	-0.35	0.73	-1.15	-0.92	-8.76	2	-6.15	2.31
	2000-12-5 14:40	频率(Hz)	1368.4				1385.2			
		应力(MPa)	-1.08		-2.07		-6.76		-3.84	

10~27号梁段悬臂浇筑施工过程中梁顶、梁底截面应力实测值与计算值　　表9-14

梁段号		10号	11号	12号	13号	14号	15号	16号	17号	18号	19号	20号	21号	22号	23号	24号	25号	26号	27号
梁顶截面应力(MPa)	实测值	-1.0	3.5	-0.1	-0.2	0.2	0.2	0.2	-1.3	-1.2	-0.9		-1.6	-2.0	-3.7	-0.9	-0.4	-1.9	0.4
	计算值	-1.0	0.4	0.4	-0.6	-0.5	-0.5	-0.5	-0.9	-0.7	-0.6		-0.4	-0.4	-0.4	-0.3	-0.1	-0.8	-0.4
梁底截面应力(MPa)	实测值	1.2	-0.8	-0.1	0.1	-0.3	0.0	-0.2	0.6	0.7	-0.3		-0.5	0.1	-0.1	-2.5	-0.9	-1.2	-1.7
	计算值	0.6	-1.9	-3.4		0.1	-3.2	-0.1	1.0	0.3	0.0		-0.5	-0.6	-0.1	-0.8	0.1	-1.0	-0.9

第十章 悬索桥施工控制

第一节 概　　述

在各种跨径的桥梁中,悬索桥属于适应性最强的桥型,它不仅在 100～300m 跨径的中型桥梁中常有采用,在 300～500m 跨径的大型桥梁中也具有竞争力,在 500～1000m 跨径的特(超)大型桥梁中则是主要选择的桥型,在超过 1000m 跨径的桥梁中则占主导地位。悬索桥一般由索塔、锚碇、主缆、加劲梁等部分组成,其施工通常包括索塔施工、锚碇施工、猫道架设、索鞍安装、主缆架设及整形、索夹和吊索安装、加劲梁吊装、桥面系及防护施工等。可见,悬索桥不但要经过一个相当复杂的施工过程才能形成,而且其工序间顺序性很强,并且互相关联,如何对结构状态的各工序下的控制参数进行跟踪监测、调整、控制,确保施工过程安全和成桥后的结构实际状态尽可能符合设计理想状态,是人们颇为关注的问题,它是悬索桥成功建设的关键技术之一。

国内外在悬索桥上所做的控制工作主要体现在开发研究适用于模拟施工过程的结构计算分析软件,通过施工模拟分析计算,得出鞍座预偏量等控制参数,并将实测参数值与理论计算值直接进行比较,从而达到控制的目的。例如华盛顿桥,在加劲梁吊装前就事先将鞍座向岸侧预偏了一定值(据计算所得),然后,在吊装过程中依靠设置在塔顶的水平千斤顶分次顶推鞍座,从而实现对塔身应力和主缆线形的直接控制。在施工控制计算分析方面,国外从 1823 年开始研究以来,相继完善了弹性理论、挠度理论和有限位移理论以及相应计算软件。进入 20 世纪 80 年代以来,国外趋向于采用从连续介质力学出发,利用广义非线性有限元数值分析方法编制通用程序,进行悬索桥施工过程分析。如在意大利墨西拿海峡主跨 3300m 特大悬索桥施工设计中,就曾采用非线性有限元通用程序 ADINA 进行施工过程的位移、应用和动力特性计算。在监测方面,国外采用的手段主要包括用预埋钢弦计测定加劲梁和索塔的应力,用高精度全站仪等光学仪器测定主缆变形、加劲梁高程和塔的变位,用锚索测力计或环境激励法测定吊索和主缆的拉力,用温度传感器、红外线温度计等测量结构温度等。实测数据大多采用现场微型计算机自动采集和初步处理分析。

从 20 世纪 80 年代中期,我国开始对悬索桥结构分析理论进行广泛研究,并取得了可喜的成果。但在悬索桥施工控制技术方面,由于现代大跨径悬索桥尚未建设,未得到重视和发展。进入 20 世纪 90 年代以后,我国开始建设现代大跨径悬索桥,与此同时,对于悬索桥施工状态分析及施工控制技术的研究广泛开展,特别是通过主跨 888m 的虎门大桥等特大型悬索桥的建设,使其施工控制技术逐渐成熟,初步形成了一套悬索桥施工过程监控技术系统。

一、悬索桥的早期理论分析

悬索桥计算理论的发展与悬索桥本身的发展有着密切的联系。早期,由于桥跨小,索自重较轻,结构刚度主要由加劲梁提供,结构分析采用线弹性理论。随着悬索桥跨度的不断增大,主梁刚度相对降低,结构非线性形态突出,Ritter(1887年)、Melen(1888年)等人先后提出了考虑位移影响的"挠度理论",奠定了近代悬索桥分析的理论基础。Godard 忽略成桥后竖向荷载引起的主缆水平力改变对悬索桥静力响应的影响,提出了线性挠度理论。在此基础上,李国豪教授提出了等代梁法,使影响线加载原理得到有效利用。这些方法在悬索桥计算中取得了良好的效果,同时也促进了悬索桥跨径的长大化。

现代悬索桥跨度不断增大的同时,加劲梁相对刚度不断减小,线性挠度理论引起的误差已不容忽视。因此,基于矩阵位移理论的有限元方法应运而生。Brotton 把悬索桥视为平面构架,建立起刚度方程并用松弛法求解;Saafan 的构架大位移理论,Tezcan 的大位移矩阵构架分析法,计入挠度的二次影响,并建立起增量平衡刚度方程求非线性方程的解;后腾貌夫首先提出主缆、吊杆仅为受轴力构件,导出节点位移与节点力之间的有线位移关系式。对于存在轴向力的梁柱效应,Fleming 应用稳定函数法来修正梁单元的刚度矩阵,并用更改的拉格朗日列式进行迭代求解。总之,应用有限位移理论的矩阵位移法,可综合考虑体系节点位移影响、轴力效应,把悬索桥结构非线性分析方法统一到一般非线性有限元法中。

二、基于解析法的悬索桥施工控制理论分析

由于悬索桥具有明显的非线性,在用非线性有限元法进行求解时,仍然存在难以收敛的问题,且计算时间较长,对结构中的某些问题难以处理,且程序复杂、不易修改。解析法也是悬索桥施工控制模拟结构分析常用的方法,恒定无应力索长迭代法就是其中一种。具体分析见第四章第三节相关内容。

第二节 悬索桥施工控制内容与方法

一、悬索桥施工控制目的

对于悬索桥结构,受力状态及线形受温度、桥塔偏位、恒载误差、施工误差等因素影响非常敏感,通过施工监控确保施工过程中的结构安全,使得成桥后的受力状态和线形满足设计的要求。

对于大跨径悬索桥,施工控制的具体目标如下:
(1)成桥后加劲梁桥面线形平顺,达到公路路面平顺度设计要求。
(2)成桥后主缆索股锚跨张力均匀,单根索股索力最大偏差不超过平均值的10%,误差的均方根不超过均值的5%。
(3)吊索力逼近设计状态,单吊点吊索力最大误差不超过设计值的10%。
(4)基准索股的架设精度宜控制在以下范围内:中跨±40mm,边跨±30mm以内;空缆线形的高程误差宜控制在±40mm。
(5)成桥后主缆跨中高程逼近设计状态,矢高误差应小于±$L/10000$(L为中跨的主缆跨度)。

(6)成桥时桥塔位置逼近设计状态,h 在 200m 以下时,顺桥向塔顶偏离设计位置的误差不超过 $h/3000$,且不超过 30mm(h 为从承台顶到塔顶的高度,单位为 m)。

(7)在架设阶段确保主缆和加劲梁线形、桥塔偏位等于理论计算相近,保证施工过程中各结构构件的安全;施工过程中和竣工后结构内力状态满足设计要求。

(8)精度控制和误差调整的措施不对施工工期产生实质性的不利影响。

二、施工控制内容

悬索桥施工控制主要包括三个方面的内容:变形控制、内力控制与稳定控制。变形控制就是严格控制桥塔塔顶偏位和主缆竖向挠度,若有偏差并且偏差较大时,就必须立即进行误差分析并确定调整方法,为下一阶段更为精确的施工做好准备工作。内力控制则是控制桥塔、主缆索股、钢箱梁、吊索在施工过程中以及成桥后的应力,使其不至过大而偏于不安全,甚至在施工过程中造成结构破坏。稳定控制就是严格控制施工过程中悬索桥桥塔的整体稳定,防止结构失稳破坏。

1. 施工控制辅助试验

(1)施工控制辅助试验目的

由于结构设计参数是根据设计规范,材料出厂力学性能指标等取用的。此外,材料组成构件力学性能也有所变化,因此,设计参数取值将与实际情况有所差异,这将影响实际结构的力学及使用性能,故有必要在结构施工前做一些辅助性试验,以提前修正部分设计参数,为施工成桥状态符合设计要求奠定基础。

(2)索股(或钢丝)试验

①试验确定钢丝弹性模量、热膨胀系数、钢丝直径及重度。

②试验确定索股整体弹性模量、热膨胀系数及单位长度重力。

(3)吊索(或吊杆)试验

①试验确定吊索弹性模量、热膨胀系数、单位长度重力、截面面积及破断力。

②试验确定吊杆弹性模量、热膨胀系数、单位长度重力。

③试验确定吊索(对于钢丝绳吊杆)设计恒载作用下的长期非弹性效应。

(4)桥面铺装重度试验

①试验确定桥面铺装重度。

②模拟铺装试验确定桥面铺装设计厚度下的单位面积重力。

(5)加劲梁质量试验

称量确定标准梁段质量。

(6)索塔温度效应试验

①观测确定索塔截面平均温度、表面温度与大气温度之间的关系。

②观测索塔温度变化与气温及表面温度之间的关系。

③观测日照对索塔的影响。

④试验确定索塔抗弯刚度。

(7)索夹、吊杆锚头及夹具质量试验

称量确定索夹、吊杆锚头及夹具质量。

(8)吊机质量试验

称量确定吊机质量。

(9)温度测试

观测确定气温昼夜变化规律。

(10)施工模拟试验

2.理想状态下施工全过程模拟计算

1)模拟计算目的

理想状态下施工全过程模拟计算的目的就在于校核主要设计计算数据,弄清楚施工过程结构位移及内力变化规律,初步确定索鞍顶推量及顶推时间,搞清施工过程控制的关键,为施工过程各理想状态提供数据,以做到安全施工,同时也给施工提供指导性建议和意见。

2)结构计算参数的取用

各状态线形及内力应根据设计意图及设计图纸文件进行计算。对于悬索桥结构而言,结构线形一般只能预先确定主缆几个指定点的高程、所有桥面高程,主缆及加劲梁各吊点水平坐标,其他点高程及结构内力尚不能精确确定。对于未知的坐标及结构内力,应根据已知条件通过迭代计算确定。

3)悬索桥结构分析方法

(1)解析方法(也称恒定无应力索长分析方法)。

(2)有限元法(包括有限位移理论法等)。

4)无应力下料长度计算

(1)主缆无应力下料长度计算。

(2)吊索(或吊杆)无应力下料长度计算。

(3)梁段无应力下料长度计算。

(4)索塔裸塔状态塔顶高程确定。

5)设计空缆状态线形及内力计算

(1)确定主缆各跨跨径与矢度。

(2)确定主缆各跨跨中高程。

(3)确定索鞍预偏量(预偏角)。

(4)确定主缆水平拉力、鞍底支反力及锚跨索股拉力。

6)吊装过程各状态线形及内力计算

(1)确定结构控制点位置与位移及过程图。

(2)确定主缆水平拉力、鞍底支反力及锚跨索股拉力。

(3)确定索塔塔顶水平位移及索塔内力(应力)。

(4)确定索鞍顶推量及顶推时间。

(5)确定吊索(吊杆)力。

(6)确定梁段接缝下缘开口宽度。

(7)各吊索(吊杆)上下吊点间的倾斜量。

7)理想成桥状态线形及内力计算

(1)计算成桥状态线形,并与设计成桥状态对比。

(2)计算主缆、吊杆、主梁及索塔内力(应力)。

8)主索鞍顶推量及顶推时间的确定

(1)顶推量的确定

根据桥塔的设计承载能力及其施工过程中对桥塔应力的控制指标,推算出塔顶的允许水平位移值,再根据索鞍构造情况,进一步确定出索鞍顶推量。如果塔顶顶推装置可在沿纵桥向前后固定于塔顶时,索鞍顶推量可取为塔顶向前后两方向容许水平位移之和,否则只能取为单方向塔顶容许水平位移值。

悬索桥索鞍预偏量、顶推量计算需满足的条件:①索鞍满足受力平衡;②各跨主缆无应力长度保持不变。

顶推时主索鞍及主缆的绝对坐标并没有发生太大变化,而是索塔中心的绝对坐标发生了变化,从偏向中跨侧回到竖直位置。因此从实际结果上来讲,索鞍顶推并非把索鞍向江侧"推了过去",而是把索塔从偏江一侧"拉"回到原竖直位置。

(2)顶推时间的确定

索鞍顶推时间可采用试算方法确定,也可采用近似方法确定。试算方法:采用完全模拟方法施工,并考虑索塔的影响,按施工顺序做前进计算,当塔顶水平位移接近容许值时,该阶段末应顶推主索鞍,以释放塔顶水平位移,从而达到释放索塔弯曲应力的目的,然后重复前一步骤,继续向前加载计算,即可确定各次顶推时间。

近似方法则不考虑索塔参与受力,并认为索塔刚性,索鞍在塔顶可自由滑动,进而求出索鞍滑动过程中的数据及相应曲线,然后再通过过程曲线及容许顶推量来确定各次顶推时间。

3.施工控制的实施

1)施工监测

(1)施工测试内容、控制位置及仪器

①测量结构线形。

线形测量主要包括三部分,即主塔线形、主缆线形和加劲梁顶面线形。各状态线形测量主要测控制点坐标,控制点可选为两个支点、两个 $L/8$ 点、两个 $L/4$ 点、两个 $3L/8$ 点,以及跨中点,一共9个点,在某些特定状态,还有必要增加测点,以便为控制提供更为丰富的实测数据。在施工的前期,线形观测主要测量主缆控制点坐标,到吊装加劲梁段后,才进行加劲梁顶面线形的观测。各跨支点坐标的测量,主要测量塔顶坐标及索鞍的残留预偏量,测量仪器可采用精密水准仪、全站仪、钢尺等。

②测定主缆锚跨索股拉力。

主缆索力跟随主梁的吊装及塔顶鞍座的顶推发生变化,为监测主缆中的真实缆力,并校验主缆各索股拉力的均匀性,特对主缆锚跨索股索力进行监测。测定方法可采用测力计、压力传感器、千斤顶测量,以及弦振动方法。测点设置在锚碇锚室的索股锚头处。为节约设备投入,每根主缆测量少数索股,而且选择在单根锚固的索股进行测试。

③测定塔应力。

各个状态均要进行测定应力。控制截面位置应在塔截面变化处、塔根及有系梁处一定要作为控制截面,且单塔柱控制截面总数不能少于两个。应力测定可用应变传感器等。

④测量吊索(或吊杆)拉力。

一般只监测少数吊索拉力,但在成桥状态对应所有吊索拉力进行测定。测定方法可采用拉力传感器法、千斤顶张拉法,以及弦振动法(采用该法时应注意吊索力学图式是否符合仪器原理)。对于按传统方法施工的悬索桥,在梁段合龙状态及成桥状态应对所有索股拉力进行测定。

⑤测定加劲梁应力(总应力)。

对于按传统方法施工的悬索桥,梁段合龙后才开始进行测定。对钢加劲梁要到成梁后才进行应力测定,对预应力混凝土加劲梁在连续段接缝时就应开始测定应力。控制截面位置与线形位置相同,但无梁端部支点。应力测定方法可用钢筋计、应变传感器等,但应注意拉压量程范围。

(2)施工测试要求

①通过大气温度昼夜变化规律观测发现:在天气正常的条件下,对于沿海地区,在一昼夜内,晚19:00到第二天早7:00的12h内大气温度变化幅度较小。因此测试时间应在夜间21:00到早晨6:00前完成。

②测试时间应尽量短,以减少气温度变化的干扰。

③观测大气温度、构件表面温度及截面内部温度。

④测试应在天气较稳定的条件下进行,以减少气温急变、大雾或雨天等因素的影响。

⑤要求有较高的测试精度。

(3)猫道架设完成时结构线形测定

在猫道架设完成时,结构线形测定应在夜间气温稳定时进行。该测试为猫道调整及第一根标准索股架设提供数据依据。

①测定气温、桥塔表面温度。

②测量猫道各跨径、矢高以及跨中高程。

③测量桥塔顶坐标。

(4)架设第一根标准索股(基准索股)前施工现场气温观测

架设第一根标准索股前几天,要测定昼夜气温变化规律,测点位置应布设在塔顶、桥面及地面位置处。该气温的测定将为第一根标准索股的位置确定做充分准备。

(5)第一根标准索股(或钢丝)线形及内力观测

①测定气温及索股表面温度。

②测量索股各跨径、矢高以及跨中高程。

③测定锚跨索股拉力。

(6)成缆线形的观测及锚跨主缆索股拉力测定

在主缆架设完成时,结构线形测定应在夜间气温稳定时进行。该测试为索股、索夹位置与吊杆长度的确定,以及锚跨索股拉力调整提供数据依据。

①测定气温及主缆表面温度。

②测量主缆各跨跨径、矢高及跨中高程。
③测量桥塔顶坐标。
④观测气温对主缆跨中高程及桥塔顶水平位移的影响规律。
⑤测定锚跨索股拉力。

(7)梁段吊装过程各状态线形及内力观测

在梁段吊装过程中,应对各状态线形及内力进行观测,观测应在夜间气温稳定时进行,该测试为结构各状态理论值及实测值对比分析、对结构情况的把握、施工技术决策以及对结构位移及内力(或应力)的控制提供数据依据。

①测定气温及主缆表面温度。
②测定主缆各跨跨径及其控制点坐标。
③测量加劲梁控制点坐标。
④测量塔顶坐标及索鞍残留预偏量。
⑤测量已吊梁段处吊杆倾斜量。
⑥测量梁段接缝下缘开口宽度。
⑦测定桥塔各控制截面应力。
⑧测定吊索拉力。
⑨测定锚跨部分索股拉力。

(8)合龙状态线形及内力观测

在合龙状态时,应对该状态线形及内力进行观测,观测应在夜间气温稳定时进行。该测试为梁段落接缝的焊接、结构线形及内力的控制提供数据依据。

①测定气温及主缆表面温度。
②测定主缆及加劲梁各控制点坐标,以及主缆跨径。
③测量塔顶坐标及索鞍残留预偏量。
④测定锚跨部分索股拉力。
⑤测定吊索拉力。
⑥测定桥塔应力。
⑦测量梁段各接缝下缘开口宽度。
⑧观测气温(包括日照)对梁段下缘开口宽度的影响规律。

(9)主缆缠丝过程温度观测

主缆缠丝过程中,应对大气温度及主缆表面温度进行测量,为主缆缠丝力的控制调整提供数据依据。

(10)成桥状态时的线形及内力观测

成桥状态时,应对线形及内力进行观测,观测应在夜间气温稳定时进行。该测试为成桥后的使用提供恒载状态数据依据。

①测定气温及主缆表面温度。
②测定主缆及加劲梁各控制点坐标,以及主缆跨径。
③测量塔顶坐标及索鞍残留预偏量。
④测定锚跨所有索股拉力。

⑤测定所有吊索拉力。
⑥测定桥塔应力、加劲梁应力。
⑦观测日照对结构线形及内力的影响规律。

2）施工过程跟踪计算分析

（1）基准索股（钢丝）线形的确定

主缆索股架设线形控制是悬索桥架设精度控制最重要的一环。而主缆一般索股是以基准索股为基础，按若即若离的原则架设的。基准索股线形即为索塔完全刚性且索鞍在塔顶可自由滑动状态下的控索线形，应根据各跨基准索股无应力长度、现场温度、索股弹性模量、裸塔位猫道完成时桥塔位置以及二期恒载及桥塔温度效应试验结果综合确定。

①确定各跨基准索股无应力长度。
②确定主索鞍在塔顶位置。
③确定标准索股各跨中高程。
④锚跨索股张拉力确定。

（2）索夹位置及吊杆（吊索）长度的确定

由于桥塔施工偏差，以及受猫道、主缆组拼偏差等因素影响，成桥状态线形与理想成缆状态线形有一定偏差，若按原设计继续施工到成桥，则成桥状态线形与内力将不能满足设计要求。因此，应根据成缆状态实测线形，进行预测并依据反馈分析信息，调整索夹位置及吊杆长度，以使施工成桥状态符合设计要求。

①前进预测分析与设计成桥状态线形与内力。
②对成桥状态与设计成桥状态的线形与内力进行比较分析。
③确定索夫位置及吊杆长度。

（3）梁段吊装过程各状态线形及内力（应力）确定

根据结构参数、辅助试验结果以及已完成的施工观测结果，对结构进行前进分析，计算出各状态线形及内力，为施工提供理论指导依据。

①计算梁段吊装过程各状态线形及内力。
②计算成桥状态线形内力。

（4）梁段吊装过程各状态控制数据的实测值与理论值对比分析

对控制数数的实测及理论值进行对比分析：

①对实测值进行分析整理，以便与理论值进行比较。
②实测值与理论值做比较，确定出控制点（截面）的误差值。
③对误差进行分析评述。

3）结构参数识别

（1）结构参数敏感性分析

结构参数的敏感性就是参数对结构行为的影响程度，具体表现在参数发生一定幅度变化，引起结构位移及内力变化幅度的大小。根据参数敏感性可将参数分为两类：一类是主要参数，它对结构行为影响较大；另一类是次要参数，它对结构行为影响较小。

①敏感性分析时，可将参数变化幅度控制在10%附近。
②先对参数作定性的敏感性分析，先滤除对结构行为影响较小的结构参数，并对参数进行

定性分类。

③在此基础上,对参数进行敏感性数值分析。

④根据敏感性数值分析将参数分为主要参数与次要参数,为参数识别指明方向。

(2)结构参数识别及其调整

结构参数识别是与控制点的实测值和理论值之间的误差有关的。对于线性结构而言,则其关系也是非线性的,虽然非线性结构参数与误差间存在非线性关系,但是由于参数偏差一般均较小,因而参数在小范围内变化,其与误差的关系也接近于线性变化,因此,可用线性方法来识别非线性结构的参数。

①选定参数识别方法。

②确定参数与误差间关系式及误差值。

③计算参数变化量及调整参数。

(3)参数识别方法

①最小二乘法,本法较为常用。

②模糊数学方法。

③灰色理论方法。

4)施工成桥状态预测计算

(1)概述

预测分析就是以过去和现在的情况为基础,按施工的进程做前进分析直到成桥,看施工成桥状态是否符合设计成桥状态要求,这就是预测分析。当预测施工成桥状态不满足设计要求时,则应以预测偏差值为依据,反求当前状态下的控制调整值,从而使调整后的结构按顺序施工直到成桥,调整后的施工成桥状态将符合设计要求,这就是反馈控制分析。

反馈控制分析方法有多种,如卡尔曼滤波法、灰色理论法等。

(2)裸塔状态下对成桥的预测分析

根据裸塔状态进行模拟,预测施工成桥状态是否满足设计要求。当不满足设计要求时,则做反馈控制分析,以确定主索鞍在塔顶的相对位置。

(3)成缆状态下对成桥状态的预测分析

由于猫道及主缆索股拼装架设偏差因素的影响,主缆成桥状态线形将与设计成缆线形不相符合,因此,应根据该状态主缆线形测量情况做模拟施工拼装直到成桥的计算,预测施工成桥状态是否满足设计要求。当不满足设计要求时,则做反馈控制分析,以确定索夹位置及吊杆长度。

(4)梁段合龙状态下对成桥状态的预测分析

由于索夹安装偏差、吊索制作偏差、梁段质量偏差的影响,合龙状态将难以与设计合龙状态相符合,因此,应以合龙状态实测线形及内力为依据,向前做二期恒载加载计算,预测施工成桥状态是否符合设计要求。当不满足设计要求时,应作反馈控制分析,以计算二期恒载及吊杆的调整量。

5)结构线形及内力控制

(1)概述

结构线形及内力的控制从施工过程来讲,主要控制局部位移不致过大,局部内力或应力不致超出结构容许载能力。对于成桥状态而言,控制结构线形及内力符合设计成桥要求。控制就是要采取有效措施,使结构行为符合预定设计要求。悬索桥施工控制在施工中主要控制塔身应力,对成桥状态主要控制结构线形及内力,其中线形是主要的。

(2) 猫道调整与控制

猫道虽为临时结构,但它对主塔位置有影响,因此,当在猫道架设完成时,若该状态索塔位置与裸塔时位置不一致,则为了保持裸塔的位置不变,就应调整猫道结构使索塔回到裸塔位置,以消除猫道对索塔位置的影响。具体调整方法则是改变猫道承重索长度。

(3) 主索鞍安装位置控制(标准索股线形)

由于结构设计参数取值偏差、桥塔施工及环境的影响,主鞍在桥塔顶相对于桥塔轴线的位置将与设计不符合,因此,应根据施工状况及辅助试验结果,调整主鞍在桥塔顶的位置,使其符合设计要求。

(4) 索股锚跨拉力调整与控制

由于施工过程各种因素的影响,到达成缆状态时将难以保证锚跨索股拉力的均匀性,这将进一步影响成桥后索股力,因此,应予以调整。调整作业应先根据检测结果计算锚跨索股拉力平均值,然后对偏差大的索股拉力进行调整。调整原则是大的减小,小的增大,调整后应使索股拉力更加均匀,但是,调整的索股力增减总量和应趋于零,否则将影响结构线形及内力。

①根据检测结果,求出索股拉力平均值。
②按索股锚头垫片厚度确定最小调整量。
③确定应调整索股及其调整量。
④调整实施作业。
⑤复测索股拉力。

(5) 梁段吊装过程中桥塔应力控制

在悬索桥施工中,桥塔的应力控制是非常重要的。由于索鞍的预偏,同时随梁段吊装的进行,桥塔将发生竖向压缩变形与塔顶水平位移,随梁段数的增加,塔顶水平位移及塔顶竖向力不断增加,其塔身应力也不断增大。为了防止应力超标,必须适时顶推索鞍,让桥塔处于竖直状态,以释放塔顶不平衡水平力引起的弯曲应力,从而消除潜在危险,同时起到调整结构线形的作用。

顶推索鞍应注意预偏量,不应在成桥前顶推完成,应当有一定预留量,待成桥后再顶推完成,以便于调整施工偏差,从而调整桥塔受力。

(6) 二期恒载大小控制

二期恒载大小对施工成桥状态线形及内力均有显著影响,因此,二期恒载大小对施工成桥状态起控制作用,可通过合龙状态对施工成桥的预测计算,预测施工成桥状态与设计成桥状态是否一致。当出现偏差时,应进行反馈控制计算,以求出二期恒载大小。具体方法是通过调整桥面铺装厚度和栏杆质量,从而达到控制成桥状态线形及内力的目的。

(7) 吊杆力及长度的调整与控制

达到成桥状态,根据吊杆力实测结果,当结构构造允许时,应对吊杆力做调整,以使吊杆受力均匀,达到受力更加合理的目的。吊杆力调整可采用锚跨索股力调整的方法。

对吊杆长度的调整,不仅可调整其拉力,而且还可以调整桥面高程,因此,也可控制桥面线形。

三、施工控制方法

根据悬索桥上部结构施工的流程、特点及其施工阶段结构受力特征,悬索桥的施工过程一般可分为两个阶段:一是主缆架设阶段,即从裸塔开始至成缆状态;二是钢箱梁吊装架设阶段,从空缆状态开始到成桥状态。每一施工阶段均包含一个施工—观测—识别—修正—预测控制—施工或优化调整施工的循环过程。预测控制贯穿整个施工过程,是进行基于反馈控制分析实施优化调整的先决条件。在施工的第一阶段,首先架设基准索股,然后以其为参照物架设一般索股,最后紧缆形成主缆。实施施工监控的主要目标是确保主缆线形最大限度地逼近设计空缆状态。为实现这一目标,以基准索股的线形作为监控对象,选择基准索股的多跨跨中垂度和索股形状、长度作为状态控制参数,利用卡尔曼滤波法消除施工中的随机噪声,得到结构系统状态在统计意义上无偏差的最优估计值,然后建立结构系统的最优终点控制公式,计算索股形状长度的最优调整值,通过调整基准索股长度使线形达到设计理想状态。其具体控制方法和过程如下。

1. 建立结构系统状态方程

基准索股在架设阶段处于自由悬挂状态,其线形为悬链线。跨中垂度一旦确定,索股线形也随之而定。在桥塔塔顶主索鞍和散索鞍顶面高程以及锚固点高程均已确定的情况下,跨中垂度则取决于索股跨中高程。由于基准索股锚跨跨中高程实际测量困难,而锚跨跨中垂度与锚固端拉力有着固定的力学关系,所以通常采用控制索股锚固端拉力的方法不断控制锚跨跨中垂度。选取两边跨和中跨跨中高程以及两锚固端拉力作为状态向量,建立结构系统(基准索股悬挂系统)状态方程:

$$Y_k = Y_{k-1} + \Phi_{k,k-1} U_{k-1} + W_{k-1} \tag{10-1}$$

式中:$Y_k = [T_1, Y_1, Y_2, Y_3, T_2]_k^T$——状态向量,为 k 阶段基准索股左锚碇锚固端拉力、左边跨跨中高程、中跨和右边跨跨中高程以及右锚碇锚固端拉力;

$U_{k-1} = [U_1, U_2, U_3, U_4, U_5]_k^T$——控制向量,为在 $k-1$ 阶段所实施的基准索股左锚跨、边跨、中跨、右边跨和右锚跨形状长度调整量;

$\Phi_{k,k-1}$——5×5 阶控制转移矩阵,表示在 $k-1$ 阶段由控制向量所引起的状态向量的变换,为常数矩阵,通过结构计算获得;

W_{k-1}——由控制向量的调整误差所引起的状态向量变化值,即 $W_{k-1} = \Phi_{k,k-1} \varepsilon_{k-1}$,其中 $\varepsilon_{k-1} = [\varepsilon_1, \varepsilon_2, \varepsilon_3, \varepsilon_4, \varepsilon_5]_{k-1}^T$ 为控制向量所对应的调整误差序列,W_{k-1} 属于独立高斯随机序列,满足:

$$E[W_{k-1}] = 0, E[W_{k-1} W_J^T] = 0 \quad (k-1 \neq J)$$
$$E[W_{k-1} W_{k-1}^T] = \Phi_{k,k-1} \sigma_{k-1} \Phi_{k,k-1} = Q_{k-1}$$

$$\boldsymbol{\sigma}_{k-1} = \begin{bmatrix} (\sigma_{k-1}^1)^2 & 0 & 0 & 0 & 0 \\ 0 & (\sigma_{k-1}^2)^2 & 0 & 0 & 0 \\ 0 & 0 & (\sigma_{k-1}^3)^2 & 0 & 0 \\ 0 & 0 & 0 & (\sigma_{k-1}^4)^2 & 0 \\ 0 & 0 & 0 & 0 & (\sigma_{k-1}^5)^2 \end{bmatrix}$$

式中:Q_{k-1}——W_{k-1}的自协方差；

$(\sigma_{k-1}^i)^2$——ε_i的方差。

2. 建立测量方程

由式(10-1)可以看到,若不能正确估计Y_{k-1},则无法得到正确的Y_k,随着k的增加,Y_k将越来越偏离正确值,因此必须建立一测量系统来测量由Y_{k-1}引起的表现,以便正确估计实际的Y_{k-1}。

施工过程中用油压张拉千斤顶和全站仪直接对基准索股的锚固端拉力和中边跨跨中高程进行监测,所以其观测方程为：

$$\boldsymbol{Z}_{k-1} = \boldsymbol{Y}_{k-1} + \boldsymbol{V}_{k-1} \tag{10-2}$$

式中:$\boldsymbol{Z}_{k-1}$——状态向量$\boldsymbol{Y}_{k-1}$的对应观测值；

$\boldsymbol{V}_{k-1}$——对应于状态向量观测值的测量误差η_i列,应满足：

$$E[\boldsymbol{V}_{k-1}] = 0, E[\boldsymbol{V}_{k-1}\boldsymbol{V}_J^T] = 0 \quad (k-1/J)$$

$$E[\boldsymbol{V}_{k-1}\boldsymbol{V}_{k-1}^T] = \begin{bmatrix} (m_{k-1}^1)^2 & 0 & 0 & 0 & 0 \\ 0 & (m_{k-1}^2)^2 & 0 & 0 & 0 \\ 0 & 0 & (m_{k-1}^3)^2 & 0 & 0 \\ 0 & 0 & 0 & (m_{k-1}^4)^2 & 0 \\ 0 & 0 & 0 & 0 & (m_{k-1}^5)^2 \end{bmatrix}$$

式中:Y_k——V_k的自协方差；

$(m_{k-1}^i)^2$——η_i的方差,且$\boldsymbol{V}_{k-1}$与$\boldsymbol{W}_{k-1}$互不相关。

3. 定义控制指标

在设计理论状态下,基准索股与塔组成的悬挂结构系统处于一静力平衡状态,由两侧索股产生的作用于桥塔塔顶的不平衡索力水平分量为零,此时桥塔为塔顶作用一初始偏心压力的小偏心受压构件,桥塔结构内能主要由塔顶初始偏心压力和桥塔结构自重所产生,处于最小状态。因此,可将悬挂结构桥塔内能定义为二次型控制指标,即：

$$V_k = \frac{1}{2}\sum(\boldsymbol{U}_k^T \boldsymbol{W}_k^U \boldsymbol{U}_k) = \frac{1}{2}\sum \boldsymbol{U}_k^T \left(\int \frac{\overline{\boldsymbol{M}}_k \overline{\boldsymbol{M}}_k^T \mathrm{d}s}{EI} + \int \frac{\overline{\boldsymbol{N}}_k \overline{\boldsymbol{N}}_k^T \mathrm{d}s}{EA}\right)\boldsymbol{U}_k \tag{10-3}$$

式中:$\overline{\boldsymbol{M}}_k^i$——控制向量单位调整量引起的桥塔内部弯矩,$\overline{\boldsymbol{M}}_k = \{\overline{M_k^1}, \overline{M_k^2}, \overline{M_{k1}^3}, \overline{M_k^4}, \overline{M_k^5}\}^T$；

$\overline{\boldsymbol{N}}_k^i$——控制向量单位调整量$\overline{U_k^i}$引起的桥塔内部轴力,$\overline{\boldsymbol{N}}_k = \{\overline{N_k^1}, \overline{N_k^2}, \overline{N_{k1}^3}, \overline{N_k^4}, \overline{N_k^5}\}^T$。

由式(10-3)可得：

$$W_k^U = \int \frac{\overline{M_k}\,\overline{M_k^T}\mathrm{d}s}{EI} + \int \frac{\overline{N_k}\,\overline{N_k^T}\mathrm{d}s}{EA}$$

$$= \begin{bmatrix} \delta_k^{11} & & & & \text{对称} \\ \frac{1}{2}(\delta_k^{21}+\delta_k^{12}) & \delta_k^{22} & & & \\ \frac{1}{2}(\delta_k^{31}+\delta_k^{13}) & \frac{1}{2}(\delta_k^{32}+\delta_k^{23}) & \delta_k^{33} & & \\ \frac{1}{2}(\delta_k^{41}+\delta_k^{14}) & \frac{1}{2}(\delta_k^{42}+\delta_k^{24}) & \frac{1}{2}(\delta_k^{43}+\delta_k^{34}) & \delta_k^{44} & \\ \frac{1}{2}(\delta_k^{51}+\delta_k^{15}) & \frac{1}{2}(\delta_k^{52}+\delta_k^{25}) & \frac{1}{2}(\delta_k^{53}+\delta_k^{35}) & \frac{1}{2}(\delta_k^{54}+\delta_k^{45}) & \delta_k^{55} \end{bmatrix} \quad (10\text{-}4)$$

式中：δ_k^{ii}——u_k^i 产生的桥塔塔顶在 u_k^i 方向的位移；

δ_k^{ij}——u_k^i 产生的桥塔塔顶在 u_k^j 方向的位移；

δ_k^{ji}——u_k^j 产生的桥塔塔顶在 u_k^i 方向的位移。

δ_k^{ii}、δ_k^{ij}、δ_k^{ji} 可由结构计算获得。

4. 建立最优随机控制过程

基准索股的施工控制实际上是一个最优终点控制问题，即在基准索股的架设调整过程中通过选择 N 个控制向量 $U_0, U_1, \cdots, U_{N-1}$，将基准索股悬挂结构系统的状态向量 Y_0 转移到设计目标状态 Y_N 上，使式（10-3）和式（10-4）给定的二次型控制指标的数学期望达到极小值，即：

$$E\left[\frac{1}{2}\sum_{i=1}^{N}(U_{i-1}^T W_{i-1}^U U_{i-1})\right] = \min \quad (10\text{-}5)$$

由于系统施工误差以及测量误差的存在，使得结构系统状态向量的观测值具有噪声，并非系统状态真值。要实现真正的最优控制，就必须对观测值进行预处理，得到在统计意义上的最接近系统状态值的最优估计值。因此，式（10-5）反映的最优终点控制问题实质上是基于系统状态最优估计，即滤波的基础上的最优终点控制问题。由卡尔曼滤波原理和最优随机控制理论求得式（10-1）、式（10-2）和式（10-5）所描述的悬挂结构系统最优控制规律如下。

索股形状长度最优调整值：

$$U_k^* = -A_k(Y_k - Y_N)$$

$$A_k = (\boldsymbol{\Phi}_{k,k-1}^T H_{k-1} \boldsymbol{\Phi}_{k,k-1} + W_{k-1}^U)^{-1} \boldsymbol{\Phi}_{k,k-1}^T H_{k+1}$$

$$H_k = H_{k-1} - H_{k-1} \boldsymbol{\Phi}_{k,k-1} A_k$$

$$H_1 = [\boldsymbol{\Phi}_{1,0}(W_0^U)^{-1} \boldsymbol{\Phi}_{1,0}^T]^{-1}$$

$$A_1 = (W_0^U)^{-1} \boldsymbol{\Phi}_{1,0}^T H_1$$

结构系统状态的最优估计值：

$$Y_k = Y'_k + K_k(Z_k - Y'_k)$$

$$Y'_k = Y_{k-1} + \boldsymbol{\Phi}_{k,k-1} U_{k-1}^*$$

$$K_k = (P_{k-1} + Q_{k-1})(P_{k-1} + Q_{k-1} + R_k)^{-1}$$

$$P_k = P_{k-1} + Q_{k-1} - K_k(P_{k-1} + Q_{k-1})$$

在施工的第二阶段,其施工流程为先安装索夹和吊索,再安装跨缆起重机,并使猫道悬挂于主缆上;然后用跨缆起重机从跨中向两端对称吊装架设钢箱梁节段,待钢箱梁节段全部吊完后,从跨中向两端逐次对称焊接固结;最后拆除跨缆起重机,安装桥面系结构构件,进行主缆缠丝防护和拆除猫道,获得成桥状态。实施施工监控的主要目标是使成桥状态时主缆和加劲梁的线形最大限度地接近设计成桥状态,防止施工过程中结构出现超限应力。从理论上讲,在确定的结构恒载作用下成桥状态主缆和加劲梁线形的调整,只能通过调整吊索索力(即调整吊索长度)加以实现,当吊索变短时,吊索索力增大,该吊索吊点处主缆高程降低,加劲梁高程上升。某一吊索长度调整,往往会影响其他吊索。因此,如同斜拉桥拉索索力调整一样,吊索长度的调整控制实质上是一个基于卡尔曼滤波的最优终点控制问题,其控制方法与施工第一阶段所用方法相仿,不再赘述。这大多应用在跨度不大的悬索桥上,特别是具有桁架式加劲梁的悬索桥。

在现代大跨径悬索桥(特别是具有扁平钢箱加劲梁的悬索桥)修建过程中,一般都不考虑吊索长度的调整,而是在形成空缆状态后,依据实际空缆线形、成缆直径与空隙率、索夹制作与安装误差、钢箱梁锚板高度制作误差和实际的钢箱梁质量和二期恒载大小等资料,通过顶测控制分析确定吊索的无应力下料长度。因此,在施工的第二阶段,施工控制原则可确定为下述两方面:一是,对吊索无应力下料长度的控制,即确定吊索长度或吊索锚头高程的超前控制值;二是对主鞍分阶段顶推的控制,即确定主鞍分阶段顶推量和顶推时间。

吊索无应力下料长度的控制方法如下:

(1)首先通过若干次观测获取成缆线形的结构状态参数观测值序列,然后按照观测值与其相应的估计值之间的误差平方和为最小的原则,确定空缆线形结构状态参数的最小二乘估计值。

(2)依据这一估计值,借用由循环迭代逼近分析系统确定的吊索无应力下料长度和索长初步安装位置坐标,在计入索夹壁厚、成缆直径及钢箱梁锚垫板高度制作误差等的基础上,利用前进分析法进行结构成桥状态预测分析。

(3)以吊点处主缆中心纵桥向水平位置坐标预测值和吊索处钢箱高程预测值与设计给定的成桥状态对应值之间的偏差平方和为最小,利用数值计算方法确定索夹纵桥向水平初始安装位置坐标和吊杆无应力下料长度的修正值。

(4)根据修正的索夹初始安装位置和吊杆无应力下料长度以及成缆线形的最小二乘估计值,通过前进分析法预测结构成桥状态,并与设计给定的成桥状态相比较,以成桥状态控制点位置坐标的残差方差最小为条件,确定吊索长度或吊索锚头高程的超前控制值。

主索鞍分阶段顶推的控制方法如下:

(1)首先根据索塔设计承载能力及其施工过程中对桥塔塔身控制截面应力的设计要求,推算出塔顶在纵桥向容许最大水平位移。

(2)按照施工顺序阶段,假定主索鞍在塔顶处于自由滑移状态,在计入预定施工临时荷载的情况下,用前进分析法确定出主索鞍滑移量历程曲线。

(3)以塔顶容许最大水平位移的0.7倍作为控制值,依据主索鞍滑移量历程曲线确定出主索鞍顶推阶段即顶推时间和顶推量。主索鞍预偏量在成桥之前,不应全部顶推完成,应留有一定的预偏量,待成桥后再顶推完成,以利调整成桥状态对桥塔的受力状态。

(4)施工过程中跟踪监测桥塔塔身控制截面应力和塔顶纵桥向水平变位,并与给定控制值进行比较,确定事先确定的顶推阶段的修正调整。

需要说明的是,当上下游索塔偏差较大时,为尽量避免索塔受扭,需要及时调整索鞍顶推量。最后一次顶推时,为了平衡索塔处的不平衡水平力,鞍座不一定顶推到位,可预留部分预偏量,使得桥塔在成桥状态处于铅垂状态。

第三节 悬索桥施工控制实例

【工程实例一:万州长江二桥施工控制】

一、工程概况

万州长江二桥全长1141.46m,主桥为580m单跨悬索桥,引桥为40m预应力混凝土T形简支梁,主桥加劲梁采用钢桁架结构形式,桥跨布置形式为7×40m简支T形梁+580m悬索桥+7×40m简支T形梁。主桥(悬索桥)设计特点如下:

1. 桥塔工程

万州长江二桥主桥桥塔设计为钢筋混凝土梯形门架结构,塔顶塔柱横向中心距21.2m,塔柱轴线横向坡度为17:1,设上、下两道横梁,上塔柱高72.8m,下塔柱高71.3m,桥塔全高144.1m。

2. 锚碇工程

万州长江二桥北岸锚碇原设计长度为55m,由于地质原因,进行了设计变更,上下游均加长4m,现单个锚碇总长变为59m,其最大开挖断面尺寸达14.20m×15.333m,是目前世界上最长最大的隧道式锚碇。

3. 主桥上部工程

主缆索股由φ5.1mm预制高强度镀锌平行钢丝束股组成,钢丝标准强度$R_j^b=1670MPa$,每根丝股由91根钢丝组成(PPW-5.1×91),全桥为双面缆索,每根缆索由91根丝股组成,矢跨比1/10.5,中跨矢高55.238m。主缆索锚具采用热铸镦头锚,内部填充锌铜合金,主缆索锚具通过调节拉杆与锚碇内预埋预应力钢绞线相连接,调节拉杆的调节范围为±550mm,主缆丝股按长度分为10种类型,长度范围在1166.4~1167.0m,每根丝股重约170kN。

吊杆由127φ5.1mm预制高强度镀锌平行钢丝束股组成(PPW-5.1×127),钢丝标准强度$R_j^b=1670MPa$,表面采用双层高密度PE防腐防护,吊杆纵向间距为9.2m,全桥共设62对吊杆,每对吊杆横向中心距21.2m,布置于人行道外。吊杆上下均采用销接的方式,调节拉杆的调节量±200mm。

主桥加劲梁采用钢桁架结构形式,主桁结构几何图式布置采用常规的"三角形腹杆体系",主桁中心高度4.0m,横向两片主桁中心距21.2m,桁间距除两岸梁端处一个空间采用4.0m外,其余均为4.60m,主桁弦杆及腹杆均采用焊接"H"形截面形式,上下弦杆宽460mm,高440mm。

主桥加劲梁各节段之间的连接采用高强度螺栓连接方式,全桥加劲梁共分31个节段,除跨中及梁端节段外,其他节段均为标准节段,长度约18.4m,节段吊装质量约55t,跨中节段长度约20.04m,节段吊装质量约65t,梁端节段长度约为22m,节段吊装质量超过70t。

主桥加劲梁采用纵向飘浮体系,两端均采用纵向活动支座,支座型号为LQZLY3000(1500),加劲梁梁端设抗风支座,每端设置4个满足抗横向压力、纵向位移、转角变形的要求。全桥共设8个抗风支座,支座型号为LQZKF1000SX。

索夹采用铸钢结构,全桥共设124个中跨索夹及66个锚跨索夹。

万州长江二桥桥型布置如图10-1所示。

万州长江二桥主缆架设主要施工流程见图10-2,加劲梁及桥面板架设流程见图10-3。

二、施工监控的内容

悬索桥在施工过程中的随机因素多,结构几何线形变化很大,容易产生一些施工误差。因此,对其实施有效施工监控是万州长江二桥成功施工的关键。该桥采用自适应控制的思路。

万州长江二桥主桥施工监控内容主要分为线形监控与应力监控两大部分,主要监测对象为桥塔(塔身应力与变位)、主缆(线形和索股张力)、加劲梁(高程和应力),它们对悬索桥结构有着重要影响,能反映悬索桥结构的实际情况。遵照以上原则,在施工过程中主要做以下几项工作。

(1)设计参数的收集与修正,主要设计和计算参数包括:①散索鞍主索鞍的成桥理论交点的里程桩号、高程,索鞍半径,主跨跨中主缆、桥面的高程,主缆跨中的矢高;②主缆弹性模量、线密度、热膨胀系数、截面面积、缠丝防腐的线密度;③吊杆弹性模量、线密度、热膨胀系数、截面面积;④加劲梁、索夹和桥道板的重量,桥面铺装和其他加在桥面上的重量等。

(2)基准索股线形的计算和架设监测、索鞍预偏量计算。

(3)锚跨索股力、吊杆力的测试和调整。

(4)索夹位置的计算与索夹放样的控制。

(5)吊索长度的计算与修正,调节拉杆的调节长度的确定。

(6)验算加劲梁吊装、连接顺序的合理性。

(7)加劲梁架设过程中的计算和测量(线形、应力、主索鞍顶推量)。

(8)验算桥面板吊装顺序的合理性。

(9)桥道板吊装过程中的计算和测量(线形、应力、主索鞍顶推量)。

(10)施工过程中的主塔应力与变位控制。

(11)其他必要计算等。

三、施工过程跟踪分析

1.成桥线形和主缆无应力长度的计算

由于成桥状态设计对于主缆只提供主跨的跨中高程,其他点的高程和里程没有提供,而精确计算出这点的坐标和无应力长度是施工控制计算理论的基础。万州长江二桥采用分段悬链线法模拟成桥状态,按照柔索理论的解析法计算成桥状态,见表10-1。

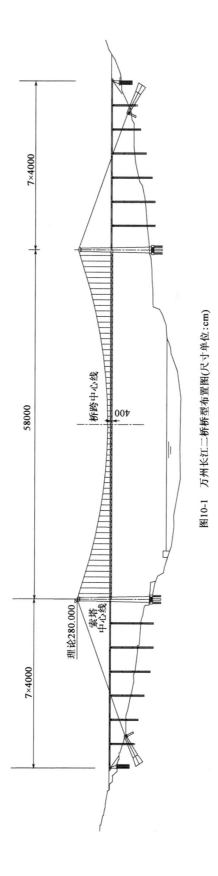

图10-1 万州长江二桥桥型布置图(尺寸单位:cm)

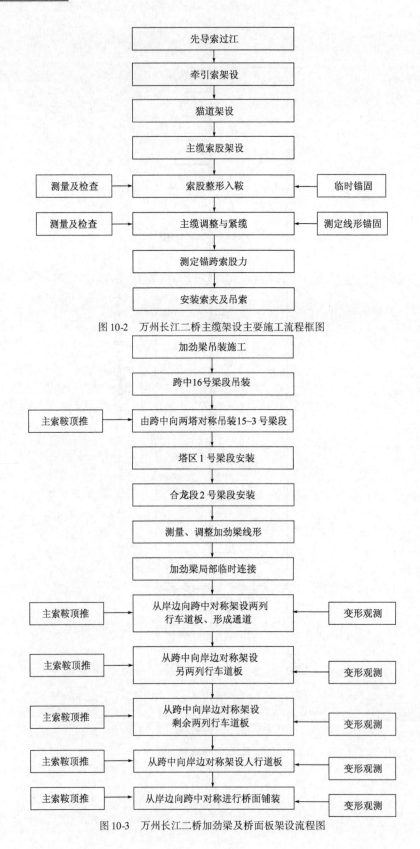

图 10-2　万州长江二桥主缆架设主要施工流程框图

图 10-3　万州长江二桥加劲梁及桥面板架设流程图

万州长江二桥成桥状态计算成果表(m) 表10-1

计算内容	北边跨(锚跨)	中跨	南边跨(锚跨)
理论跨径	227.215	580.123	237.319
理论矢高	1.273	54.598	1.372
主缆无应力长度	246.072(40.789)	591.919	257.053(30.592)

万州长江二桥成桥恒载每根主缆水平拉力为 79245.4kN,主缆中心总的无应力长度为 1166.425m。

2. 空缆线形和预偏量的计算

主缆在空缆状态时的荷载是它的自重,在自重作用下两点间的线形是悬链线。主缆空缆线形及预偏量的计算是以成桥为目标,计算索股架设时的索鞍预偏量和对应的空缆线形。为保证架设索股时索股在鞍座两侧的水平力相等,以防止索股在鞍座内滑动或防止主塔有过大偏位,在施工时需要将索鞍偏离设计成桥位置,这种偏离量称为预偏量。

预偏量计算条件是以成桥线形为目标,考虑架设索股时各种施工误差及预留变形量的影响,以主索鞍左右两侧水平力相等、散索鞍两侧索力相等为条件,计算各索鞍位置和对应线形。具体计算条件描述如下:

(1) 两锚固点的距离保持不变,及索股各段的水平投影为常数,$\sum_{i=1}^{5} l_i = L$(一般分五段,即主跨、两边跨、两锚跨)。

(2) 空缆索股在自重集度作用下,中跨与边跨的索力水平量相等,散索鞍处转向前后索力相等,即:

$$|H_c - H_l| \leq \varepsilon; |H_c - H_r| \leq \varepsilon; |T_{ml} - T_l| \leq \varepsilon; |T_{mr} - T_r| \leq \varepsilon \quad (10-6)$$

式中: ε——容许误差;

H_c、H_l、H_r——中跨、左边跨及右边跨的主缆索力水平分量;

T_{ml}、T_{mr}、T_l、T_r——左右锚跨和左右边跨索股在散索鞍处的张力。

(3) 各跨的主缆无应力长度与成桥状态对应的无应力长度相等。

根据以上三个条件,可建立索股架设阶段的线形和预偏量计算方法。由于悬链线线形与索力水平分量 H_c、H_l、H_r 有关,因此上述的过程要采用迭代的方法才能解决。

由于主缆架设完毕就无法改变,因此空缆线形(特别是基准索)架设的精确性,直接关系到最终的成桥线形和结构受力是否在设计容许范围以内。由于空缆线形通过成桥线形反算得到,因此它取决于成桥状态线形模拟跟实际的符合程度以及各项参数取舍的准确性。根据前面所述的成桥线形的模拟方法和参数的取舍方法,成桥状态符合精度要求。表10-2 表示了计算空缆时索鞍处的预偏量和主跨跨中高程。

标准温度下空缆线形及索鞍预偏量计算值 表10-2

预偏量(mm)				主跨跨中高程(m)
北岸散索鞍	北塔主索鞍	南塔主索鞍	南岸散索鞍	233.774
70.4	1219	1307	55.8	

另外,在主缆架设施工控制中,由于主缆的设计温度是 18.1℃,但在具体施工过程、在不同季节不同时刻温度差异很大,主缆的内力和有应力长度也是变化比较大,塔的偏位在不同温度也是不同的,这就需要对标准温度下的计算值进行修正。为了施工方便,在基准索架设时提供了标准温度下索股的高程值(图 10-4)。

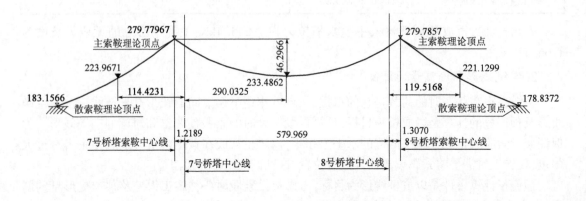

图 10-4 标准温度下基准索股线形图(单位:m)

3. 索夹放样计算

由于主缆的空缆线形和成桥线形不同,所以索夹的施工放样位置与成桥时的设计位置是不同的,它的准确性直接影响吊杆的间距和垂度,以及成桥后主缆和加劲梁的几何线形。计算索夹位置的原则是成桥索夹间的无应力长度和空缆时索夹间的无应力长度相等。根据这一原则建立迭代过程,分析空缆时的线形,即可确定索夹的安装位置。在以上分析过程中需要对索鞍处的索长进行修正。

根据万州长江二桥测量的实时温度和塔的偏位,计算得到万州长江二桥索夹放样位置,具体数据见表 10-3。

4. 加劲梁吊装和桥面板架设阶段计算

主缆架设完成后,悬索桥主缆的线形完全确定,吊索安装后桥面的高程也基本确定。架设过程主要计算架设加劲梁或桥面板过程中的结构线形、索力、各索鞍的位置及塔顶的剪力与压力等。为保证桥塔的安全,要确定索鞍相对于桥塔中心的移动量,同时为了减少施工工作量,也需要通过计算确定施工过程中各跨的加载顺序。

(1)吊装计算理论

在主缆加载过程中,主缆-桥塔结构几何非线性变化很明显。随着中跨荷载的增加,为平衡中跨增加的水平力,塔顶索鞍将由空缆时的预偏量位置逐渐顶推到成桥位置,主缆的几何线形将由空缆逐渐过渡到成桥线形,跨径不断减小直到达到成桥跨径。在加载过程中,跨径、矢高在不断变化,各点在水平和竖向方向上也有位移,但两个索夹之间在标准温度下的主缆无应力长度是不变的,计算时以此为迭代的基础。

索夹放样位置计算表 表10-3

索夹号	中跨索夹上表面 X 坐标(m)			索夹号	中跨索夹上表面 X 坐标(m)		
	北边缘点	中心	南边缘点		北边缘点	中心	南边缘点
1	347.9479	348.3252	348.7025	32	634.4121	634.6321	634.8521
2	357.2684	357.6469	358.0254	33	643.5932	643.8132	644.0332
3	366.5799	366.9594	367.339	34	652.7669	652.9868	653.2068
4	375.885	376.2655	376.6461	35	661.9456	662.1655	662.3854
5	385.1795	385.561	385.9426	36	671.1209	671.3407	671.5605
6	394.4676	394.8501	395.2327	37	680.3066	680.5262	680.7459
7	403.7472	404.1307	404.5142	38	689.4864	689.7059	689.9254
8	413.0197	413.4041	413.7885	39	698.6819	698.9013	699.1207
9	422.2974	422.6827	423.0679	40	707.865	708.0842	708.3035
10	431.5537	431.9398	432.3259	41	717.0676	717.2866	717.5056
11	441.0012	441.2633	441.5253	42	726.2748	726.5409	726.8069
12	450.2465	450.509	450.7715	43	735.4829	735.7487	736.0144
13	459.4936	459.7566	460.0196	44	744.6834	744.9489	745.2143
14	468.7232	468.9867	469.2502	45	753.9004	754.1655	754.4306
15	477.9609	478.2249	478.4888	46	763.1084	763.3731	763.6379
16	487.1792	487.4436	487.7079	47	772.3338	772.5981	772.8625
17	496.4069	496.6717	496.9364	48	781.5528	781.8167	782.0807
18	505.6153	505.8804	506.1455	49	790.7891	791.0526	791.3161
19	514.8327	515.0982	515.3636	50	800.0226	800.2856	800.5486
20	524.0306	524.2963	524.5621	51	809.2748	809.5373	809.7998
21	533.2361	533.5021	533.7682	52	818.5182	818.7802	819.0423
22	542.5388	542.7578	542.9768	53	827.7239	828.11	828.4961
23	551.7359	551.9551	552.1743	54	836.9817	837.3669	837.7522
24	560.9197	561.1391	561.3585	55	846.2594	846.6438	847.0282
25	570.1107	570.3302	570.5497	56	855.5331	855.9166	856.3001
26	579.2892	579.5089	579.7285	57	864.7972	865.1798	865.5623
27	588.4708	588.6905	588.9103	58	874.0873	874.4689	874.8504
28	597.6453	597.8652	598.0851	59	883.3837	883.7643	884.1448
29	606.8257	607.0457	607.2656	60	892.6903	893.0699	893.4494
30	615.998	616.218	616.438	61	902.0026	902.3811	902.7596
31	625.177	625.397	625.617	62	911.3266	911.7039	912.0812

在空缆状态整个主缆只受自重集度的影响,其线形是悬链线,而在加载过程中,其荷载主要以集中力的形式加载主缆上,其线形即非悬链线也非抛物线,而是分段悬链线,即两吊索之间是悬链线。在这一部分正是以此为模型来计算的,以上一工况为初始值,计算下一工况。在

迭代和递推过程中,满足的相容条件为:
①塔顶位置,中跨水平力等于边跨水平力;在散索鞍处两侧的索张力相等;
②两锚固点间的水平距离不变,各跨跨度改变量等于各支承点间水平移动量之和;
③各种工况下标准温度下无应力长度等于成桥设计无应力长。
根据以上条件和模型,可确定悬索桥架设钢箱梁阶段的施工计算方法。

(2) 加载顺序和固接时间的确定

悬索桥是以成桥后加劲梁处于无应力状态为设计目标的,加劲梁和桥面板的架设也必须遵循此目标。但是,不同的架设方法将显著影响架设过程结构的力学特性。为了使其达到设计目的,即成桥后达到预定的线形和应力状态,同时在施工过程中不容许加劲梁局部产生过大的应力,对加载的顺序必须严加控制;成桥后,连接起来的加劲梁内力不超过容许内力。

经过多次试算,考虑结构受力、加劲梁的张角、吊杆倾斜度、加劲梁弦杆接触情况,同时考虑施工安全、方便、经济,确定了以下加载顺序和固接顺序。

加劲梁:从中间向两边对称吊装。在吊装过程中,加劲梁不连接;吊装完毕之后,桥面板架设之前,加劲梁上弦临时连接,下弦不连,平联不焊接;桥面荷载全部加载以后,从跨中向两边逐渐固接,平联焊接。

桥面板:先从两边向跨中铺设桥面板,形成通道;再从跨中向两边对称架设,架设完行车道板中板后,再依次从跨中架设行车道板边板、人行道板,直至架设完毕;之后,从中间向两边施加等待荷载。

(3) 顶推量和顶推时间的确定

随着中跨荷载的增加,不平衡水平力不断加大,桥塔不断向河心偏,由于桥塔是钢筋混凝土结构,不能承受过大的挠曲变形,为防止混凝土受拉而开裂,必须在加载过程中不断观测桥塔的偏位,确保桥塔的偏位在容许范围以内。根据设计单位提供的桥塔的允许最大偏位是30cm,考虑到实际情况,并储备一定的安全系数,施工时把桥塔的偏位控制在15cm以内,即桥塔的偏位不能超过15cm,一旦在某一工况接近这个值就要顶推。通过程序计算,预测桥塔在这一工况下的偏位情况,判断是否接近容许值15cm,确定顶推时间及向河心顶推的量;施工单位根据理论值进行顶推,边顶推边观测,直到桥塔回到竖直状态为止。各工况下的累计顶推量见表10-4。

主索鞍顶推量表　　　　　　　　表10-4

工　况	累计顶推量(cm)			
	北岸		南岸	
	上游	下游	上游	下游
加劲梁吊完	55.6	55.7	61.5	62.2
通道铺完	77.4	76.4	84.7	85.1
中板铺完	85.9	83.9	91.0	92.8
边板铺完	98.1	95.9	103.5	106.1
人行道板铺完	106.4	108.5	114.5	116.4
成桥	到位	到位	到位	到位

(4)线形和索力调整

加上等代荷载,加劲梁连接完毕后,整个大桥的结构受力基本与成桥基本一致。仔细测量大桥的线形和索力,通过计算分析,与设计和规范要求相比较,通过吊杆微调,以确保上下游高差、吊杆、锚跨索力均在设计和规范容许范围以内。

四、设计参数识别

1. 设计参数的敏感性分析

悬索桥结构设计参数众多,要对每一个参数都进行识别,这就给参数识别增加了难度,而且从各参数在结构中所起作用来看,对每一个参数都进行识别也是没有必要的。

结构参数的敏感性分析的任务就是要确定对悬索桥上部结构影响较大的结构参数。具体表现在参数发生一定幅度变化后,由此而引起的结构控制部位结构位移及内力变化幅度的大小。根据各参数对结构行为影响较为显著,次要参数对结构行为的影响不敏感。

结构参数的敏感性分析步骤如下:

① 将参数变化幅度控制在 5% 附近。

② 以主缆中跨跨中高程为控制目标,利用上部结构分析系统,修改结构参数,计算成桥状态主缆中跨跨中高程的影响幅度,并建立各参数敏感性方程。

③ 依据影响传递确定主要参数和次要参数。

根据设计参数敏感性分析,确定了万州长江二桥主缆弹性模量 E 和桥道板重量为主要设计参数。以下主要介绍用最小二乘法对主缆弹性模量 E 的识别。

2. 主缆弹性模量的估计

主缆的弹性模量通常与主缆位移测点呈非线性关系,但是当初值偏离标称值不超过 $\pm 10\%$ 时,非线性对估计结果的影响不大。对于由高强钢丝组成的悬索桥主缆来讲,主缆的弹性模量 E 介于 $1.95 \times 10^5 \sim 1.99 \times 10^5 \mathrm{MPa}$,其初值偏离标称值不超过 $\pm 5\%$,因此,非线性对估计结果的影响不大。

在进行主缆的弹性模量参数识别时,结构的测量内容如果选取主缆的高程和锚跨索股的张力,由于锚跨索股的张力受索股边界约束条件的限制,难以获得索股张力的真值,因此,在进行主缆的弹性模量参数识别时,一般选取主缆关键点的高程作为测量点。施工阶段主要采用前几个施工阶段,具体见表 10-5。

主缆弹性模量参数识别测量点的选择 表 10-5

编号	施工内容	测量内容
1	空缆架设	边跨跨中点 2 个,中跨跨中点 1 个
2	加劲梁吊装	边跨跨中点 2 个,中跨跨中点 1 个

根据以上分析结果,以空缆状态为结构参数系统识别的初始状态,在施工的前四个阶段,通过测量结构状态参数(高程)获取结构输出,建立结构系统模型:

$$Z_k = H_k X_k + V_k \tag{10-7}$$

式中:Z_k——高程观测值与理论值偏差序列;

X_k——主缆弹性模量参数的误差序列(被估计值修正量);

V_k——观测值的测量误差序列,当高程的测量误差为白噪声时,$E[V_k]=0$;$E[V_k,V_j]=0(k\neq j)$;

H_k——结构参数发生单位变化时对观测值的数值影响程度矩阵。

则利用系统参数识别的最小二乘法原理,可以求得:

$$X_k = [H_k^T H_k]^{-1} H_k^T Z_k \tag{10-8}$$

将上式转变出递推形式:

$$X_{k+1} = X_k + [Z_{k+1} - H_k^T X_k] \tag{10-9}$$

主缆弹性模量估计值:

$$\hat{E}_{k+1} = \hat{E}_k + X_{k+1} \tag{10-10}$$

关于影响矩阵 H_k 的计算方法,因悬索桥为非线性结构,H_k 的值也将随输入信号的变化而产生非线性变化,因此针对每个阶段需建立特定的 H_k 矩阵。具体方法如下:在计算的最后阶段和各阶段输入信号一定的情况下,针对每一个参数确定验证单位变化 δ,在参数发生 $K*\delta$ ($K=1,2,3,\cdots$)的变化时,计算各阶段的控制点位移并记录,形成各阶段的 H_k 矩阵后,可在该阶段利用分区间插值的方法将非线性问题线性化。

当主缆弹性模量从 1.965×10^5 MPa 变化到 1.975×10^5 MPa 时,加劲梁安装完时的影响矩阵 $H_2 = \begin{Bmatrix} 0.0084 \\ 0.0426 \\ 0.0107 \end{Bmatrix}$。

当主缆弹性模量 $E_{zl}=1.965\times10^5$ MPa 时主缆线形计算值与实测值见表10-6。

主缆弹性模量 $E_{zl}=1.965\times10^5$ MPa 时主缆线形计算值　　　表10-6

编号	工况	计算值或实测值	主缆测点竖向变形(m)		
			北边跨跨中点	中跨跨中点	南边跨跨中点
1	空缆线形	计算值	218.622	233.9743	214.076
		实测值	218.614	233.953	214.065
2	加劲梁安装完	计算值	221.725	230.7419	222.8256
		实测值	221.731	230.726	222.828

根据各工况关键点高程理论计算值与实测值之差,得误差向量:

$$Z_2 = \begin{Bmatrix} 221.725-221.731 \\ 230.7419-230.726 \\ 222.8256-222.828 \end{Bmatrix} = \begin{Bmatrix} -0.006 \\ 0.0159 \\ -0.0024 \end{Bmatrix}$$

加劲梁安装完(工况2):

根据最小二乘法得主缆弹性模量误差估计值 X_k:

$$X_k = (H_k^T H_k)^{-1} H_k^T Z_k$$

$$X_2 = \frac{-0.006\times0.0084+0.0159\times0.0426+(-0.0024\times0.0107)}{0.00199981} = 0.3007$$

主缆弹性模量估计值 $\hat{E} = 1.965\times10^5 + 0.003007\times10^5 = 1.968\times10^5$ (MPa)。

五、施工监测方法

针对万州长江二桥上部结构的施工流程和所采用的施工方法与特点,结合施工中结构安全监测以及对结构线形和内力状态实际控制与调整的需要,本桥上部结构施工过程中需要进行跟踪监测的结构状态参数及其采取的监测方法如下:

(1) 主缆与加劲梁线形的监测主要通过主缆和加劲梁控制点位置坐标加以实现。主缆架设阶段,由于基准索股和成缆均处于自由悬挂状态,其线形为悬链线,选取两边跨中点和中跨跨中 3 个点作为基准索股和成桥控制监测点。在加劲梁吊装架设阶段,主缆线形控制测点选在中跨跨径八分点附近和边跨中点上,加劲梁线形测点选择在中跨跨径八分点附近的吊点处。主缆和加劲梁控制测点位置坐标的监测方法为:在结构温度稳定的时间区段,利用桥址附近的施工平面和高程控制网,在最佳观测时刻,用全站仪进行观测。

(2) 桥塔塔顶变位和主索鞍预偏量的监测。对桥塔塔顶变位采用在每一个桥塔塔柱顶面横桥向中点上设置一固定观测点,用与主缆线形控制相同的方法同步监测。预偏量的测量,采用标尺通过量测主索鞍固定标志点与桥塔变位固定观测点之间的几何关系,获取主索鞍在桥塔顶的相对预偏量,并借助塔顶固定观测点位置坐标观测成果推求出主索鞍中心点位置坐标,确定其绝对预偏量。

(3) 散索鞍预偏量的监测。采用在散索鞍顶面中心设置固定观测点,用精密经纬仪与钢尺量测相结合的方法测量出固定点的位移,然后依据几何关系推求出散索鞍的预偏量。

(4) 锚跨索股张力与吊索索力的监测。在主缆架设阶段采用张拉千斤顶测定法进行测量,并附以频谱法校核。在吊梁和铺桥面板阶段,主缆锚跨索股张力与吊索索力均采用频谱法进行测定。测试时采用专用的夹具或绑带,将传感器固定在索股中部和吊索上由人工激励产生振动响应,经过分析仪获取主缆索股和吊索的自振频率,然后通过弦振动平衡微分方程的特定解计算公式中的索力与频率、线密度、索长等参数的关系,求出主缆锚跨索股与吊索的拉力。事实上由于主缆锚跨索股与吊杆的两端约束与理论的边界条件还有差异,往往导致测量值与理论值有差异,需要根据不同工况对长度进行修正,使测量值与真实值尽量接近。

(5) 控制截面的应力的监测。采用在桥塔塔柱根部和下横梁附近的控制截面预埋钢弦式应变计测定。

(6) 主缆温度测量。采用电阻温度计附贴在主缆上进行结构表面温度的直接测量,然后利用实测值的结构表面温度平均值,根据通过现场模型试验建立的主缆温度模型推算求出结构计算温度。

(7) 加劲梁和桥道板的自重测定。由于加劲梁是钢结构,计算重量和实际误差小,采用计算重量。桥道板由于在两个预制场预制,分别随机抽取不同时间段、不同模板预制的桥面板,用地磅和传感器相结合的方法进行测量。

六、控制结果

万州长江二桥成桥状态对应于标准温度 18.1℃ 时的主缆及加劲梁中跨跨中高程,比设计相比高了不到 3cm,主塔偏位控制在 2cm 以内,实测锚跨索股力大多集中在 850～920kN 之间,与计算值 890kN 相比差值很小,吊杆力也比较均匀。这些情况与国内同类桥梁的监控结果相比是比较理想的。可见,万州长江二桥施工控制是成功的,完全达到预期控制目的,为大桥的建成起了关键作用。

工程实例二:广东虎门大桥施工监控

一、工程概况

广东虎门大桥为跨越虎门珠江主航道,连接广深珠高速公路的一座特大型桥梁。该桥采用单跨竖吊杆钢箱加劲梁悬索结构形式,主跨为888m,桥宽35.6m。主塔为多层门型框架混凝土索塔,单根主缆由110股(每股由127ϕ5.2mm平行钢丝组成)预制索股组成。主缆间距33m,采用预制平行索股法(PWS)施工,垂跨比为1/10.5。吊杆间距12m。加劲梁采用正交异性桥面板的扁平单室箱钢箱梁,分39个节段在工厂焊接制造,用跨缆起重机吊装架设,拼焊成型。大桥东边跨跨径为302m,西边跨跨径为348.5m。工程于1992年10月开工,1997年6月竣工。大桥主桥总体布置见图10-5。

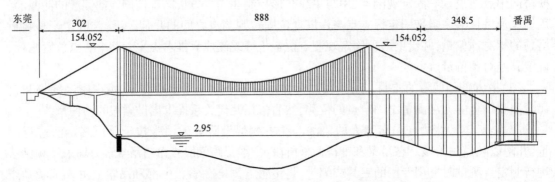

图10-5 广东虎门大桥总体布置(尺寸单位:m;高程单位:m)

二、广东虎门大桥施工控制的主要内容

实施有效的施工控制是大跨径悬索桥成功施工的关键。施工控制是随施工过程逐渐实现的,它将实用的结构测试技术和现场分析技术应用于施工,并结合施工过程计算分析、监测及反馈控制系统。通过施工现场的结构测试、跟踪计算分析及成桥状态预测得出合理的反馈控制措施,给施工过程提供决策性技术依据,也为结构行为控制提供理论数据,从而正确指导施工,确保成桥线形与受力状态符合设计要求。也就是说,施工控制既是悬索桥施工质量的保证措施,又是施工过程安全的保证措施。

施工控制的内容:校核主要的设计数据,提供施工各理想状态线形及内力数据,对施工各状态控制数据实测值与理论值进行比较分析,进行结构设计参数识别与调整,对成桥状态进行预测与反馈控制分析,对结构线形及内力(应力)进行监测,防止施工中出现过大位移和应力,确保施工预定目标顺利实现。本桥采用开环控制思路,具体施工监测与控制的内容包括:

1. 锚碇

除要求锚体混凝土质量达到设计要求外,由于广东虎门大桥采用前锚式锚碇,控制中还必须监控锚杆的几何位置及锚杆、锚梁的受力情况。

2. 桥塔

首先严格控制塔顶和横系梁的几何位置,并对其受力进行监控;其次监测温度变化,使结构分析能得出温度变化对控制计算分析结果的影响,使理论计算接近实际。

3. 索鞍

广东虎门大桥索鞍包括塔顶主索鞍和两端散索鞍两种,其尺寸影响控制分析计算,必须对其进行监测(即进行设计参数识别),监控内容见表10-7。

监控内容　　　　　　　　　　　表10-7

索　鞍	序　号	监测内容
主索鞍	1	构造尺寸
	2	索鞍中心顶面高程
	3	鞍槽曲率半径
	4	分部块件重力
	5	主鞍在塔顶的预偏量
散索鞍	1	构造尺寸
	2	鞍座中心顶面高程
	3	鞍槽曲率半径
	4	鞍座顶面中心至摇轴圆心的距离
	5	倾角(初始)
	6	鞍座中心至前锚中心的距离
	7	散索鞍中心至主塔中心的距离

4. 主缆

主缆是主要承重结构,为保证主缆符合设计线形,必须对主缆结构设计参数及其架设进行监控。其监测控制内容见表10-8。

5. 吊杆

吊杆长度直接影响桥面高程、受力均匀程度及其使用寿命,同时,吊杆设计参数又影响全桥内力和变形,必须进行控制。其监测控制内容见表10-9。

6. 钢箱梁

对钢箱梁监测控制内容见表10-10。

主缆监测控制内容　　　　　　　　　　　表10-8

项　目	序　号	监测控制内容
设计参数	1	钢丝直径
	2	钢丝弹性模量
	3	钢丝重度
	4	主缆直径
	5	主缆垂度

续上表

项 目	序 号	监测控制内容
设计参数	6	主缆跨度
	7	主缆结构温度
架设过程	1	单股丝束无应力下料长度
	2	基准索股垂度
	3	基准索股应力
	4	一般索股的垂度
	5	基准索股和一般索股的温度
	6	成缆后线形

吊杆监测控制内容　　　　　　　　表10-9

项 目	序 号	监测控制内容
设计参数	1	吊杆长度和截面尺寸
	2	吊杆材料弹性模量
	3	吊杆及锚头重力
	4	吊杆间距
	5	索夹重力
安装过程	1	吊杆无应力长度
	2	吊杆应力
	3	索夹初始安装位置
	4	吊杆温度
	5	索夹夹紧力

钢箱梁监测控制内容　　　　　　　　表10-10

项 目	序 号	监测控制内容
设计参数	1	截面尺寸和特性
	2	节段长度
	3	节段和配件重力
	4	跨缆起重吊机重力
	5	材料弹性模量
	6	温度
吊装过程	1	节段空间几何形状
	2	节段顶面高程
	3	控制截面应力
	4	温度
	5	纵向线形

三、施工控制的目标与任务

广东虎门大桥在完成锚碇、索塔施工后即按下述流程施工桥跨结构：安装索塔塔顶吊机和过江导索—架设施工吊运天线—安装猫道和抗风缆—安装架索系统、牵索与导索系统—安装塔顶索鞍并采用 PWS 预制索股法架设主缆—安装索夹和吊索—采用两台跨缆起重机由跨中向两主塔对称吊装架设钢箱节段并焊拼成形—施工桥面和主缆防护等。根据上述施工流程、特点及其施工阶段结构受力特征，其施工过程分为两个阶段：一是主缆架设阶段，即从裸塔开始至成缆阶段；二是钢箱梁吊装架设阶段，即从空缆状态开始至成桥阶段。其施工控制的目标与任务随施工阶段的不同而异。

在主缆架设阶段，首先架设基准索股，然后以其为参照物架设一般索股，最后紧缆形成主缆。实施控制的主要目标是确保主缆线形最大限度逼近设计空缆状态。因此，在施工第一阶段，施工控制的任务是：

（1）进行主缆索股架设调整控制，即通过施工控制，确保基准索股和一般索股线形的架设精度，同时使成缆线形达到设计要求。

（2）主缆索股无应力下料长度、索鞍预偏量和空缆线形的精确计算控制，即确定主缆基准索股和一般索股长度以及索鞍预偏量的超前预测控制值，并确定空缆线形的理想状态修正值。

（3）锚跨索股张力匀值性调整控制。另外，通过预测主缆随加劲梁吊装就位时高程的变化，确定猫道下放高程。

在施工第二阶段的施工控制目标：使成桥状态主缆和加劲梁的内力和线形最大限度地接近设计成桥状态，防止施工过程中结构出现超限应力。其主要任务包括：

（1）对索夹初始安装位置和吊索无应力下料长度的控制，即确定吊索长度、吊索锚头高程以及索夹位置的超前预测控制值；

（2）对主鞍分阶段顶推的控制，即确定主鞍分阶段顶推量和顶推时超前预测控制值；

（3）吊索索力匀值性的控制。

四、施工控制准备

1. 施工控制组织的建立

广东虎门大桥施工控制是一项复杂的综合技术，涉及施工、结构试验与检测、设计及结构分析计算技术等。该桥施工控制组由来自施工、设计、科研等部门的测量、结构设计、计算分析、测试等人员组成。

2. 施工控制理论选择

1）结构分析理论

本桥由主缆、桥塔、吊杆、加劲梁及锚碇组成，作为受力结构的主缆和加劲梁又形成组合体系。其中，主要承重结构是主缆，主缆是一条只承受拉力的柔性大缆，在自重力和荷载作用下主缆将产生较大变形，主缆线形变化（坐标改变）将会改变主缆内力和加劲梁内力，内力的改变又反过来影响主缆变形，其内力与变形具有突出的几何非线性特性，采用一般力学方法已不能准确计算出内力与变形，在施工控制中更不能忽略非线性的影响。因此，控制中结构分析采用基于非线性的有限元法和解析法计算程序。

2) 参数识别理论

施工控制的最终目的是使施工各阶段理论控制值(理论计算预测值)与实测值基本一致,最终达到设计成桥状态。而往往理论计算预测值与实测值之间不一致,其原因较多,但其中最主要的是与理论计算中设计参数的取值,根据理论值与实测值间的偏差,进一步对结构设计参数做再次确认(即参数识别)是必要的。参数识别就是根据施工中的偏差对主要设计参数进行估计,然后将经修正过的设计参数反馈到控制计算中,重新给出施工中各状态的理论期望值,以进一步消除理论值与实测值间的偏差。

本桥设计参数见表10-8~表10-10。为识别这些参数,往往先在施工前经过试验取样、称重等,获得最早的设计参数估计值,经过第一阶段施工后可获得部分实测值,实测值通常与理论值不一致,产生误差的因素很多,不可能靠单一因素来进行修正。为了能够综合计及各种因素的影响,本桥控制中采用平差理论中的最小二乘法进行参数识别。

3) 反馈控制理论

该桥施工控制同样是一个施工—测量—识别—修正—预测—施工的循环过程。施工控制的基本要求是确保施工过程中结构安全以及成桥外形和内力符合要求。控制中主要根据现阶段施工测量情况来分析、预测下一阶段的控制值,预测控制可应用反馈控制理论来实现。反馈控制根据结构理论状态情况,现场实测状态情况和各种误差信息进行分析,同时根据当前施工阶段的信息向前计算分析,及时预测下一阶段控制变量值,使结构施工的实际状态趋近于理想状态。反馈控制较典型的方法是卡尔曼滤波法,该桥控制中即采用这种方法。首先建立施工控制所需的状态方程和量测方程,定义控制指标(即桥梁最终状态,如主缆各点坐标、加劲梁高程等),然后按卡尔曼滤波原理建立完善的反馈控制程序,使施工过程处于最优状态。实施中将重点放在状态方程(设计值)与量测方程(实测值)的比较上,采取逐步修正方法进行反馈控制。

3. 施工控制测试及计算准备

在施工控制测试与计算前,测试人员在熟悉设计图的基础上,结合具体试验技术,确定结构测试方案,准备测试仪器及材料,进行观测控制点的布设及测试装置的安装、调试;结构分析计算人员熟悉设计意图、施工方法、施工工艺,准备分析计算程序。

4. 施工控制模型试验

为了进一步明确本桥施工过程的结构线形及内力变化规律以及成桥后的受力行为,验证施工控制及成桥设计结构分析程序的可靠性,进行了施工控制结构模型试验。模型分别按1/80和1/200两种比例制作。

5. 施工控制辅助试验

由于结构设计参数是根据设计规范、材料出厂力学性能指标等取用的,其与实际情况总是存在一定误差,所以,在施工前做一些辅助性试验,以便提前修正部分设计参数,为施工控制奠定良好的基础。试验内容包括:

(1) 主缆钢丝与索股弹性模量、热膨胀系数、截面面积及单位长度质量;

(2) 吊索弹性模量、热膨胀系数、截面面积、单位长度质量及破断力,以及设计恒载下的长期非弹性效应；

(3) 桥面铺装重度；

(4) 加劲梁(段)重力；

(5) 索塔温度效应，包括桥塔温度变形与气温及表面温度的关系等；

(6) 索夹及吊杆锚头重力；

(7) 吊机重力；

(8) 气温昼夜变化规律。

五、施工控制系统

广东虎门大桥施工控制的途径包括：通过现场对结构控制参数的监测，将其结果直接用于指导施工；通过施工控制系统软件，确定可调变量的最优调整值或控制参数的超前预测控制值。根据实际需要，虎门桥施工控制系统由以下四部分组成。

1. 量测系统

本系统由结构参数试验测定系统和施工过程中结构参数监测系统组成。前者所获得的结构参数试验测定值用于施工过程实时跟踪分析计算和理论设计状态的修正；后者则是通过对表征结构施工状态行为的主要控制参数进行跟踪观测，以获取结构实际状态。

2. 误差影响因素分析系统

该系统主要由温度影响误差分析系统和结构设计参数敏感性分析系统组成。前者主要用于从实测的结构状态参数中滤去温度荷载效应的影响，将实测状态修正到理论状态所对应的标准温度状态下；后者则是用来区分主要误差影响因素的，它可为结构参数的校正和修改提供依据，是进行结构参数识别的辅助系统。

3. 结构状态计算分析系统

本系统由前进分析系统和循环迭代逼近分析系统组成。前者主要用于计算各施工阶段结构状态；后者主要用于合理确定各施工阶段的理想状态和控制参数的超前预测控制值。

4. 实时跟踪分析系统

实时跟踪分析系统主要由基于卡尔曼滤波法的最优控制系统和施工超前预测控制系统构成。前者是根据结构理想状态、实测状态和误差信息进行分析，制订可调变量的最佳调整方案，指导现场作业；后者是在计入结构参数调整修改值、结构初始状态最优估计值以及结构施工误差、温度误差和测量误差等的基础上，利用结构计算分析系统确定各施工阶段的修正理想状态值、结构行为预测值、主缆及吊索等控制参数的超前预测控制值等。它包括结构参数系统识别、结构行为预测分析、理想状态修正分析和反馈控制分析等四个部分。结合反馈控制的上部结构施工实时跟踪分析系统流程，如图10-6所示。

六、广东虎门大桥施工控制实施

1. 施工模拟结构分析

对广东虎门大桥上部结构进行施工全过程的模拟结构分析，是施工控制的主要内容和成功的关键之一。施工模拟分析计算的目的在于校核主要设计计算数据,弄清楚施工过程结构位移及内力变化规律,初步确定索鞍顶推量及顶推时间,为施工过程各理想状态提供数据等。

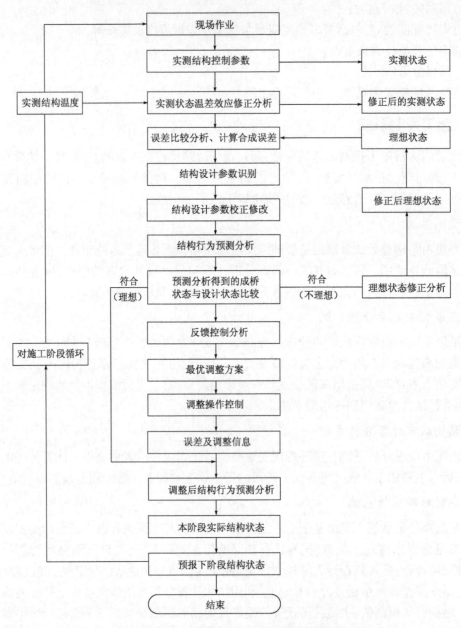

图 10-6　结合反馈控制的实时跟踪分析系统流程图

该桥施工模拟结构分析包括前进分析和循环迭代逼近分析两部分。前进分析主要按照设计的施工过程确定施工各阶段的结构状态和设计控制值;循环迭代逼近分析主要用于确定各施工阶段的理想状态和控制参数的无应力下料长度等。由于该桥跨径大,结构具有突出的几何非线性特征,因此在分析中均考虑几何非线性影响。

为了确保施工过程模拟分析的准确性,分别开发了三套分析软件 SBCC(Suspension Bridge

Construction)。其中,SBCC1 软件基于连续介质力学原理,用广义非线性有限元法编制,主要用于结构初始位置分析,确定主缆、吊杆等部件的下料长度和空缆在自重力作用下的初始位置并进行实时跟踪分析,根据实际观测和结构参数识别结果计算各施工阶段控制点的高程、位移量、内力和应力状态。SBCC2 是根据非线性有限位移理论编制而成的大型平面混合杆系有限元程序;主要用于按施工过程而进行的连续不断的计算,直到成桥,并给出相应施工阶段的内力、位移及其相应高程,进行节段拼装、跨缆吊机及其施工平台移动等的模拟计算以及初始状态和杆件无应力长度确定等。SBCC3 也是基于在任何受力状态下,柔性索索股无应力长度保持不变的原理编制而成的解析分析程序,主要用于结构初始位置分析,确定主缆和吊索等部件的无应力下料长度、空缆线形、索鞍预偏量和索夹初始安装位置等,同时用于进行施工状态结构计算分析,确定各施工状态下的主缆线形、索塔位移和内力,模拟施工中索鞍的顶推等。

上述分析方法与软件均经过模型试验验证。

2. 吊装过程跟踪分析

1)第一根标准索股线形的确定

第一根标准索股线形即为索塔完全刚性、索鞍在塔顶可自由滑动状态下的空缆线形,该线形根据现场温度、索股弹性模量、裸塔位置、猫道完成时索塔位置以及二期恒载及桥塔温度效应试验结果综合确定。第一根标准索股在 20℃、16.3℃时的线形分别见表 10-11、表 10-12。

第一根标准索股在 20℃的线形 表 10-11

项　目			设计线形数据		监控线形数据
			初始放样值	修正后值	解析值
主缆线形	东边跨	L	300.879	300.761	300.367
		Y			
	中跨	L	890.715	890.964	891.810
		Y	78.873	79.421	79.287
	西跨	L	346.970	346.838	346.391
		Y			
索塔预偏量	东散鞍		0.032	0.031	0.034
	东主鞍		1.154	1.270	1.241
	西主鞍		1.562	1.694	1.671
	西散鞍		0.033	0.032	0.034

第一根标准索股在 16.3℃的线形 表 10-12

项　目			设计修正值	监控值	实测值
主缆线形	东边跨	L	300.761	300.310	
		Y	97.964	97.138	97.678
	中跨	L	890.964	891.924	
		Y	79.554	79.669	79.678

续上表

项　目			设计修正值	监控值	实测值
主缆线形	西跨	L	346.838	346.346	
		Y	82.104	81.966	81.953
索塔预偏量		东散鞍	0.031		0.034
		东主鞍	1.270		1.276
		西主鞍	1.694		1.717
		西散鞍	0.032		0.034

注：L-跨径,m；Y-跨中高程,m。

2）成缆状态线形确定

在主缆施工中，主索鞍是预偏的，并且固定于塔顶，因此，对塔而言，塔顶承受竖直偏心力，索塔将因此而发生弯曲变形，该弯曲变形将随主缆索股数量的增加而增大，到成缆时该变形值达到最大值。由于索塔发生变形，主缆线形也将随之发生相应变化，所以成缆线形与第一根标准索股线形是不同的，需根据第一根标准索股线形，做向前索股拼装施工直到成缆，并考虑现场温度效应的影响等，在综合考虑后进行施工模拟计算。

3）索夹位置及吊杆长度确定

由于各种原因影响，成缆状态线形与理想线形有一定偏差，若按原设计继续施工到成桥，则成桥状态线形与内力将不能满足设计要求，应根据其实测线形，进行预测并依据反馈信息分析调整索夹位置及吊杆长度，以使成桥状态符合要求。

4）梁段吊装过程中各状态线形及内力确定

根据结构参数、辅助试验结果以及已完成的施工观测结果，对结构继续进行前进拼装分析，为以后施工提供更新的线形、内力、梁段拼装时的下开口宽度等理论状态数据，以指导施工。

5）梁段吊装过程各状态控制数据的实测值与理论值的比较分析

一旦发现两者存在异常，要及时找出原因，做参数识别与调整，检查实测结果，做反馈控制分析，将施工状态调整到控制范围内。本桥预计主缆高程与实测高程仅差6cm，故对主要参数未做进一步调整。

6）主索鞍顶推量及顶推时间确定

略。

7）索夹栓固力计算

随着吊装的继续进行，主缆受力越来越大而截面变小，导致已装索夹松动。因此，要加强对索夹螺栓紧固力的监控计算，以便及时补紧，防止下滑。由于该桥梁段由跨中向两端安装，下滑力小的索夹先安装、下滑力大的索夹后安装，故其紧固力未做调整。

8）主缆防护缠丝拉力计算

主要根据主缆受力状态与温度确定采用多大的缠丝拉力。

3．结构参数识别

1）结构参数

参考表10-7～表10-10。

2）结构参数敏感性分析

结构参数多且不够准确，故通过识别加以确定。但对每一参数都进行识别，工作量大，从其对结构所起作用来看，也不必要。因此，控制中对参数对结构影响的敏感程度进行了分析，以确定主要参数与次要参数，以便于参数识别。该桥中主缆抗拉刚度 EA、加劲梁自重力 q、主缆自重力 q_c 等就是较为主要的结构参数。

3）结构参数识别计算

结构参数识别的任务是对通过试验难以确定的参数，经过对结构内力及位移的理论值与实测值的对比分析，进一步对结构参数分析判定，确定结构参数的综合效应真实值，为结构分析提供可靠的参数。其计算方法采用最小二乘法，主缆弹性模量取 $1.96 \times 10^5 \mathrm{MPa}$。

4. 成桥状态线形预测计算

预测分析就是以现在的情况为基础，按施工的进程前进分析直到成桥，看成桥状态是否符合设计要求。若存在差别，则以预测偏差值为依据反求当前状态下的控制调整值，使调整后的结构按顺序施工到成桥。采用卡尔曼滤波法进行反馈控制计算。

5. 结构线形与内力控制

对施工过程来讲，通过控制，使局部位移不致过大，局部内力或应力不致超出构件容许承载力；对成桥来讲，通过控制，使结构线形及内力符合设计要求。

1）猫道调整与控制

猫道虽为临时结构，但对桥塔顶位置有影响，而塔的位置又对主缆线形有影响，故当猫道架设完后，针对塔位与裸塔时不一致的情况，调整了猫道承重索的长度，消除其对塔位的影响。

2）主索鞍的安装位置控制与调整

根据桥塔设计承载能力及其施工中对塔身截面应力的要求，对主索鞍初始安装位置进行预测分析与适时调整。

3）桥塔锚跨拉力控制与调整

由于各种因素的影响，到成桥状态时将难以保证锚跨索股拉力的均匀性，从而进一步影响到成桥索股拉力。所以，根据检测结果计算出锚跨索股平均拉力，然后对偏差大者进行调小或对偏小者进行调大，原则上调整增减总量为 0。

4）梁段吊装过程中桥塔应力控制与调整

随着吊装的进行与索鞍偏位，桥塔纵向受到的压弯影响不断增大。为防止过大应力，必须按时顶推索鞍，使桥塔处于竖直状态。该桥顶推量控制在 40cm 以内，分 4 次完成。

5）二期恒载大小控制

二期恒载大小对成桥状态将起控制作用，通过预测、反馈控制分析，调整二期恒载大小，从而控制成桥线形与内力。

6）吊索拉力及长度的控制与调整

通过对吊索拉力及长度的实测和调整，可起到吊索力均匀化与调整桥面高程（线形）的作用，实施中因为构造原因，该桥未做此项调整。

6. 施工监测

本桥上部结构施工控制的目的在于尽可能消除设计的理想状态与施工实际情况的差异，

使结构的实际状态最大限度逼近设计要求状态。要达到上述目的,进行施工跟踪监测是必不可少的。通过施工监测,为反馈控制分析提供反映实际施工情况的结构特性参数和状态信息。同时,施工监测也是保证结构安全的重要措施。

根据对广东虎门大桥施工过程各种影响因素的分析及对结构线形和内力状态控制与调整的需要,针对上部结构施工流程、施工方法,并考虑现场实施的可行性,确定如下监测内容。

(1)猫道线形

在夜间气温稳定时进行测试,以滤除温度变化的影响。内容包括气温、桥塔表面温度、猫道跨径、矢高及跨中高程、塔顶坐标。监测结果为猫道调整及第一根标准索股架设提供数据依据。

(2)第一根标准索股线形及内力

主要监测气温及索股表面温度、跨径、矢高及跨中高程、锚跨索股拉力。

(3)主缆成缆线形及锚跨索股拉力

在夜间气温稳定时进行监测,包括气温及主缆表面温度、主缆跨径、矢高及跨中高程、塔顶坐标、气温对主缆跨中高程及索塔顶水平位移的影响规律、锚跨索股拉力。监测结果为索夹位置与吊索长度确定以及锚跨索股拉力调整提供依据。

(4)梁段吊装过程中各状态线形及内力

夜间气温稳定时进行监测,监测内容包括气温及主缆表面温度、主缆跨径及控制点坐标、加劲梁控制点坐标、塔顶坐标、索鞍残留预偏量、梁段上吊索倾斜度、梁段接缝下缘开口宽度、桥塔控制截面应力、吊杆拉力、锚跨索股拉力。监测结果为各状态理论值及实测值对比分析、对结构情况的把握、施工技术决策以及对结构位移及内力的控制提供依据。

(5)合龙状态线形及内力

同样在夜间气温稳定时进行监测,监测内容包括气温及主缆表面温度、主缆跨径及控制点坐标、塔顶坐标及索鞍残留预偏量、锚跨索股拉力、吊索拉力、塔应力、梁段各接缝下缘开口宽度、气温(包括日照)对梁段接缝下缘开口宽度的影响规律。监测结果为梁段的焊接时间、结构线形及内力的调整控制提供依据。

(6)主缆缠丝过程温度

其监测结果为主缆缠丝力的调整控制提供依据。

(7)成桥状态线形及内力

主要监测主缆及主梁跨径及控制点坐标、塔顶坐标及索鞍残留预偏量、锚跨所有索股拉力、所有吊索拉力、索塔应力、加劲梁应力以及日照对结构线形及内力的影响规律。监测结果为成桥后的使用提供恒载状态数据。

7. 控制结果

广东虎门大桥成桥状态对应于 $t=20℃$ 时的主缆中跨跨中中心高程实测的最小二乘法估计值,上、下游分别为70.019m 和70.027m,比设计计算值分别高99mm 和107mm,这一偏差与国外同类桥相比是较低的;$t=20℃$ 时中跨跨中箱梁底面高程平均为64.896m,比设计仅高116mm;箱梁预拱度为3.177m,与设计的3.14m 接近;实测锚跨索股张力大多介于1280~1299kN,与设计值相差不到4%。可见,广东虎门大桥施工控制是成功的,完全达到了预期控制目标,为大桥的顺利建成起到了关键性作用。

参 考 文 献

[1] 葛耀君. 分段施工桥梁分析与控制[M]. 北京:人民交通出版社,2003.
[2] 张永水,顾安邦. 灰色系统理论在连续刚构桥施工控制中的应用[J]. 公路,2001.
[3] 张永水. 大跨度预应力砼连续刚构桥施工误差调整的 Kalman 滤波法[J]. 重庆交通学院学报,2000.
[4] 张永水,顾安邦. 桥梁施工监测与控制[M]. 北京:机械人民出版社,2000.
[5] 交通部公路科学研究所,广东省公路工程总公司,重庆交通学院. 虎门大桥悬索桥关键技术研究报告[R]. 1998.
[6] 牛和恩. 虎门大桥工程 第二册 悬索桥[M]. 北京:人民交通出版社,1998.
[7] 林元培. 斜拉桥[M]. 北京:人民交通出版社 1995.
[8] 徐君兰. 大跨度桥梁施工控制[M]. 北京:人民交通出版社,2000.
[9] 交通部重庆公路科学研究所. 黄石长江公路大桥主梁施工观测与控制技术的研究报告[R]. 1996.
[10] 向中富. 桥梁施工控制技术[M]. 北京:人民交通出版社,2001.
[11] 章卫国. 先进控制理论与方法导论[M]. 西安:西北工业大学出版社,2002.
[12] 于长官,等. 现代控制理论及应用[M]. 哈尔滨:哈尔滨工业大学出版社,2005.
[13] 蒋良友. 非线性有限元分析[M]. 北京:北京工业学院出版社,1988.
[14] 洪锦如. 桥梁结构计算力学[M]. 上海:同济大学出版社,1998.
[15] 钟秋海,付梦印. 现代控制理论与应用[M]. 北京:机械工业出版社,1997.
[16] 吴广玉,范钦义. 系统辨别与自适应控制[M]. 哈尔滨:哈尔滨工业大学出版社,1988.
[17] 王照林. 现代控制理论基础[M]. 北京:国防工业出版社,1981.
[18] 赵经文,王宏钰. 结构有限元分析[M]. 哈尔滨:哈尔滨工业大学出版社,1988.
[19] 杜国华. 桥梁结构分析[M]. 上海:同济大学出版社,1994.
[20] 邓聚龙. 灰色控制系统[M]. 武汉:华中理工大学出版社,1993.
[21] 邓聚龙. 灰色预测与决策[M]. 武汉:华中理工大学出版社,1997.
[22] 华孝良,徐光辉. 桥梁结构非线性分析[M]. 北京:人民交通出版社,1997.
[23] 潘永仁,范立础,杜国华. 悬索桥架设过程中的吊杆调整计算方法[J]. 土木工程学报,1999.
[24] 范立础,潘永仁,杜国华. 大跨度悬索桥架设参数精细算法研究[J]. 土木工程学报,1999.
[25] 邱岳,李光贵,邹焕祖. 用吊索测力传感器测定大连北大桥吊索恒载索力[J]. 桥梁建设,1990.
[26] 王福敏. 采用悬臂挂篮现浇施工大跨径拱桥应注意的几个问题[C]//中国公路学会桥梁和结构工程学会 1996 年桥梁学术讨论会论文集,北京:人民交通出版社,1996.
[27] 陈德伟. 施工控制在涌江斜拉桥施工中的应用[C]//中国公路学会桥梁和结构工程学会 1992 年桥梁学术讨论会论文集,北京:人民交通出版社,1992.

[28] 秦顺全,林国雄.斜拉桥安装计算[C]//中国公路学会桥梁和结构工程学会1992年桥梁学术讨论会论文集,北京:人民交通出版社,1992.

[29] 范立础,潘永仁.悬索桥施工过程计算及计算机仿真[C]//中国公路学会桥梁和结构工程学会1994年桥梁学术讨论会论文集,北京:人民交通出版社,1994.

[30] 肖汝诚.预应力悬索桥的施工控制[C]//中国公路学会桥梁和结构工程学会1994年桥梁学术讨论会论文集,北京:人民交通出版社,1994.

[31] 宋达,盛红专.南京长江第二大桥南汊桥主塔柱施工方案介绍[C]//中国公路学会桥梁和结构工程学会2000年桥梁学术讨论会论文集,北京:人民交通出版社,2000.

[32] 谷荻隆嗣,荻原将文.人工神经网络与模糊信号处理[M].马炫,译.北京:科技出版社,2003.

[33] 罗四维.大规模人工神经网络理论基础[M].北京:清华大学出版社、北方交通大学出版社,2004.

[34] 张坤宜.交通土木工程测量[M].北京:人民交通出版社,1999.

[35] 刘忠,顾安邦,郑皆连.大桥施工稳定控制[C]//中国公路学会桥梁和结构工程学会1996年桥梁学术讨论会论文集,北京:人民交通出版社,1996.

[36] 薛光雄,等.厦门海沧大桥悬索桥上部结构线形施工控制[C]//中国公路学会桥梁和结构工程学会1999年桥梁学术讨论会论文集,北京:人民交通出版社,1999.

[37] 贺立新,刘祖胜.万县长江大桥劲性骨架安装设计及其控制[C]//中国公路学会桥梁和结构工程学会1999年桥梁学术讨论会论文集,北京:人民交通出版社,1999.

[38] 刘忠,顾安邦.劲性骨架复合拱桥的空间复合梁单元非线性有限元分析方法[C]//四川省公路学会桥梁学术研讨会,成都:西南交通大学出版社,1996.

[39] 杨如刚,徐基伟,李文琪.万县长江大桥拱圈混凝土浇筑[C]//四川省公路学会桥梁学术研讨会,成都:西南交通大学出版社,1996.

[40] 万县长江大桥施工控制测量与应力监测[M].成都:西南交通大学出版社,1996.

[41] 文武松,王邦楣.斜拉桥施工阶段监测监控的内容与方法[J].桥梁建设,1999.

[42] 杨琪,李乔.现代斜拉桥的施工综述[C]//中国公路学会桥梁和结构工程学会1999年桥梁学术讨论会论文集,北京:人民交通出版社,1999.

[43] 刘效尧,李鸿滨.系杆拱桥施工控制设计[C]//中国公路学会桥梁和结构工程学会1995年桥梁学术讨论会论文集,北京:人民交通出版社,1995.

[44] 邱兵.天津永和斜拉桥测试工作概述[J].桥梁建设,1988.

[45] 颜东煌,等.铜陵长江公路大桥施工控制中的仿真计算[C]//中国公路学会桥梁和结构工程学会1995年桥梁学术讨论会论文集,北京:人民交通出版社,1995.

[46] 刘玉兰,等.铜陵大桥斜拉桥板梁的施工控制[C]//中国公路学会桥梁和结构工程学会1995年桥梁学术讨论会论文集,北京:人民交通出版社,1995.

[47] 重庆交通学院,四川省公路规划勘测设计院.万县长江大桥施工控制报告[R].1998.

[48] 重庆交通学院.重庆黄花园嘉陵江大桥施工与监测技术报告[R].2000.

[49] 顾安邦.桥梁工程(下册)[M].北京:人民交通出版社,2000.

[50] 李爱群,缪长青.桥梁结构健康监测[M].北京:人民交通出版社,2009.

[51] 张宇峰,李贤琪.桥梁结构健康监测与状态评估[M].上海:上海科学技术出版社,2018.
[52] 孙宗光,陈一飞.桥梁结构健康监测分析与评价[M].北京:中国建筑工业出版社,2017.
[53] 郭健.大型桥梁健康监测系统及损伤识别理论[M].北京:人民交通出版社股份有限公司,2017.
[54] 李宏男,任亮.结构健康监测光纤光栅传感技术[M].北京:中国建筑工业出版社,2008.
[55] 姜绍飞.结构健康监测导论[M].北京:科学出版社,2013.
[56] 张雪松.大跨径预应力混凝土连续刚构桥施工监控理论与实践[D].重庆:重庆交通学院,2000.
[57] 江西省交通科学研究院.九江长江公路大桥施工控制与健康监测系统报告[R].2012.
[58] 重庆交通学院.重庆万州大桥施工控制报告[R].2002.
[59] 重庆交通学院.巫山长江大桥施工监控报告[R].2004.
[60] 重庆交通学院.许沟特大桥施工监控报告[R].2001.
[61] 重庆交通学院.炳草岗金沙江大桥施工监控[R].2004.
[62] 重庆交通学院.重庆大佛寺大桥稳定性分析报告[R].2001.
[63] 重庆交通学院.万州长江二桥施工控制报告[R].2004.